公开，才有力量

舆论危机化解十法

武和平◎著

人民出版社

特约编辑：韩敬山
责任编辑：张　立
装帧设计：石笑梦
责任校对：阎　宓

图书在版编目（CIP）数据

公开，才有力量：舆论危机化解十法／武和平 著．
　—北京：人民出版社，2016.4（2017.4 重印）

ISBN 978－7－01－015864－8

I. ①公… II. ①武… III. ①突发事件－舆论－研究－中国 IV. ① G219.2

中国版本图书馆 CIP 数据核字（2016）第 034819 号

公开，才有力量
GONGKAI CAI YOU LILIANG
——舆论危机化解十法

武和平　著

人民出版社 出版发行
（100706　北京市东城区隆福寺街 99 号）

北京新华印刷有限公司印刷　新华书店经销

2016 年 4 月第 1 版　2017 年 4 月北京第 2 次印刷
开本：710 毫米 ×1000 毫米 1/16　印张：21
字数：255 千字　印数：20,001—25,000 册

ISBN 978－7－01－015864－8　定价：59.00 元

邮购地址 100706　北京市东城区隆福寺街 99 号
人民东方图书销售中心　电话：（010）65250042　65289539

目 录
contents

序

一本对"说话"精准有益的书

　　我们已经进入了一个全民话语的时代，如何按照传播之道和媒体打交道，如何面对媒体和公众说话，成了每个人和每个社会组织须臾不可或缺的能力。

　　以"非典"为标志，中国的政府新闻发布制度获得长足发展。从原卫生部、教育部、公安部等三部门率先定时定点召开例行发布会之后，十余年来，各级党委、政府、国企乃至人民解放军都普遍建立了公开透明的新闻发布制度。随着国务院于2008年5月1日《中华人民共和国政府信息公开条例》（国务院令第492号）的施行到2013年10月1日《关于进一步加强政府信息公开 回应社会关切 提升政府公信力的意见》（国办发〔2013〕100号），新闻发布工作无论从内容、质量、频率和影响力都是过去无法比拟的。特别是在新一届党中央关于提高与媒体打交道的能力和增强互联网思维的要求下，主流思想阵地得到巩固和壮大，舆论环境日益清朗健康。

2016 年 2 月 17 日，中共中央办公厅、国务院办公厅公布《关于全面推进政务公开工作的意见》，其中要求各级政府主要负责人遇重大突发事件要当好"第一新闻发言人"，这对如何"说话"提出了更高的要求。

然而，由于观念、机制和方法的滞后，致使我们有些领导干部对新形势下的媒体多元格局、舆论形成方式变化不了解、不适应，而对媒体存在不敢说、不愿说和不会说、不善说的问题，特别是在突发事件发生后，往往由于说话不当造成雷人之语，由"口灾"导致次生灾害，给政府公信力造成严重的负面影响。究其深层次的原因，仍是不具备基本的媒介素养。

何为媒介素养，即对媒体在社会政治、经济生活中的重要地位和形成社会舆论中的重要作用有客观、全面、准确的认识，对各类不同媒体的定位功能、特点、运作规律和新闻信息的传播规律有准确的把握和了解，能够将媒体沟通、舆论引导作为政府职能部门或企业管理常态工作的组成部分，善待、善用媒体并能在突发事件中提高化解危机的能力。

如何从整体上提高媒介素养，在危机管理中设置议题作用于媒体，实现让媒体设置议题影响受众？如何面对媒体和公众说准确的话语，在官民互动的过程中，先听别人说话，而后说别人听得懂、听得进的话，说最终解决问题的话？在继其所著的《打开天窗说亮话——新闻发言人眼中的突发事件》之后，武和平又推出了这本新书，从方法论的角度注重精准化，释惑解疑，提供可操作性的方法和"技能"。

作者曾有多年从事新闻宣传和舆论引导的专门实践，且有丰富的基层工作阅历。他先后当过村干部、社区民警、公安局长和党政官员，赴京后又先后担任公安新闻宣传、教育、出版、报刊、影视等多部门的负责人，同时又在新闻发言人岗位上磨砺多年，并以视野开阔、思路敏捷、应答得体赢得媒体包括外国记者的称道。记得 2009 年 2 月，英国《泰晤士报》驻华首席记者马珍（音译）就我开展的"百万民警进社区"活动向武和平任职的公安部新闻办公室提出采访申请，公安部门及时回复，并主动协助马珍等圆满完成采访任务，之后记者以 3000 字的文章《安抚人民：中国派出 200 万警察去解决每个人的困难》，发表在《泰晤士报》头版，① 对警方的做法和开放的态度给予中肯评价。卸任后的武和平如今又悠然转身，担任中国政府公共关系协会主任委员和全国领导干部媒介素养培训基地的首席培训师，已为多个部委、院校、企业和地方党政机关举办的相关培训班授课，深受学员欢迎与好评。

一本书的分量取决于内在的价值含量，开卷之后，你会感到时代的气息扑面而来，字里行间透露着强烈的问题意识，直面鞭辟现实语境中的难点热点，具有很强的针对性和实用性。作者并没有从单纯的业务观念就事论事，而是将舆论引导放在社会治理能力建设的大局中考量和谋划，以改革创新的意识来推动和加强。特别是以落实习近平同志在党的新闻舆论工作座谈会上的重要讲话为指导，从贯彻党中央、国务院关于政府信息公开精神入手，在大量翔实案例的基础上展开深入的思考剖析，将"略"与"术"紧密结合，就转变思维观念、革新话语体系、改善官媒关系，对建立法治政府与媒体公众畅通的对话平台提出了真知灼见。在此基础上，还就突发公共事件的危机传播管理探讨出系统的工作流程、信息发布方式和方法策略，包括具体到话语者的一言一行、一举手一投足的细节要求，读之令人耳目一新，茅塞顿开。从某种角度上说，这本书是他长期以来新闻发言人工作实践探索的宝贵结晶，也是较为系统的干部媒介素养提升的参考读物，无论对政务公开以及新闻发布制度的完善，还是对于面对媒体和公众需要讲话的人来说，都是大有裨益的。

是为序。

王国庆

中国人民政治协商会议第十二届全国委员会外事委员会副主任
中国人民政治协商会议第十二届全国委员会四次会议新闻发言人
全国领导干部媒介素养培训基地理事长
中国传媒大学媒介与公共事务研究院名誉院长

2016 年 3 月

注　释

① 刊载于 2009 年 2 月 16 日，原文标题为 "Placating the People: China sends out two million police to solve everyone's problem"。该报是一张对全世界政治、经济、文化具有较大影响力的报纸。

成风化人 再说"说话"

人长嘴巴两大作用，一是吃饭，二是说话。前者为生存，后者为表达。当吃饭的问题解决之后，说话的问题就凸显了。过去能管住人吃饭，就等于管住了人说话。可今天的时代是一个众口难调的时代，人们不仅要好好吃饭，还要好好说话。因为这个说话叫话语，话语与平日的说话不一样，里面藏有学问，不仅在于说什么，还在于怎么说。老说空话套话，很容易知道你在掩盖什么；老说善意的谎言，往往要为真相付出惨重的代价。在今天的语境下，一张嘴就知道你在说啥，你是在为谁说话。

据统计，近些年来，因说话雷人被网络曝光而后被查出贪腐问题中枪落马的官员比例日增①，可谓"一言不慎成千古恨"。如此密集的频发现象，必有个中原因。

是学问不足吗？分明都是高学历的精英之辈。

是天生口笨舌拙吗？分明在主席台上皆可口若悬河，妙语连珠。

那肯定是记者苛刻刁钻，挖坑下套。于是各类"媒体应对""公关技巧"等学说话的培训班如雨后春笋般兴办，可仍挡不住一个又一个的话语危机。因为说话惹是非，添麻烦，甚至丢乌纱，于是官员们日益变得"恐媒""拒媒"和"防媒"，有人甚至发誓，永远不再和记者打交道。

那么，是我们压根就不善于说话吗？遥想战争年代，中国共产党是靠着"铁嘴"（宣传）、"铁腿"（运动战）、"铁屁股"（开会动员）打天下的。笔杆子、嘴巴子可谓得心应手。可今天要么不想说、不敢说；要么逼得不得不说时又不会说、不善说，一说就砸锅。

问题，究竟出在哪呢？

当年，美国新闻记者组团到延安，被中国共产党人的精神气质所鼓舞，回来后对宋美龄发感慨：没想到中国尚有这样一群积极上进、健康廉洁的人存在。宋美龄站起来，走到窗边。她回过头说："如果你们所说的是事实，那我只能说他们还没有尝到权力的真正滋味。"此语可谓入骨三分。毛泽东就此曾回答黄炎培有关跳出"周期率"，提出"让多数人监督政府"的"窑洞对"。但权力的傲慢总是不自觉的，俗话说，"人贵话语迟"。曾几何时，我们的大楼盖得越来越高了，通讯越来越灵便了，交通越来越发达了，可我们却越来越听不见老百姓说的话了——用进废退，习惯于"我说你听，我命你从"，我们的语言功能自然就日渐退化了。

共产党姓"共"，社会主义为"公"，为人民谋事的政党，当秉持公共价值，说大众公理的话，说村夫野老都能明白的话，并且还要让每个人都能说话，都可以说批评政府的话。而不是自言自语，自说自话；只说好话，不说丑话；只说大话，不说真话。殊不知，缺乏真正的批评精神，则自我夸赞决不能令人信服；缺乏实话真话则会失去听众，也会最终丧失话语权。因为说错话的背后，是观念的错位——只有想得好才能做得对，做得对才能说得好。欲要善说，必先善治；欲要善治，善说辅之。所谓民主就是让公众充分说话的程序制度；而政治文明，其实就是话语政治，即充分满足公众知情表达和参与的权利，政府才会具有更大的话语权，才能获得广泛认同和发自内心的拥护。

如今推进依法治国，建设法治国家，说话显得更为重要。近日，中共中央办公厅、国务院办公厅印发《关于全面推进政务公开工作的意见》，开宗明义即是：公开透明是法治政府的基本特征。全面推进政务公开，让权力在阳光下运行……该《意见》要求，到2020年，政务公开工作总体迈上新台阶，依法积极稳妥实行政务公开负面清单制度②，公开内容覆盖权力运行全流程、政务服务全过程。这是因为法治政府的前提条件就是全面推进政务公开，透明地晾出家底，在百姓评头论足中做到"法定职责必须为，法无授权不能为"。不仅需要政府"打开天窗说亮话"，还要"有话依法好好说"。因为政府的职责不可能在话语之外实施，也从来没有能脱离话语之外的治理和政令，政府更不可能在话语之外与公众交流互动，特别是面对海量信息的媒介化社会，我们时刻面临着比当年战争更为复杂的风险抉择。无论从政还是经营企业，都要认真履职尽责，敢于善于发声，做到懂政策、知情况、会说话，这都离不开"坐言起行"。舌尖上有政治，舌尖上有祸福，面对瞬息万变的舆情波澜，难免遇上天灾人祸、五痨七伤、信誉危机、谣言中伤。如何化险为夷，转危为机，化干戈为玉帛，将损失降到最低，都离不开生动鲜活的话语。世事功败垂成，话语系于一半！

说话是一门学问，传播有内在规律。这其中既有"略"，也有"术"。黑格尔曾说："方法不是外在的形式，而是内容的灵魂。"因为方法中包含着理念，"术"中浸透着"略"。我们过去多从宏观理念的角度研究为什么说话，今天我们更需要从技术角度和方法层面探讨如何"善于说话"，如何从实践中总结出规律性的话语原则、表达方式和语言规范，从而陈言务去，革新话语体系。基于此，笔者根据自己多年从事新闻发言人工作的经验与体悟，承蒙人民出版社厚爱，于2012年出版了拙作《打开天窗说亮话——新闻发言人眼中的突发事件》，此书有幸受到读者喜爱，得以一印再印。于是在激励中再提供这本有关舆论危机化解方法论的小书，与诸位分享话语的"说法"。欲要掌握说法，必先熟知方法。就像练习枪法的射手，要掌握端枪、瞄准和击发的每一个标准动作，再加上实弹射击，用"操作法"来解决怎样才能有话好好说，有话说到"点子"上，直击要害处。如何说公众听得懂、愿意听、听得进的话；如何根据不同受众的认知特点，善于"换句话说"；如何科学看待媒体，在与其打交道的过程中善为我用；如何面对突发事件，开好新闻发布会；如何面对汹涌而来的舆情，充分运用多种媒体手段"修渠放水"，懂得先说什么，后说什么，多说什么，不说什么，因势利导化解危机；如何面对记者和镜头，掌握答客难的智慧与艺术；如何在紧要关头的众目睽睽之下即席演讲，以一流的表达说服受众，赢得支持。

在潮头起舞，不怕打湿羽毛，本书以个人体会结合实战案例，解析操作方法，并探讨提供怎样才能从不说到敢说，再从敢说到善说的机制制度保障。因为今日的说话，已经成为社会治理能力现代化的组成部分，亦是政府和社会组织的常态工作，更是每个面对公众的从业者必备的能力。惟愿所做，能对诸公的"说话"有所裨益，亦是作者最大的荣幸。

武和平

2016 年 2 月 19 日

注　释

① 根据中国传媒大学互联网信息研究院 2013 年反腐舆情分析：干部不当言行成为反腐案例引发的"导火索"，居于举报位列之首，占 25.7%；其他如不明财产占 22.1%，玩忽职守占 15.6%，桃色新闻占 13%，奢侈浪费占 12.7%，不当升迁问题占 10.9%。

② 2016 年 2 月 17 日，中共中央办公厅、国务院办公厅公布《关于全面推进政务公开工作的意见》，就负面清单，该《意见》要求各省（自治区、直辖市）政府和国务院各部门要依法积极稳妥制定政务公开负面清单，细化明确不予公开范围，对公开后危及国家安全、经济安全、公共安全、社会稳定等方面的事项纳入负面清单管理，及时进行调整更新。负面清单要详细具体，便于检查监督，负面清单外的事项原则上都要依法依规予以公开，同时健全公开前保密审查机制，规范保密审查程序。

一个变化

从基本不说到主动要说

斗转星移，中国社会发生着结构性巨变，而这个变化，又是被两只强有力的轮子所驱动：一个是市场化，它导致利益分化，阶层分化；一个是信息化，它打破了信息垄断，带来了思想多元。前者使中国富裕起来，人们吃饱了肚子；后者使中国喧闹起来，人们张开了嘴巴。特别在此时，互联网横空出世，"霹雳一声震天响，天上掉下个互联网"。网络的异军突起，又给千年变局带来了裂变，奔涌激荡起一场铺天盖地的话语革命。

世情、国情、社情、民情、舆情，一切皆在变动中：封闭变为开放，计划变成市场，政治运动让位于经济建设，革命党变成执政党，一向一呼百应的群众变成了有权利的公民，为民做主变为协商民主、监督民主，社会管控变成了社会治理。本属于政府手中的信息发布权，从自上而下，我说你听，一夜之间变成平分秋色。黎民百姓成了"记者"，人人都拿麦克风，处处都有"通讯社"，变成了他说你说我也说。信息传播突破了旧有的组织传播边界，先上天后落地，颠倒了过去层级下达的传递路径，碾平了信息鸿沟。平头百姓既是信息的接受者，又成了信息的传播人。

舆论不但是现代社会的基础要素，更是社会生态的晴雨表，它首当其冲，领风气之先。本来属于政党或政治集团维护自身形象、服务斗争需要的舆论工具，却变成了大众化信息传播载体；本来是追求"我们一天天好起来，敌人一天天烂下去"的宣传效应，将信息分为只报喜、不报忧的新闻、旧闻，甚至"不闻"，现在却变成了满足老百姓知情权、表达权、参与权和监督权的信息公开，使权力受制于权利，并且向权利负责。自此突发事件第一时间必须说出真相，以透明度增加公信度，以话语权决定引导权。作为服务型政府的制度设计——新闻发言人制度就此应运而生。

本来是党报党刊一统天下、主旋高扬，现在却由独唱变成了混声合唱，形成了包括两个舆论场的宏大话语空间：一边是官媒党报党刊，以正面报道为主，多为歌颂表扬加四平八稳的官方评论；一边是民媒商业网站，常有尖刻的批评，曝光揭丑，甚至拍砖加骂声。因互联网门槛平等，斗升小民皆可轻而易举进入这座个人编发、公众阅听、大众交流的巨型舆论广场，凡属公共事件则群起围观，凡属官员言行不检、富人为富不仁者则鸣鼓而攻。对官员监督的严密程度发展到"穿衣戴帽""名车手表""一哭一笑""室内艳照"，而且瞬间可将信息碎片聚合成舆论风暴，小事炒大，大事炒炸，排山倒海，铺天盖地，演化为舆论危机事件。

本来是权威部门单方面发号施令，公众响应服从，现在却变成了舆论制衡，网络问政，甚至媒体裁判。利益群体开始以自身的利益评价政策、表达诉求。这种对事件"超文本的叙述"，导致舆论认同需要传播者和接受者互动才能形成。百姓不仅听政府怎么说，还要看政府怎么做，做的不合程序规则，还会受到否定和指责。政府需要张开倾听的耳朵，在不断回应和满足利益需求中实现权力与权利的平衡，因为任何公共政策的制定都需要获取公众最大限度的支持，必须与公民协商和沟通，变臣服为合作，变指令为参与，而不是简单生硬的官令民从。

本来是官方居高临下、宣传灌输，现在却变成了平视交流、传播沟通，人们日益自信而不盲从，宁愿凭自己的有限认知去判断，而不愿意接纳官方给出的现成答案。因此对今天的信息公开，要求也日渐严苛：公众已不满足"你说我听"，而是"你不说，我也要问"；不再满足于你开不开口，而且一开口就要说出真相；不仅要你原则表态，而且要你说出事件的来龙去脉和台前幕后；不仅要你对法律政策简单解读，还要拿出科学论据；不仅要你坦陈问题的要害，还要拿出解决问题的有效措施与追责处过的结果；不仅是单向度的信息披露，而是引领全社会对复杂问题的认知和共识，这无疑给政府的执政能力提出了新的挑战。

本来是真理在握，单靠理论说服、理想感召、榜样引领，就会使人热衷拥护、激情燃烧，现在却变成了对官员表达的挑剔与苛责，一张嘴就看你代表谁，一发言就放在聚光灯下来检视。"豆腐多了一泡水，空话多了没人听"，过去"一竿子插到底"，一个口号喊遍天的传统话语方式受到了挑战，说穿靴戴帽的套话，完全正确的废话，会令人生厌，调换频道、扭头走掉；人命关天时说无关痛痒的定制官话，灾难面前说自我赞扬的话，是非原则面前说酒桌饭桌上的话，紧要关头说同僚朋友圈里的话，其结果不仅令人齿寒，被天下笑，还说垮了自己。说话难，不仅难在要说真话，还要有话好好说，不能老是自说自话，要善于站在公众角度，说符合公共价值的话，入情入理才能入脑入心，使人心悦诚服。

本来是闭关锁国，关门搞建设，一切服从国际斗争形势需要，对负面事件往往"秘而不宣"，现在却变为了国门洞开，高度透明，外国记者长驱直入，直接采访。过去的挨打、挨饿变成了今天的被关注、被指责。一旦事发，你不说别人说，报纸不说网络说，中国不说外国说，且国际一阵风，国内一层浪，全球化的浪潮飞涌，靠封堵遮挡只能事与愿违，且不利于我负责任大国的国际形象，也不利于为和平崛起赢得客观友善的舆论环境。

凡此种种，执政环境和舆论生态发生着深刻变化，传统的管控思维和陈旧的话语方式与之形成强烈的反差，已无法满足公众日益增长的信息需求和表达期待。媒介化所形成的"集体认同感"已经由个体诉求跨向对制度层面改革的呼吁，正在逐渐形成与现实状况契合的新型社会结构。公民的政治参与、意愿表达的扩大，必然使动员型政治向回应型政治转变，政府应立于时代潮头，实现治理模式的转变，将巨变中释放的能量作为革故鼎新的资源。这就取决于政府的回应是否充分真诚，是否具有博大的包容性，就在于能否将社会参与的大门更大敞开，使平等协商、对话监督享有更广泛的公共空间。倘能切实落实，政府就可以在多元声音、各种利益的博弈中把握时机、赢得先机，获得公众最大限度的拥护与支持，也使各级官员能够在新的执政环境下重塑形象，从国家治理能力现代化的高度获得更强大的话语权和主导权，就可以在充满生机和活力的众声喧哗中实现有"度"的"动平衡"，从而坚持主流价值观支配下的有"效"的多样性，奏响政府为主旋律、多个声部和弦共鸣的时代交响曲。

从这个意义上，我们就能看到 2003 年那场突如其来叫做"非典"的病原体，是如何对我们进行制度的"倒逼"，撞开了中国政府信息公开的大门，推动新闻发言人制度走上前台，实现了突发公共事件由"基本不说"到"主动要说"的转变。这场疫情自 2002 年 11 月 16 日晚广东佛山的庞先生染病，到 2003 年 4 月 20 日新华社播发了信息，整整 184 天时间，由于有关方面一味隐瞒真相，引起了社会巨大恐慌和国际社会的质疑。[①] 随着遮掩疫情的官员被解职，"非典"状况的如实公布，全民群起防治，一度肆虐的病菌"来也汹汹，去也匆匆"，奇迹般地消失了。就此，不仅进一步证实了"说出真相，国家才有力量"[②] 论断的正确性，还使得"养在深闺人不识"的新闻发言人制度闪亮登场。据国务院新闻办公室一位领导披露：实际上，早在 2002 年关于"建设政府三个层次的新闻发布制度"已写入了国家领导人的重要讲话之中，却远没有"非典"事件夹逼得这么富有成效——此前不少部门早就设有新闻发言人，但形同虚设，除了外交部定期举行新闻发布会外，很少有部委主动站出来发言。而"非典"之后的标志性成果——卫生部、教育部和公安部被明确规定作为三个必须定时、定点举行例行发布会的单位。紧随其后的当年 8 月 24 日，有关方面对媒体加强突发事件报道作出了明确要求。2004 年，44 个国务院组成部门组织新闻发布会 270 多场，28 个省区市举行新闻发布会 460 多场，62 个中央部委 75 名新闻发言人向社会公布了联系方式。北京、上海新闻发布制度的规范化均走在前列。2005 年，部分大型国有企业、医院、学校和金融机构相继建立了新闻发言人制度，中央和各地方举行新闻发布会达 1088 场。2006 年年底，中共中央七个部门建立了新闻发布制度，并公布了中纪委、中央统战部、中央对外联络部、中央台湾工作办公室、中央文献研究室、中央党史研究室等 6 部门新闻热线电话。2007 年 8 月 30 日，十届全国人大常委会第二十九次会议正式颁布了《中华人民共和国突发事件应对法》，2007 年 4 月 5 日国务院发布了第492 号国务院令《中华人民共和国政府信息公开条例》，并于 2008 年 5 月 1 日起施行，这一行政法规的实施终结了既往对某些突发敏感公共事件"基本不说"的状况，迈入了"主动要说"政务公开的崭新时代。截至 2013 年，不仅中纪委、中组部、中宣部、中央党校等重要党委部门的新闻发言人与中外媒体见面，全国 31 个省区市近半数地市党委组织部门也相继建立了新闻发言人制度，就连国防部以及中国人民解放军陆、海、空三军和四总部也登场亮相。③2015 年仅国务院新闻办公室组织的新闻发布会就达 120 场，先后有 20 名部级领导干部登台发布新闻。

新闻发布制度不仅成为党和政府信息发布、政策解读、危机管理的载体和助手，也成为国家政治生活和社会生活中被公众普遍接受的资讯平台和形象窗口。

"非典"十年后，我来到位于北京近郊黑龙潭的中共北京市委党校二分校（市卫生局党校），进门即发现照壁上赫然留有八双手掌印，陪同者向我介绍，这是从 2002 年年底到 2003 年春天，在北京抗击"非典"时，殉职在一线的八位医护人员的掌纹。深棕色的壁墙上，逝者手泽如新。我不禁肃然起敬，向长眠于兹的献身者志哀，心中顿生无限感慨。

记得四十多年前，我刚踏入警营的一天，区分局局长召开紧急会议，部署各辖区民警立即协助政府调查是否发现了一号病、二号病，我不明就里举手询问什么是一号病、二号病，当即遭到局长一顿训斥，派出所所长回去对我进行了严格的保密教育，再三叮嘱"上不能告父母，下不能告妻儿"之后，才使我明白，被严令保密的"一号病"原来是鼠疫，"二号病"是霍乱。为避免"给社会主义抹黑"，防止"被阶级敌人乘机造谣"，所以要守口如瓶。类似鼠疫、霍乱都如此缄口不语，其他的天灾人祸就更不用说了。三年自然灾害死亡人口的数字只能大概估算。唐山大地震的死亡人数若不是粉碎"四人帮"，还会讳莫如深。④

因此，我们不难理解，在"非典"疫情已经发展到相当严重的程度时，一些官员还能以国家的名义，信誓旦旦地说假话，面对事故灾难竟能公然掩盖真相，还能以"善意的谎言"自我开脱。不管谎言是善意还是恶意，有意还是无意，说多了就会少了最可贵的资源——公信力。公信力的不断流失，成为一些地方矛盾多发、干群关系紧张的重要原因。

事实证明，政府说得越多，政务越透明，被信任的程度就会越高，那种以"服从大局需要""不能给制度抹黑"为借口，对突发公共事件一概不说的做法，非但不能维护自身的形象和利益，到头来反倒是愚弄了自己。可要从根本上解决这一顽症却绝非易事。因为"老路顺腿儿，老话顺嘴儿"，要迈过去"基本不说"到今天"主动要说"这个门槛，需从根本上摈弃束缚我们已久却浑然不觉的僵化观念，建立一种真说、早说、会说、善说的机制。而做到这一点，则需要有除旧布新、自我批判的勇气。因此决不能将政务公开、新闻发布当作应时应景的"盆景"，故作姿态的"秀场"，更非是居高临下的施舍与恩赐，而是自觉的履职行为。因而这绝非是一般层面上的媒体应对技巧，而是执政方式的重大转变。媒体赋权于民，民众的政治参与素养、协作素养、传播素养的提升使"水涨船高",倒逼政府治理能力、引领水平的更新和嬗变,从而运用新的话语方式形成社会治理力量。通过对话、沟通形成集思广益下的同意,通过平等参与的协商、整合,获得最大限度的认同和拥护。从这个意义上讲,要让公众成为倾听者,首先要让其成为平等参与的对话者、表达者,否则会是无效之语。为此,我们必须秉承刮骨疗毒的意志与决心,才可能洞悉我们的病灶所在,从而标本兼治,掌握"说话"的真谛,使"说话"成为政务工作的一翼,使"事无不可对民言"变为常态,成为每日百姓碗中的家常便饭,而非琼浆玉液的稀缺资源。

故而,通晓变化,明确定位,掌握规律,真正实现话语方式的转变,才能达到会做善说。你就会发现:这是一个充满生机活力的时代,也是一个矛盾丛生的时代;这是一个充满风险的时代,更是一个机遇盎然的时代。我们说得越多,听到的骂声会越少;我们说得越多,突发公共事件会越少。

不管你信不信,我是信了。

注　释

① 直到 2003 年 4 月 3 日,时任卫生部部长张文康在国务院新闻发布会上宣布:"非典"已得到有效控制,并称"在中国工作、生活、旅游都是安全的"。这一消息随即被认定为不实。4 月 20 日,张文康被免职。时任卫生部副部长高强公布:北京确诊"非典"病例为 339 例。

② 列宁语:"只有当群众知道一切,能判断一切,并自觉地从事一切的时候,国家才有力量。"选自《列宁选集》第 3 卷,人民出版社 2012 年版,第 347 页。

③ 引自中国传媒大学媒介与公共事务研究院、中国新闻发言人研究中心:《新闻发言人十年历程及前景展望》,胡正荣、李继东、姬德强

主编：《中国国际传播发展报告》(2014)，社会科学文献出版社 2014
年版。

④ 唐山大地震死亡人数三年以后才见天日。诸如每年度全国火灾、交通
事故的伤亡情况，坠机、劫机事件的内幕乃至像浙江千岛湖"海瑞号"
被抢劫沉船这样的恶性刑事案件当时都讳莫如深。

02

两个突出问题

不愿说、不敢说

不善说、不会说

网络与市场一样，是天生的平等派，信息化碾平了官民之间认知的鸿沟，打破了旧有的平衡，媒介在赋权于官方的同时，同样亦赋权于民。公众与日俱增的信息需求与政府的信息供给有时会造成极不对称的反差，为了解决这种不适应、不匹配的供求矛盾，国家以法律形式重新界定了政府、公民和媒体的关系，实施了被称为阳光法案的《政府信息公开条例》，其理念为"以公开为常态，以不公开为特例"。规定了除涉及国家安全和国家秘密之外，要按照公开透明的原则，满足公众的知情权、表达权、参与权和监督权。对突发公共事件的报道方式上要做到及时准确地发布信息，开放有序地组织采访，切实做好媒体的服务引导工作。

这些行政法规和文件的精神显而易见：即作为服务型政

府，必须履行向人民报告工作的责任和义务，不管你内心高兴与否、情愿与否，这确是符合宪法精神的制度设计。2010年，国家有三个部委未公开自身副部长的履职分工，被公民依行政诉讼法起诉。① 但事物发展犹如江河行进难免曲折，制度的变迁会因旧有的河道受到阻遏。"非典"之后的十余年间，政府的政务公开在有些地方依然"门虽设而常关"，应该让公众知晓的信息与被公开的比例仍旧差强人意。特别是对自然灾害、事故灾难、卫生疫情和社会安全等突发公共事件的信息发布，出于利害得失的权衡，仍沿袭过去只做不说或尽量少说的做法，"犹抱琵琶半遮面"，甚至封锁消息，编织谎言，出现了不愿说、不敢说和不善说、不会说的两种极端现象。

所谓不愿说、不敢说，即使用限制信息扩散的方式以减少事件影响的范围和程度，出了事习惯"关门查问题，开门讲成绩"。对外采用一堵（封控信源）、二拒（拒绝采访）、三拖（拖延时间）、四瞒（编织谎言）、五赶（驱赶记者）的方法，力图掩盖真相，导致信息迟滞，形成"空椅子"现象，拱手让出定义权，最终失去话语权，使流言蜚语占据舆论空间，造成公信力的缺失。

所谓不善说、不会说，即不了解传播规律，缺乏媒介素养，不掌握舆论环境的新变化，遇事急着说、慌着说、随意说、胡乱说，造成发布主体与客体倒置，不是引导舆论，而是被舆论牵着鼻子走，政府成了新闻对象，发布者的雷人之语成了炒作的焦点，致使信息扭曲、失灵、失控。这种"次生灾害"对政府诚信的杀伤力有时比事件本身危害还要大。

不愿说、不敢说是态度问题；不善说、不会说是方法问题。二者互为因果，恶性循环。前者有两怕：一怕招惹是非自取其辱，因为说话意味着公开，公开即受监督，公开多一分，则约束多一分，对于懒政者和习惯于暗箱操作者当然成了大麻烦；二是怕言多必失，祸从口出，奉行"多做少说，低调为官"的原则，力避仕途风险。不善说，不会说的后者，由前者所派生，所谓"用进废退"，越不敢说，就越不善说，而不善说的结果加固了不敢说的意识，形成"惧媒""敌媒"的心理，也就愈发不会说、不善说。这和当前社会语境和公众呼声形成了鲜明的反差。尽管党和国家颁发了一系列的制度性文件，提出打造"阳光政务"的要求，各级政府部门的新闻发布制度也如雨后春笋般建立起来，各类信息公开的承诺也屡见不鲜，但由于深层的观念和实操的方法未能从根本上解决，在一些地方，"不愿说、不敢说""不善说、不会说"的问题仍然像梦魇一样纠缠着人们挥之不去，像顽症痼疾一样不断复发，甚至在一个地方，还会不断地重蹈覆辙。

我们且以吉林省为例。1994 年，吉林省长春市银都夜总会突发火灾，死伤惨重，损失巨大。火患殃及在同一建筑物内的市博物馆，3 万余件馆藏古文物与一具 7000 万年的恐龙化石毁于一旦，被列入《吉尼斯世界大全》的吉林陨石雨中最大的 1 号陨石也焚成两半。当记者询问政府主管领导火灾原因时，回答是"无可奉告"，问及公安消防指挥员灭火过程时，也三缄其口，吞吞吐吐。2005 年 11 月 13 日 13 时 45 分，吉林省吉化公司双苯厂爆炸，在灭火抢险中，百吨苯类污染物流入松花江，波及整个松花江流域，水体苯超标 108 倍，甚至殃及俄罗斯哈巴罗夫斯克市。此前为掩盖事实，黑龙江省政府领导曾以"维修地下管道"的名义令哈尔滨停水 4 天，在记者逼问下最终承认说了"善意的谎言"。真相公布后，吉林市曾坚称灭火中绝未造成水污染的主管副市长，在压力下于家中自缢身亡。如此沉重的教训并未惊醒梦中人。近几年，"两个突出"问题依然在不断上演。

例：吉林通化矿业集团八宝煤矿瞒报特大矿难事故

2013年3月29日、4月1日吉林通化矿业集团八宝煤矿先后五次发生瓦斯爆炸，共53名井下作业人员遇难。第一次矿难死亡35人，其中包括通化矿业集团总工程师、通化矿业集团总经理助理和八宝煤矿总工程师等7名高管。集团公司负责人担心超过30人就会被定为特别重大事故，将会接受国务院调查组的调查，于是向上级瞒报为28人，余下7人分别以井下工伤、窒息死亡等原因，用化整为零、错后日期填报等方式编造假死亡名单，企图骗过上级。但祸不单行，在吉林省政府鉴于事发下达了严禁再次下井作业的明令后，该集团公司负责人担心刚刚投资18亿元的矿井受损，竟违抗政令，不惜以牺牲生命为代价，擅自让工人继续下井施工，致使4月1日又有18人遇难，遇难者中包括松树矿救队队长、通化矿业集团公司驻八宝煤矿安监处处长等5名管理人员。令人心有余悸的是其中29日的两次爆炸中，竟还有367名职工在井下作业未被紧急升井。当地还在发生矿难后不断对社会封堵消息，严禁媒体采访。

4月2日，吉林省政府调查组根据初步调查，对1日发生的通化矿业集团八宝煤矿瓦斯事故7名责任人作出处理。其中，通化矿业集团公司副总经理王升宇、八宝煤矿矿长韩成录、主管安全的副矿长王新江被移送公安机关立案侦查，并追究其法律责任；通化矿业集团公司董事长兼总经理赵显文，吉煤集团主管安全的副总经理徐晓东、通化矿业集团公司主管安全的副总经理王立停职接受调查；吉煤集团董事长袁玉清接受调查。

4月7日，鉴于吉林省通化矿业集团八宝煤矿"3·29"瓦斯爆炸事故已构成特别重大事故，由国务院组织事故调查组对八宝煤矿发生的两起瓦斯爆炸事故包括瞒报事故死亡人数情节展开全面调查，依法严肃追究相关人员的责任，并在全省范围内开展煤矿停产整顿工作。随后，国务院事故调查组给出了处理结果：给予吉林省原副省长谷春立（对德惠市宝源丰禽业有限公司"6·3"特别重大火灾爆炸事故也负有领导责任）记过处分，给予吉林省安全监管局原局长金华记过处分，给予白山市原市长彭永林记过处分，给予白山市副市长王树平记大过处分，给予吉煤集团董事长袁玉清撤职、撤销党内职务处分，给予吉煤集团党委书记张金峰党内严重警告处分，给予吉煤集团总经理贾立明降级、党内严重警告处分。与此同时，国务院决定对吉林省人民政府予以通报批评，并责成吉林省人民政府向国务院作出深刻检查。

就在八宝煤矿特大矿难尘埃落定两个月之后，该省又爆发了一场损失更为惨重的火灾事故，凸显出政府和企业在突发公共事件面前"不善说"所带来的危害。

例：吉林省德惠市宝源丰禽业有限公司特大火灾爆炸事故

2013年6月3日6时6分，吉林省德惠市米沙子镇宝源丰禽业有限公司生产车间因液氨泄漏爆炸引发火灾，造成121人死亡，77人受伤。火灾发生后，当地政府立即启动紧急预案，迅速组织灭火救援，并在6小时之后召开新闻发布会通报情况，之后又在短短三天内，先后召开了六场新闻发布会。当日上、下午各3次，期间还不停地滚动发布政府官方微博，可谓做到了第一时间及时、主动发布信息，且密度和频率空前。但发布效果却事与愿违，反而引来广泛质疑和愤怒谴责，被称作"丧事当成喜事办"的自我表扬、"包产到户"式的维稳等，成为一场忙碌辛苦却换来教训的新闻发布。

分析整个发布过程，首先源于处置事故的管控思维。事发后，上级党委召开常委扩大会议提出：做好死者家属的安抚，每家组成一个工作组，防止发生群体事件；要及时、彻底向社会发布消息，加强互联网新兴媒体的管理，防止误导舆论影响稳定。"两个防止"的价值取向，自然使发布内容错位，使一场死伤近 200 人的惨痛火灾的发布基调成了"领导重视、靠前指挥、扑救得力、人心稳定"。

火势扑灭后，事故现场救援指挥部于 6 月 3 日 13 时和 17 时两次召开新闻发布会通报情况，称事故原因正在调查中，省政府官方微博"吉林发布"称"初步判断是电火，屠宰场内存水较多，导电造成人员伤亡"。后又改称：是因液氨泄漏引发爆炸，非火灾。新闻发布会对各方关注的事故原因语焉不详，加之现场大批公安特警维护秩序，加剧了舆论的质疑。

有记者发现，火灾发生时车间大门被反锁。《南方都市报》深度栏目曝出重磅消息："事故发生时，车间仅有一个侧门打开，而其他门均被反锁。有工人称，大火仅用了 3 分钟便烧遍了整个车间，全车间仅有不足 30 人逃出。"人民网随即佐证："禽业公司平时为方便日常管理，在规定的上班时间内，会将大部分车间门关闭，以防止随意走动扰乱工作秩序。"于是"反锁之门"、死亡人数前后通报矛盾以及刷卡上班工人中 17 人未取得联系等问题成为记者与公众质疑的焦点。

可就在次日举行的第三场新闻发布会上，新闻发言人不但没有对上述质疑进行有针对性的解疑释惑，反而省去记者提问环节，在念完四分钟的发布稿后拔腿离席，被围追的记者堵在楼梯口，一时尴尬万分，被称为"史上最短的新闻发布会"。事后得知他对情况最了解，实为上级不让说所致。在接下去的第四、第五场新闻发布会上，更是你问你的，我说我的，偏离公众的疑点。6月6日上午，德惠市委对外发布信息："对在事故发生后，社会各界伸出援助之手表示感谢"，"中石油长春公司奋战29小时，为130台抢险救援车辆加注8100升油料；长春市救护车在40分钟内就赶到了事故现场"。对此，《广州日报》评论说："发布会成了'答谢会'，是在消费灾难。"

6月6日下午的最后一场新闻发布会，是由省卫生厅一位负责人主动请缨登台通报情况的，在洋洋洒洒四十五分钟的时间内，他富于情感地介绍了医务人员救死扶伤的英勇壮举，并对他们"紧张忙碌、夜以继日的工作做出巨大牺牲表示骄傲"。面对媒体与广大公众翘首以盼的事故原因、死难家属的赔偿方案和责任追究则不置一词，称"一切根据调查组的结论来定"。这种漠视公众知情权，在百余人尸骨未寒时还能自我夸赞的态度，深深刺痛人心，引发了强烈的义愤，被评价为"丧事当成喜事办"的"冲喜"之举，严重损害了政府形象。

至此，这场特大灾难事故烧的是企业，死伤的是职工，而买单的却是政府。期间所做的大量工作都被后续的"次生灾害"所消损，实为不善说所累。在传统思维定式下，缺乏对事故灾难发生后科学的议题设置：没有将公众关切、媒体质疑与政府的话语形式有机统一；没有将生命至尊、彻查原

因、追责处过的态度放在首位；没有做到不仅公布结果，还
要公布过程，不断解疑释惑。面对政府本位、回避矛盾、自
我肯定以及对质疑置之不理，使公众的知情权与灾难真相之
间造成巨大落差，终因态度的冷漠与傲慢导致了舆论的空前
危机。

值得注意的是：这种在抢险救灾中回避淡化伤亡信息而
赞扬领导和一味歌颂救援事迹的传播样式不乏其例，有关部
门曾对 2012 年及 2013 年上半年发生的十起突发事件中的发
布通稿进行梳理，结果如下：

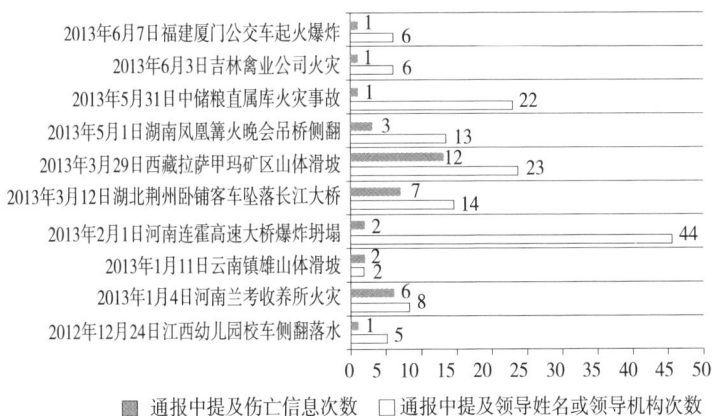

（数据来源：腾讯网"数据控"第 29 期）

如果说不善说、不会说是认知的错位，属方法问题，定
会在"敢说"的过程中逐步提高。而"不说"甚至"瞒报"
则往往掩盖着不便示人的隐秘，甚至是严重的违法违纪。"飞
瀑之下，必有深潭"，这种欲盖弥彰甚至罗织假新闻的做法，
更会使政府公信力遭受重创。

例：王立军私自进入美国驻成都总领事馆申请政治避难事件

2012 年 2 月 6 日 16 时 31 分，原重庆市副市长、公安

局长王立军私自进入美国驻成都总领事馆，恳求美方提供庇护，并书写了政治避难申请。2月7日23时35分，王立军自行离开该领事馆，愿意接受组织调查。面对这起引起国际社会强烈关注的涉外突发事件，当地政府新闻办于2月8日10时54分发布消息称："据悉，王立军副市长因长期超负荷工作，精神高度紧张，身体严重不适，经同意，现正式接受休假式的治疗。"此语一出，立即引起轩然大波，这条微博被新浪网列入头条新闻，25分钟之后即被转发1.5万次，评论达5000余条。此后舆论骤起，震惊、质疑、推测、求解，加之随之引出薄熙来及其妻子谷开来涉嫌谋杀及包庇犯罪，昔日"唱红打黑"的政治家与警界英模，一夜之间成了涉案者和叛逃者。如此巨大反差造成的巨大舆论空间无人填补，一时间使各类猜测和小道消息铺天盖地，各种花边新闻、离奇故事、耸人传闻、演绎版本不胫而走，翘首关注又无法获知真相的公众，开始向外网、外媒探求究竟，这种质疑的浪潮一直波及"两会"，成为位居前茅的热门话题。直到3月15日国家领导人通过新闻发布会向中外记者做了回答，才终于尘埃落定。

2012年2月6日16时31分，原重庆市副市长、公安局长王立军私自进入美国驻成都总领事馆，恳求美方提供庇护，并书写了政治避难申请。

2012年2月7日23时35分，王立军自行离开该领事馆，愿意接受组织调查。

2012年2月8日10时54分，当地政府新闻办发布消息称："据悉，王立军副市长因长期超负荷工作，精神高度紧张，身体严重不适，经同意，现正式接受休假式的治疗。"

2012年3月15日，国家领导人通过新闻发布会向中外记者做了回答，尘埃落定。

此桩案件涉及时任中共中央政治局委员、重庆市委书记薄熙来，作为信息定义的主体，难怪其讳莫如深又语焉不详。后又强调王立军是孤立事件，不涉其他，完全是此地无银三百两，理所当然会引起更为强烈的质疑，公众这种质疑又得不到官方的回应，于是只得另辟蹊径，通过从网络和外媒满足饥肠辘辘的信息渴求。这种畸形的需求又给西方造成可乘之机，使大量的信息"出口转内销"，外媒成了消息的主要来源。

纵观重庆事件，从最初的谎言编织到真相公布历经了36天，处在舆论风暴的地方政府，只能针对各路记者的穷追猛打不断自圆其说，在释放出"休假式的治疗"消息后，又避重就轻就王立军如何带回称"根本不存在70辆警车一说，网上装甲车照片是PS的"。另对所谓"重庆方面要将王带回重庆之说是'绝无此事，纯属造谣'"；直到谷开来被抓、薄熙来被双规的结果浮出水面，人们似乎悟到："流言往往是真相，官话多数是搪塞。"于是引申出的逻辑：网传——辟谣——再证实——谣言成真——政府谎言——公信力受损。

从整个事件的舆情发展轨迹不难看出，面对这起极其敏

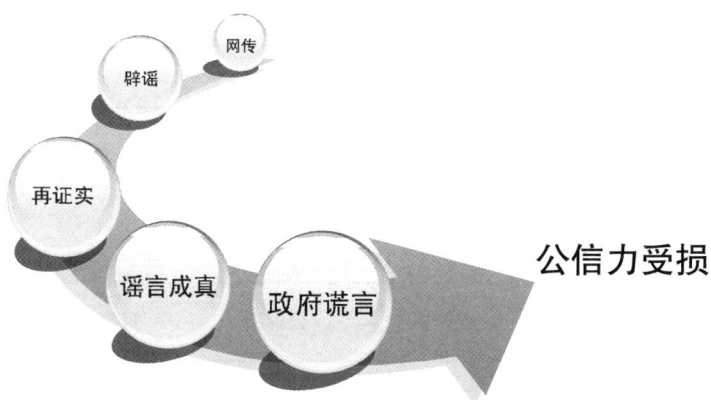

网传

辟谣

再证实

谣言成真　政府谎言

公信力受损

感并为国际关注的涉外事件缺乏权威、有序的信息披露处置机制，任舆论潮起潮落却使导控缺席。直到党中央采取果断措施，高度透明公布薄熙来案，并依法公开薄熙来在济南市中级人民法院的庭审过程，才有效消除了此前的负面影响，转危为机。

例：薄熙来案庭审微博直播情况

2013年8月22日，薄熙来受贿贪污滥用职权犯罪一案在济南市中级人民法院开庭审理。此前该院在新浪开通了实名认证微博"济南中院"，并发出开庭公告，两次转发超过2万。

自8月22日至8月26日，微博"济南中院"的直播工作伴随了薄案一审的全过程。期间用文字、图片，甚至音频、视频的方式，共发布152条、近16万字的图文微博，将庭审全过程呈现在公众面前，特别是以长微博形式发布了三十余份庭审实录，公开了控辩双方举证、质证过程及控辩意见等内容，很大程度上满足了公众的知情权。仅一审前三天，官方粉丝便突破了84万。8月26日，当"济南中院"发出最后一条庭审现场的长微博后，绝大多数跟帖评论转而点赞中国司法进步。

A）各方发言次数

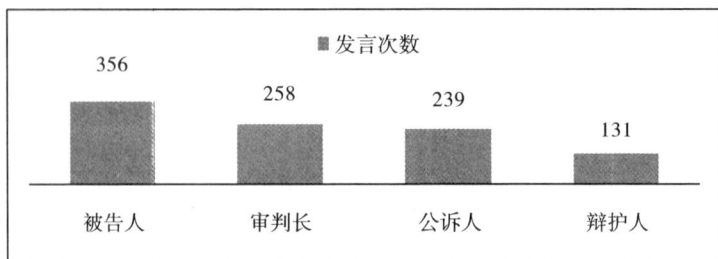

B）被指控三大罪名提及数

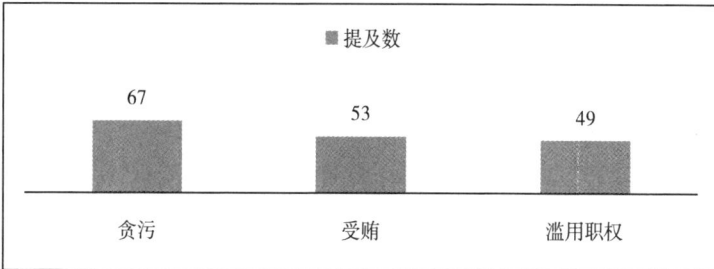

C）论证过程提及数

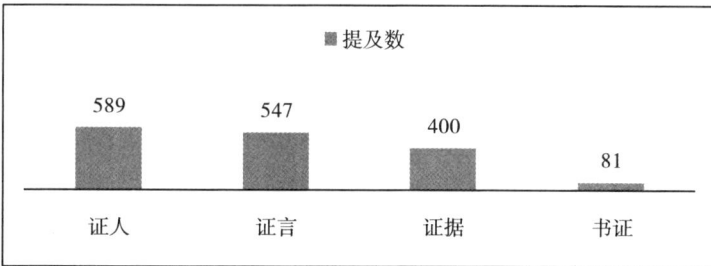

媒体评价：

美联社：许多中国人通过微博更新来关注对薄熙来的审判。在 22 日开庭前 21 分钟，济南市中级人民法院新浪官方微博开始详尽的更新，并且全天不停，这种公开在中国前所未有。

香港大公报：这次庭审公开程度前所未有，公开范围前所未有，公开时长前所未有。从宏观上说，这为中国司法树立了一个全新的开放、开明形象；就微观而言，为薄案审判打下了一个坚实的公平、公正基础。

文汇网：最值得积极评价和肯定的是微博直播庭审实录，其利用最新的科技手段，确保了中国宪法规定的"审判公开"原则在最大程度上和最大范围做到落实。

最高人民法院新闻发言人、新闻局副局长孙军工在2014年12月21日中国公共关系协会主办的"2014年中国公共关系发展大会——法治中国的创新传播"会议上称：如果说十八届三中全会开启了中国新一轮司法改革，那么2013年以薄熙来案庭审微博直播为代表的一系列司法公开动作，便是司法公开的新突破。其所论被公众解读为彰显了高层的执政自信，尤其是反腐自信。

注　释

① 清华大学法学院女研究生李燕，曾因申请公开"副部长分管部门、兼职状况及负责联系的单位"等信息遭拒，于2011年9月9日将国土资源部、科技部和教育部告上法庭，随后三部委公开了相关的政府信息。

三个重要原因

观念上的滞后
方法上的陈旧
机制上的缺失

当今之时，怎样才能解决由不愿说到敢于说，由敢说做到"善说"呢？有人也许会说，首先当然是要靠嘴巴子，为此需要遴选能言善辩之士，在危机到来之时，凭三寸不烂之舌，一番自圆其说的巧辩，就能化危为机，实则大谬不然。俗话说：只有想得好才能做得好，只有做得好才能说得好。语言仅是思想的外壳，思想才是表达的先导，因此"善说"的前提是"善思"，第一位是观念，第二位才是方法，但单有这两条还站立不稳，重要的还要有说话的机制作保障。三者如三足鼎立，缺一不可。新闻发言人不是"人"，而是一种制度。他（她）是一级政府组织或部门的形象代言人，但不是为本单位文过饰非的裱糊匠，更不是遮掩真相的辩护士和避雷针，其体现着法治政府或一个部门的政治文明程度，其中居于首位的乃是主要领导的理念维度，这将决定着一个单位政务公开的高度和尺度，而一个部门干部整体的媒介素养又决定着其广度和深度，在此基础上形成的一整套高效运作的发布机制则决定着话语发布质量和成败祸福，否则日常缺乏必要的舆情分析和预案准备，事发没有全系统危机管理的得力举措，事中缺少科学的议题设置和多媒体平台的运用，仅靠新闻发言人单枪匹马仓促应对，不仅于事无补，反而会招致更大危机或次生灾害。

例："7·23"甬温线特别重大铁路交通事故

2011 年 7 月 23 日 20 时 30 分，甬温线 D301 与 D3115 列车发生追尾，造成 40 人罹难，172 人受伤。时任铁道部新闻发言人的王勇平面对中外媒体，在回答问题时出现了多处疏漏和不当，引发媒体和网民对铁道部的尖锐质疑，形成了舆论危机。

事后经国务院调查组调查，证实王勇平的回答有多处失误：一是事故原因由时任国家安监总局局长骆琳宣布的结论是：既有软件设计问题，也有管理问题。安监总局新闻发言人黄毅在事故后一个月的 8 月 22 日正式披露：这起事故确实是一起不该发生的、可以避免和防范的责任事故，"既暴露出信号系统设计上的缺陷，从而导致雷击造成的故障问题；同时也反映出故障发生后，应急处理不力及安全管理上存在漏洞。"其他如掩埋车体问题，此前新华社指出，铁道部处理脱轨事故有掩埋车体的"前科"。《工人日报》记者回忆曾经历三次事故：隐瞒和就地掩埋是铁路方对事故的一贯做法……

从表面看，这起事故的舆论危机是王勇平的"说话"不当引发的。因此，人们有理由相信，新闻发言人是个风险巨大的岗位，随时都可能身败名裂。

这无疑是一种很深的误读，作为一个新闻发言人，仅是一个部门或系统的代言人，他的表达和诠释，应受本部门领导集团的观念所左右，为一个系统自身的运作机制所支撑。若是做错了事情，仅靠新闻发言人是不能自圆其说的；若再将一个系统暴露出的问题归咎于发言人，更是其不能承受之重。

王勇平曾是新闻发言人中的佼佼者，2010年他有关中国铁路发展的新闻发布会达40场，场场风生水起，曾被评为人民网"十大最受欢迎的嘉宾"，入选震区北川中学名誉校长，一位勤勉敬业的资深发言人为什么会在"7·23"事故的发布现场把控失度？其中绝非个人因素。

首先是观念，特别是系统内原高层决策者的理念。究其深层原因有二：

一是高度集中的权力决策，缺乏对批评监督的谦抑态度。中国高铁上马，从2005年铁道部与地方政府合作，到2008年从国家推出4万亿元经济刺激计划中争取到1.5万亿元启动资金，于是快马加鞭，六次大提速的成功，掩盖了安全隐患。京沪高铁开通仅十天，曾接二连三出现故障。当京沪高铁达到"世界上最高运营时速380千米"时，前总工程师张曙光表示：未来5—10年，时速将超过400千米。2011年还在枣蚌段进行500千米的试验，提出"超过台风速度"。由此速度冲淡一切，决策不受约束，资金不受监管，权力过分集中又导致专断与傲慢，时任铁道部长的刘志军公然拒绝批评，对当年政协广州市委员郭锡龄的直率"炮轰"①，不仅要求新闻发言人给予"质问"式反击，而且自身对报纸和网络的不同意见更是暴跳如雷。笔者曾参加2008年春运期间南方雨雪灾害的应急处置会议，目睹刘志军在会议上大发牢骚："他妈的，这互联网还归不归共产党领导，我这个部门做了一百件好事一件上不去，还没有出一点瑕疵就炒了我半个月，还问我铁道部考试及格不及格，依我看，我们不会被西化分化搞垮，倒很可能被互联网搞垮！"这种讳疾忌医的态度使一路奔驰的动车在"7·23"事故中最终失去了制动系统。

二是政绩形象使快速通车为首选，不愿公开透明。备受公众诟病的急于恢复通车和掩埋车头的问题终于在调查中浮出水面。当 7 月 24 日重新将翻入大坑中的 D301 车头挖出，从中发现的问题是：温州南段信号设备在设计上存在严重缺陷，遭雷击发生故障后，导致显示为红灯的区间信号机错示为绿灯，使人工和自动系统的对接发生紊乱。加之管理低效混乱，上海铁路局的动车调度部门操作人员懈怠失误，致使快行达每小时 99 千米的 D301 撞上了前方缓行的 D3115。于是在事发后，对于这些幕后存在的漏洞人为封锁消息、掩埋车头以及救援善后的冷漠敷衍就成了必然，也势必挑战了媒体和公众的承受能力。

事实证明，"7·23"特大事故是一起在恶劣天气下出现的偶发事故。中国高铁自问世以来，以骄人的业绩令世人瞩目，不仅是它自主研发的综合技术堪称世界一流，并且在建设技术、运输里程、安全性能方面均属上乘。截至 2015 年 12 月 30 日，我国高铁运营里程达到 1.9 万千米，居世界第一位，并且正在为"一带一路"建设作出贡献。但回望"7·23"特大事故的发生，痛定思痛，我们不难发现：高铁不是速度问题，而是态度问题；是危机化解的软实力出现了故障；不是新闻发言人不够"机智"，而是发言人缺乏"机制"支撑。

由此，我们就易于理解新闻发言人王勇平当时的角色尴尬：一方面，他要面对媒体介绍真相；另一方面，身后无形之手在左右着他的思维，决定着他的嘴巴。与此同时，他又是在缺失后援机制支撑、对现场情况一无所知的情况下走上了发布台。从今天看来，他勇于担当、敢于履职以及在发布会上对记者理性、克制和竭力回应的态度都是值得肯定的，但话语的败局早已注定。这是因为，就在"7·23"事故发生的第一时间，舆论引导并未与抢险救援工作同步安排，王勇平未被列入应急序列随"长"作战，当他蹦蹦来迟、临危受命之时，他甚至来不及进入事故现场，更不掌握权威性真相，于是在信息供求严重倒挂的情形下，发言人自然就会成为媒体炮轰的标靶，发布会势必变成质疑问责的"庭审会"，整个系统的公信形象顷刻遭遇最大的损伤。

众多实例说明，面对突发公共事件，如何在危机处置中回应社会关切，公开事实真相，应有一整套快速反应机制作前提，才能避免手忙脚乱。这就必须将危机传播管理纳入危机管理之中同步安排部署，做到边做边说，并科学确定说什么，怎么说，由谁来说的工作流程。在重大突发公共事件发生的初始阶段，新闻发言人由于授权有限、获取关键信息有限和法定责任有限，首先出面的宜是系统主要领导或主管负责人。试想，如果在"7·23"事发第一时间部门最高领导能够挺身出面，表明"生命至尊，抢险救人"坚强有力的态度；如果第一场新闻发布会能由一位现场抢险的副指挥员发布，由王勇平作主持，兼顾抢险现场和舆论引导场——两个"战场"能够同频共融；即便第一场新闻发布会失利，接下来再组织第二场、第三场，并由更权威、更专业的铁路系统专家出面，且由简入繁、去伪存真地解疑释惑，直至调查原因、追责处过、堵漏补缺、疏解民心；如果勇于正视问题，直面失误，借助主流媒体进行议题设置，以坦诚公开的态度对待舆论关注，反而能使负面效应最小化。据悉中央电视台当时已为铁道部策划了报道细节，如报道灯火通明、正在紧张部署救援的办公大楼，然后由相关负责人面对全国观众说明抢险正在积极组织，部领导赶到机场——镜头切换至第一架准备起航的飞机……还有更多的这种如果，正是这些如果都未能出现，结果证明了这样一个真谛：危机不可怕，可怕的是处置危机的价值判断错了；危机不可怕，可怕的是处置危机没有一个科学运作机制，两个前提不复存在，遑论新闻发言人的表达方法？

由此看来，观念、方法和机制，这三个问题不解决，类似"7·23"甬温线特别重大铁路交通事故的舆论危机还会在其他地方重复上演。

这是因为我们今天面对的社会环境、媒体环境和舆论形成的方式都发生了结构性的转变。特别是以互联网为代表的新兴媒体带来的媒介化，让人们陷入了信息的汪洋大海。信息被人制造，但反过来又改变着人的社会生活，冲击甚至颠覆着旧有的社会关系。一个共同关注的话题，瞬间就可以将分散的信息碎片汇合成舆论风暴，把互不相干的个体聚集成规模浩大的社会群体，它传播快、覆盖广、影响大、作用强的特性，既是各级政府实施现代社会治理的宝贵资源，又是对治理能力的综合考验与挑战。如果你无视它的存在，不能预测把握它的走势，它会裂变成排山倒海的力量，甚至会冲垮理性的堤坝；如果你不能因势利导驾驭它，就会像一叶孤舟在没有航标的激流中行进，随时会有触礁的危险。在突发公共事件的处置过程中，如果对这种巨大的舆论动员力量不能正确回应、科学导控，就可能聚合成不可预测、不可控制，甚至不可逆的能量，会极大损害政府及社会组织的公信力。这就是"7·23"甬温线特别重大铁路交通事故为什么先后会有7亿网民点击关注和发帖评论的原因。

例：天津港瑞海公司危险品仓库特别重大火灾爆炸事故

2015年8月12日，天津港瑞海公司危险品仓库发生特别重大火灾爆炸事故。面对这场伤亡特别重大、财产损失特别巨大、社会影响特别恶劣、教训特别惨重的特别重大安全生产责任事故，当地舆论引导工作反应迟缓，天津卫视13日上午仍在播出韩剧和动画片。截止到事发17小时，当地才在仓促之中召开新闻发布会，且在接下来的六场发布会中，皆在记者提问环节中断直播，答问中多以"不清楚""不了解""需了解"相回复。特别是在第六场发布会中有记者问及"有关此次爆炸事故由哪位领导牵头，如何组织指挥？"主持人竟以"这个问题下来以后再尽快详细了解"作回复，这种市领导迟迟未出、回应处处被动的状态终于引爆事故之后巨大的舆论危机，被媒体称为"千呼万唤始出来，千追万问不明白""天津是一座没有新闻的城市""全国看天津，天津看韩剧"。事件引发国际高度关注，公众强烈质疑，谣言乘机泛滥。这场舆论风暴直到第五天的第七场和第八天的第十场发布会，由于天津市党政主要领导和分管副市长先后出面答疑才逐渐止息。

铁一般的事实洞若观火，为什么一个个舆论危机接踵而至，为什么一次次危机的症结都如出一辙，为什么一起起危机又在惨痛的教训之后不断重演，这就在于我们的观念、方法和机制与今日的信息时代存在着极大的矛盾和反差，具体表现为：传统的宣传管控观念与媒介化时代的传播现状不相适应；旧有的舆论引导方式和信息的总供给与社会公众的需求不相对称；危机管理与危机传播管理之间在机制制度上的不相匹配；社会管理主体的媒介素养及引导舆论能力与法治社会公民权利意识的日益高涨不相符合。

正所谓时移势易，媒介化时代惊涛拍岸，我们有些人还在原处刻舟求剑，怎么能不被飞溅的浪花弄得浑身透湿、狼狈不堪呢？为跋涉前行，必须透视这些不适应、不对称、不匹配和不符合的病灶所在。试从以下三方面作进一步剖析：

观念上的滞后

由于习惯把社会事件分成好事情、坏事情，将媒体当作得心应手的工具，出于大局和社会形势需要，往往对信息进行选择性"提纯"：好事是新闻，坏事是"不闻"，力避"长敌人志气、灭自己威风"，以利营造"我们一天天好起来，敌人一天天坏下去"的舆论氛围，并以明确的目的性控制负面信息的扩散，制定严格的保密规定限制知情范围，对负面事件采用内外有别，往往"秘而不宣"。

受传统文化束缚，走不出历史的阴影。恪守"谨言慎行""直木先伐，甘井先竭""君子不论人非"的古训，深藏不露、韬晦藏拙，以利害权衡是非，为亲者为上者讳，明哲保身，在专制文化的压抑下，缺乏敢言犯上的批判精神，又为面子虚荣所累，不愿对失误作深刻的反思清算，往往报喜不报忧，以喜压忧，很难做到直言不讳。加之片面接受历次政治运动"引蛇出洞、以言定罪"的历史教训，惧怕"祸从口出""出头的椽子先烂""众口铄金"，特别是在党内民主尚不充分的状况下，"沉默是金""少说是银""多说招祸"，在会议上不敢或不愿说内心话，使真正的批评成了稀缺资源，形成了一些人的双重人格：当面赞成，背后反对；会上不说，背后乱说；对上级百般逢迎，对下级冷漠无情，对公众集体沉默，整体麻木。使说真话成了畏途，说官话成了常态，真话往往说在"官员退休后，专家临死前"。"话少升迁快，话多物议多"，话说多了就是"出风头"，说错了更是大祸临头。将说真话、直话视为"不沉稳、不成熟""歪嘴骡子卖个驴价钱"，话语表达能力非但不是选贤任能的条件，反倒被看作是"作风浮躁""夸夸其谈"，而"只做不说""多做少说"则被认为"工作扎实""忠诚可靠"。在如此为官之道的潜规则下，官员多一事不如少一事，消极回避媒体、不愿与媒体打交道渐成习惯。更深层次的原因还在于：中国官员的职务是上级任命的，不需直接对选民公众负责，也不需要借助媒体为自己拉选票，更无须为赢得支持率面对受众作施政演说。反倒是说话会招惹麻烦，说错了会"捅娄子""惹祸端""毁形象"，断送个人前程。在如此"内生动力"的驱使下，趋利避害的理念创造了一整套定制的官方话语体系：等因奉此，陈陈相因，循规蹈矩，唯一把手和上级马首是瞻，话语单一、同质、僵化，渐失生命的活力。有位官员曾这样自问自答："非要说吗——非说不可吗——说了会有什么后果呢——说了别人会问你想干什么呢？结论——还是不说为好。"

作为一个部门的新闻发言人，若处在这种生态环境中，只能是戴着枷锁跳舞：一方面须遵从领导意志，维护部门利益，一方面又要履行职业操守和社会责任，在舆论压力和领导观念的双向夹击中，实属尴尬苦涩的角色。是眼睛朝上让领导满意，还是眼睛朝下让公众满意，平衡不了则两边都不依不饶，受夹板气。于是一天到晚"战战兢兢，忙到熄灯"。有发言人告诉笔者，工作最大的压力、阻力来自领导和同僚，需要出来说话时如赴雷池，谁也不愿出面，个个怕遭非议，怕引火烧身，成为新闻当事人。面对媒体，有时如同草木皆兵，闻之色变。一位新任从事新闻宣传的领导干部被同行问到有何体会，答曰：如履薄冰，当反问对方时则曰：万箭穿心。还有位资深发言人说，他最希望本部门出点事，特别是让事出在一把手身上，"这就会倒逼他重视新闻发布，不然的话，依旧是'观念不变，原地打转'。"

习近平同志最近有针对性地指出："不要怕采访，不要怕偶尔说错话。有的部门和同志担心说错话，遇到问题不能马上发声，也不愿主动发声。坦率地说，谁都不是神仙。主动做工作，说错一两句话，是可以原谅的。如果遇到重大问题静默失语，不主动做工作，不敢担当，造成更严重的舆论误导，那才是不可原谅的。"

方法上的陈旧

在公共话语活力四射、社会舆论生机勃勃的今天，政府的话语体系还停留在"听妈妈讲那过去事情"的阶段，对炮火硝烟味极浓的战线语言，斗争哲学的慷慨辞藻难以割舍，缺乏惟陈言之务去的生动灵气，缺少正视问题直面矛盾的锐气，缺乏指点江山激扬文字的豪气，缺少批评战斗的锋芒与勇气。一言以蔽之，缺乏互联网时代的媒介素养和话语能力。

从信息传播方式上看，仍沿袭过去行政层级手段，自上而下，层层传递，先党内后党外，先上级后下级，最后发至县团级，习惯于我传你听，其效果往往"电闪雷鸣、空谷回声"。

从话语风格上看，居高临下，定制官话，全知全能，同义反复，了无新意，制造语言垃圾，还乐此不疲。说无关痛痒的大话，永远正确的废话，四平八稳的空话，咬文嚼字的套话，新闻语言八股化，内容刻板又僵化，千篇一律的"高度重视，一致拥护，情绪稳定，民心安定"。文风折射官风，时下有种现象：官员们在台下往往风趣幽默，妙语连珠，上台就照本宣科，套话连篇。其潜意识中为的是安全，怕口无遮拦出"嘴灾"。因此，往往政府要说的媒体不关心，而公众关切的，政府又不愿说。于是虚话、假话记者不愿报道，毫无新闻的新闻发布会自然门可罗雀。

从信息内容上看，将弘扬主旋律片面理解为只有一种声音，把差异性当成杂音、噪音、不和谐音，将舆情当敌情，把社情当危情，把正面报道看作是不要一丁点儿负面消息，豪言壮语，英雄神圣，只能歌颂，不能批评，"一夸就笑，一触就跳"，强求舆论一律，净化新闻，制作盆景，歌舞升平。

从舆论危机处置上看，用管控方式封堵信息，将危机传播管理与危机处置分割开来，只做不说，多做少说。甚至以"不准出事"为最高标准，只求海晏河清，天下太平；出了事只说英勇壮举，不说惨痛教训；出了丑闻，杀毒灭菌，掩盖事实，引导缺位，给谣言让位，自我辩护，越描越黑。发生了群体事件则将"少数别有用心的人""煽动不明真相的群众"作为标签口径，引导舆论变成了被舆论引导，媒体指问哪里，就扑向哪里。应对媒体之策，走向了两个极端：或畏媒如虎，三缄其口，照本宣科或删帖灭火，摆平就是水平，搞定就是稳定；或将媒体当道具，摆拍作秀，巧言令色，欺骗愚弄公众，逃避责任。

孰不知，这套老谱今日明显失灵，因为"为君翻作杨柳曲"，过去的"我说你听"变成了"你说我评"。政府的单向传播变成了与公众的双向互动，你说的我不关心，我要的你说不出。话不投机，格格不入，于是官员的每句话随时都有可能拿到公共空间去检验，放在无影灯下去透视剖析。被曝光的官员与知识精英的"雷人之语"被编纂成册，广为评判。究其原因，并非语法问题，而是思维方法导致的话语错位，错在一时逞口舌之快，不考虑公众感受，在公共话语空间说出不合公意、法意的话，结果"一石激起千层浪"，引来连环爆炸性的谴责。

纵观话语错位有以下几类：

一、让上级听的官场话	六、过分溢美夸大的话
二、让外人听不懂的话	七、伤害他人感情的话
三、有违法理公理的话	八、既得利益者的权贵话
四、以偏概全的谬理话	九、说困难失信心的话（突发灾难）
五、吐露心迹的真心话	十、与常识出入较大的话

一是让上级听的官场话：如灾难事故中的背书，"领导重视，靠前指挥""妥善安置，情绪稳定"，而对灾难造成的损失和民众疾苦却轻描淡写。原四川省雅安市委书记徐孟加在地震后接受央视记者采访时因官话过多被主持人打断，饱受网民诟病后暴露自身腐败问题。

二是让人听不懂的话：如一老果农听不懂官员问及自己"种树的'初衷'"，只好回答"俺没上过初中"。老外听不明白"高举旗帜""扫进历史垃圾堆"等词语，误以为某处有一面大旗或一个巨型垃圾场。

三是有违法理公理的话：如没有强拆就没有新中国；某市女副市长对因女儿被猥亵染上性病而上访的母亲说：如果是我的孩子，我就不声不响带她去治病，不会向政府要一分钱；苏州官员称"警察不打人，那警察是养来干嘛的？"；某位教授说：强奸妓女比强奸良家妇女危害小；某位学者称：上访人员80%有精神病；外地人素质低，没有工作容易铤而走险。

四是以偏概全的谬理话："低工资是我们的优势"；"毒鸭蛋中苏丹红的含量非常低，大家不用担心"；"'红包'是和谐医患关系的良性互动方式"。

五是吐露心迹的真心话：如"你究竟是代表党，还是替群众说话？"；"我从来没有投过反对或弃权票，因为我爱这个国家"。

六是过分溢美夸大的话：如"三峡工程将变成冬暖夏凉的大空调"；"房价涨的比工资慢"；"天灾难避死何诉，纵做鬼，也幸福"。

七是伤害他人感情的话：如云南昭通巧家通乡油路工程拖欠农民工工资，向县委反映。副县长唐某麻木不仁称："随便你们上访，死了人事情就好办了。"农民工李某一气之下拿出敌敌畏一饮而尽。

八是既得利益者的权贵话：如"老百姓想要公平？臭不要脸"；"生个脑子是需要思考的"；"每月交际花一二百万不算什么，不会花钱就不会赚钱"；"对国家贡献这么大，高收入是合理的，为什么社会会憎恨我们？""国家规定是个狗屁，我就是不执行国家规定……"

九是在突发灾难中强调困难，丧失信心甚至以邻为壑的话：如浙江余姚暴雨成灾，政府负责人前期报喜不报忧，遮掩灾情，被网民曝光后，又称：68个西湖倒下来，非人力可以解决……哪怕神仙也解决不了，太为难了；山西一位官员开会时称："淹了河南，关我屁事"。

十是过头绝对的话和与公共常识出入较大的话：如云南

昭通巧家县公安局负责人，对爆炸现场未经全面勘查就确定
了犯罪嫌疑人，并向记者说："我以我的身份和前程作担保，
经深入调查，真凶到案"，最终其信誓旦旦所担保的犯罪嫌
疑人则是无辜受害者；福建龙岩上杭紫金矿发生污染事件，
其负责人宣称："如果发生我拿钱堵记者的嘴，我的腿将被
人砍掉！"四川泸州合江交警副大队长带女下属开房将枪丢
在枕下，公安局负责人说："不是丢枪，而是枪支暂时失去
了控制。"

机制上的缺失

何为机制？乃是解决问题的程序性安排和制度性的
设置。

实践证明，突发事件发生，一级政府及职能部门会迅速
动用组织体系全力处置，但容易忽视由此引发的舆论危机，
往往顾此失彼，重处置，轻引导；重事发现场，轻发布舆论
场，造成事件处置方案如林，媒体发声无人，缺乏相应的人
员队伍和一系列的制度保障。不了解在日常状态，要有舆
情研判，预案准备；在事件苗头阶段要有前馈预警，风险评
估；一旦事发则纳入应急管理，启动处置、引导双重预案，
即时进入响应、回应阶段。此后配合事件处置，舆论引导要
如影随形，同步进行。直到回应社会关切、事件妥处、舆情
平复，还要进行形象修复。而一些部门对此既无机构队伍，
更缺乏对外信息公开的制度安排，事发后仓促应对，临时抱
佛脚，成了"灭火队"：只顾"救火"，不顾记者，往往只做
不说、先做后说，反被舆论牵着鼻子跑，特别是在网络媒体
兴起的今天，显得更加捉襟见肘，必然陷入"事发——只做

不说——谣言四起——被迫公布真相——一片谴责——形象重创"的怪圈。

须知今日舆论场非同昔比,"天下媒体一网收,上天入地遍全球""你说他说我也说,人人手中有微博""民间巨型舆论场,媒体问政有力量"。面对前所未有的舆论传播环境,一些敏感事件一旦被公众关注,将会被海量信息所包围,若无日常舆论引导的机制作支撑,势必被强大的舆论裹挟,被媒体的"反向设置"所左右,陷入灭顶之灾。大量实例证明,政府及职能部门有四个方面的机制缺失,存在着潜在危机。

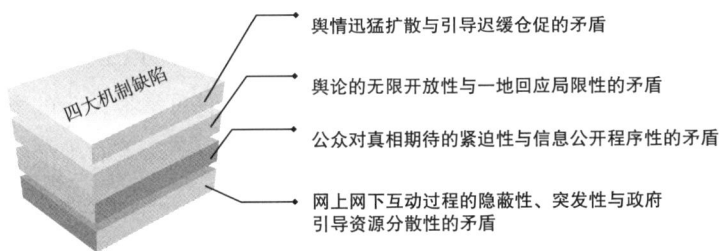

四大机制缺陷

舆情迅猛扩散与引导迟缓仓促的矛盾

舆论的无限开放性与一地回应局限性的矛盾

公众对真相期待的紧迫性与信息公开程序性的矛盾

网上网下互动过程的隐蔽性、突发性与政府引导资源分散性的矛盾

一是舆情迅猛扩散与引导迟缓仓促的矛盾。由于互联网快如闪电、席卷天下的传播方式,颠覆了大一统的自上而下的传播格局,其覆盖广、作用强的动员力量可以使表面的平波静水,顷刻变为狂风巨浪。主要表现为民间现场直播,"路边社"广发评论,网民围观吐槽。你不引导就会被引导,你不公开就会被公开,失去舆论制高点,丧失事件定义权。我们不少部门至今尚缺少相应的日常舆情监测、风险预警的机构和队伍。在舆情发酵时无动于衷,在"热点"演化成"焦点"时,还在等因奉此、逐级请示,最终坐失良机,转成危机。"7·23"甬温线特别重大铁路交通事故发生后九分钟,车内旅客即向全球发出微博:"出事了,车内停电了,快来救我们!"而首发撞车视频录像者竟是在空中驾动力滑翔机

的温州个体商人，这段视频被中央电视台采用。在严重的信息倒挂形成的质疑压力面前，铁路部门只顾现场抢险救援，罔顾媒体记者，未将舆论引导同步安排部署，在缺乏统一口径、缺乏权威真相、缺乏机制支持的情况下使发言人在毫无准备的情况下贸然回应媒体公众，引发了这场特别重大铁路交通事故的次生灾害，陷入了不可逆的舆论风暴。

无独有偶，2015年"8·12"天津港瑞海公司危险品仓库特别重大火灾爆炸事故发生后，由于在火灾爆炸和信息裂变双重危机中顾此失彼，机制脱节，应对滞后，信息供求倒挂，再次酿成一场"明火"扑灭而"心火"升温的舆论危机。

二是舆论的无限开放性与一地回应局限性的矛盾。网络时代已经形成了无处不在的监督天网，其监督的空间和细节具有无穷性和全天候的特征。它消解了人们对举报风险的顾忌，使无时不在的"眼睛"对政府公务员形成"人盯人的防守"，被称为"T型台上走猫步""无影灯下动手术""金鱼缸里练裸泳"。像"表哥""表叔""艳照门"以及"微博'打铁'"（原国家发展和改革委员会党组成员、副主任，国家能源局局长刘铁男案）都属此列，对违纪官员产生了极大震慑。由此，中纪委、中组部已将"网络反腐"作为重要阵地。也正是由于"网络反腐"的低成本且缺乏过滤把关，一些不实之词亦可能被渲染夸大，这就需要政府部门在危机公关中发挥系统作用，既正视自身的问题，又要迅速甄别真伪，勿使一"马"害"群"，局部影响全局，与此同时又要防止道德追杀，网络恶搞，娱乐泛化，避免基层部门和下级组织受一城一地的局限，孤立应对，缺乏组织的态度和权威的回应，从而有针对性地推动和指导地方发声。因为你若一味沉默，任凭舆论喧哗，就会出现："你不说，别人说；正面不说，流言说；媒体先入为主，不由你分说"，形成"你不披露就会被揭露，你不想伤皮就会被伤骨",直至被妖魔化的恶果。

2010 年 10 月 16 日,河北大学校内,李某某在生活宿舍区撞倒两名女大学生,致一死一伤。特别是当学生们得知李某某的父亲李刚是河北省保定市公安局北市区分局副局长时,更加义愤填膺,网上迅速出现:官二代李某某威胁放言——我的爸爸是李刚。于是"我爸是李刚"成为当时网络盛传的流行语,传言也如影随形:"李刚家有四套别墅""李刚岳父是副省长""能上中央电视台亮相,肯定有更大的政治靠山"。待李某某被依法判决尘埃落定后,人们才逐渐看到了真实情况:李某某肇事后被愤怒的学生包围,吓得躲在保卫干部身后乞求保护,惊慌失措地告知自己是附近北市区分局李刚的儿子。此过程很快被并不在现场的发帖者所加工,成了李某某草菅人命后,又口出狂言的另类新闻。经调查,李刚本人并不存在纵子行凶之恶,诸如多套别墅、副省长的岳父等均为谣传,但是"我爸是李刚"这句标签化的语言已经深入人心,成了骄横跋扈官二代的代名词,给系统的整体形象造成了严重损伤。纠其原因,是由于当地部门担心"任何一个澄清都将招致更猛烈的嘲讽和谩骂",于是回应太晚——真相是在四天后本部门召开的新闻发布会所披露,却缺少系统内的表态、权威的调查结论和化解社会情绪的回应。迟来的微弱声音早已被排山倒海、铺天盖地的信息狂潮淹没得无影无踪。

三是公众对真相期待的紧迫性与信息公开程序性的矛盾。公众对敏感突发事件的信息需求刻不容缓,但事件调查往往有一个由浅入深、去伪存真的过程。但此时如果你不开口说话,舆论的真空就可能被猜测、流言和并不准确的"现场直播"所填充。对此我们尚缺乏一个深谙传播规律的科学回应机制,往往不善于根据媒体的特点、普通百姓的认知程度，分阶段、渐进式地设置公众议题，由简入繁、去芜存精、持续不断地进行增信释疑的舆论引导。不懂得先说什么，后说什么，再说什么，不说什么。很多情况下急于定性，慌忙回应，轻率解答，匆忙表态，随意更正，甚至程序倒置，第一时间说了最终的结论，一次发布会企图回答所有的质疑。结果漏洞百出、前后矛盾，堕入"塔西佗陷阱"②难以自拔，形成群起围攻的被动局面。最终在众声喧哗的压力下，贸然决断就会被推断，急于定案就会遭审判，甚至一些涉法诉讼案件会出现民间越权调查、媒体法外审判的严重后果。

2009年5月10日，湖北省巴东县野三关镇雄风宾馆梦幻城女服务员邓玉娇，为摆脱官员邓贵大的骚扰挑衅，持刀刺伤致死对方，并将另一名劝解官员黄德智扎成重伤。案发后，由于被害人的"官员"身份和被告人的"女服务员"身份，迅速引起公众关注，特别是新闻报道中"三名官员逼服务员提供'特殊服务'""拿钱炫耀并掮击邓玉娇""多次将邓玉娇按倒"等关键性情节，③激起人们对官员丑行的愤慨和对邓玉娇的强烈同情，网络一时形成"邓贵大可杀""邓玉娇可赦"的偏激情绪。此时，巴东县公安局负责人却未能审慎对待舆情，从单纯办案角度，立即宣布"邓玉娇涉嫌故意杀人罪已刑事拘留"。这种急着定性质，慌着说案情，忙着采取强制措施、先定结论再查证的程序颠倒，与公众的司法认知构成巨大反差。于是"一石激起千层浪"，坚信邓玉娇属正当防卫行为的公众担心从重判决结果的发生，自发组成"杀淫官、救玉娇"的请愿团，络绎不绝声援巴东，大批记者也赶赴现场，在媒体倾向性报道的影响下，社会舆论几乎一边倒支持邓玉娇，出现了"英雄抗暴说""烈女无罪说"，风行网上的赞颂诗曰："飒爽英姿气豪壮，正义飘扬娱乐场，巴东女子多奇志，敢叫淫官把命丧"；"玉娇奋起修脚刀，贪官污吏一命销"。对秽行官员的义愤和对邓玉娇的同情裹挟了舆论，出于情理和道义的认知，人们认为邓玉娇不该为她的英雄行为承担法律责任。本案终以舆论审判抗衡司法审判，使本该获罪的邓玉娇最后被当地法院以"有罪无责，当庭释放"予以判决，被媒体称为开启"全民皆法官的新时代"。

2010 年 10 月 20 日深夜，西安音乐学院大三学生药家鑫将路人张妙撞倒并连刺八刀导致受害人死亡，10 月 23 日药家鑫在父母陪同下到公安机关投案。由于涉案者身份、作案情节极为敏感，公安机关在案发近一个月后方予披露，但还是未能阻止随之而起的舆论狂潮："药渣""脑残"等极具攻击性话语频频出现，之后不久，"药家鑫为富二代""药家有四套房产"等情绪化的煽动更激起网民的"仇富"心理，"国人皆曰可杀"之声犹如山呼海啸。更有甚者，网上竞相展开是否应判死刑的投票活动，众多媒体抢在法律程序之前给药家鑫定了罪。有报道指出："药家鑫是一个十恶不赦的罪犯，死有余辜。"一学者甚至评论："他长得是典型的杀人犯的那张面孔，一看就知道是罪该万死的人……"于是，在如此网民票决、舆论审判下，当地司法部门竟也发出 500 份调查问卷，公开询问药案适用何刑，对庭审有何建议。最终，药家鑫在一片喊杀声中被判处了死刑。

四是网上网下互动过程的隐蔽性、突发性与政府引导资源分散性的矛盾。当前社会正处在转型的矛盾凸显期，腐败多发，分配不公使人深恶痛绝，致使公众对"坏事"（天灾人祸）、"奇事"（戏剧性冲突）的关注程度与日俱增，特别是对"不公"（官民矛盾）、"不均"（贫富差距）两类事件高度敏感。加之"微时代"的匿名表达和碎片化写作，恰好成为宣泄这种不满情绪的助推器，一旦遇到敏感事件的"引火物"，燃点很低的社会情绪就会砰然爆炸，瞬间释放出巨大的社会能量，其方式多为视图引爆，谣言煽动，戏说调侃，人肉搜索，实地声援，一些碎片性信息一经拥有成千上万粉丝的大V转发，立即会聚合成公共危机事件，某些偏激情绪和极端行为甚至危及正常社会秩序。对此，政府部门引导资源分散，手段单一，管理体制构不成合力，造成网上优势资源稀缺，网上网下链条断裂，致使"虚拟社会"险情不断，事件多发。于是出现"你不说话就会被绑架，你无机制就会被压垮"的状况，即令理性的意见观念也会受到围攻和蔑视，网络生态环境一度令人堪忧，甚至导致干群关系的撕裂，政府公信力的下降和司法权威的消解。

综上所述，媒介化时代的舆论引导，观念、方法、机制缺一不可，首先还是转变理念，树立科学的网络观和媒体观。2014年8月18日，习近平同志从事关国家意识形态安全和政权安全的高度，要求全党将互联网作为"主阵地"，切实实现新老媒体的融合，"着力打造一批形态多样、手段先进、具有竞争力的新型主流媒体，建成几家拥有强大实力和传播力、公信力、影响力的新型媒体集团"。④

随着国家互联网管理部门的作用发挥和相关法规的逐步完善，信息失准、管理失灵、舆论失序的现象发生了很大转变。事实证明，首先是"齐之以法，导之以序"，而后方能"兴之于利，除之以弊"。用符合公众利益的法治制度划定网络世界的斑马线，不致使虚拟社会的"无限公共性"，突破现实社会的边界，侵犯社会的公共利益。与此同时，政府相关职能部门和社会组织还要将网络作为政务公开、新闻发布的主阵地，占据制高点，释放正能量，学会在网络上理政施策，实行社会治理模式的转变。

实践证明：突发事件应对涉及危机管理和危机传播管理"两个领域"，必须兼顾事发现场和舆论引导"两个战场"，兼顾现实社会和虚拟社会"两个社会"的群众工作。这就需要我们的领导干部不仅转变思想观念，还要建立和完善强有力的舆论引导机制，设定领导干部"必为""敢为"的刚性约束制度，要求政府及社会组织政务公开、新闻发布制度细化到机构设置、制度设定、队伍保障以及领导的责任担当。事实说明：有好的新闻发言人，不如有好的机制。因为好机制不仅可以造就好的新闻发言人，而且可以提高整个干部队伍的媒介素养，"复制"更多的人成为合格发言人。反之，没有好机制，好的发言人也会出错，甚至出大错。可以说，好机制未必使每个新闻发言人都优秀，但优秀的发言人背后必然有一个好机制。这个好的机制就是建立健全政务舆情收集、研判、处置和回应机制，同时加强重大政务舆情回应督办工作，开展传播与社会效果评估。建立一个高效、快捷运行的舆论引导机制，就是通过各类媒体形成向社会的开放系统，认真回应关切，明确回应主体，确保在应对重大突发事件及社会热点事件时不失声、更不缺位。要竭力拆平藩篱，畅通与公众的对话渠道，把握社会的脉搏，倾听百姓的声音，将网络意见和建议作为执政治理的资源，将公众的批评作为送上门的群众工作，将舆论引导常态化，纳入社会治理体系的有机组成部分，将矛盾化解于日常，消弥在萌芽阶段，即使爆发也能迅速引导、成功化解。

那么，如何提高与媒体打交道的能力，前提是认识了解媒体。为此，我们要在下一个章节，着重研究分析政府与媒介的关系。

注　释

①　郭锡龄对 2008 年南方冰雪灾害旅客缘何滞留问题时，向铁道部提出五条意见：1.因为断电，只能去找内燃机，最后在新疆才找到；2.但是会开车的人都下岗了，只好再花时间把他们都请回来；3.找到人之后，又找不到可以用的 5 号柴油（现在用的都是 10 号柴油）；4.明知开不了车还卖票：当时衡阳和株洲已经完全停电，并且不知道何时可以修复电路的时候，已经可以预见未来几天开不了车了，铁道部却还在卖票；5.本来农民工到火车站上不了车就回去了，可铁道部一声恢复运力，害得农民工又涌到广州火车站。

②　塔西佗陷阱：通俗地讲指当政府部门失去公信力时，无论说真话还是假话，做好事还是坏事，都会被认为是说假话、做坏事，这一定律在近年来的社会群体突发事件中有充分的体现。

③　许菁：《从"邓玉娇案"看媒体审判》，《广西青年干部学院学报》2010年第 2 期，第 73 页。

④　摘自习近平总书记在中央全面深化改革领导小组第四次会议上的讲话。该会议审议通过了《关于推动传统媒体和新兴媒体融合发展的指导意见》。

04

官媒之间的四个关系

博弈中的制衡
趋同中的差异
非对称的统一
互动中的双赢

时下常听官员私下议论说：

"记者是喂不饱的，少招惹他们。"

"我一辈子再不跟媒体打交道。"

"没有互联网的时候多好哇，想做什么做什么，想说什么说什么。"

"面对如狼似虎的媒体，不问青红皂白扔砖的网民，你得随时准备'牺牲'。"

……

说起来也难怪，曾几何时，媒体不再是俯首帖耳的工具，也不再向你毕恭毕敬，而成了拎着探照灯、拿着放大镜专门搜寻奇闻的"扒粪者"，成了唯恐天下不乱的"麻烦制造者"。一旦出了负面事件记者便会蜂拥而至，并且奉行"尖叫理论",鸡蛋里面挑骨头,哪壶不开提哪壶,对官员们的宵衣旰食视而不见,热衷于断章取义、以偏概全,将些许瑕疵聚成焦点,局部问题放大成全局,个案演绎成社会问题,善于利用受众的激情制造轰动效应,甚至嗜痂成癖,热衷报道灾难事故、恐怖画面、血腥场景、凶杀案件,特别是将官员腐败、幕后交易、风流韵事、奇言怪论作为头条标题,让你斯文扫地,好端端的形象顷刻被矮化、丑化。

正如一位美国人克里斯·马修斯所说:"无论你喜欢与否,我们都生活在一个奉行'我可逮住你了'信念的新闻时代。如果新闻记者在他编写消息的过程中能够踹你一脚的话,他一定会的。"他还接着说:"永远牢记:媒体属于跟你完全不同的另一个体系。当你跟他们说一些可能会给你或其他人带来难以估量的痛苦的事情时,他们的神经就会变得极度活跃兴奋。有时候你会注意到,当你给他们讲一些有趣的故事时,他们的眼皮就在那里轻微的跳动。在这一瞬间,但早就已经太迟了。"

一位媒体界的权威人士曾对在中国当一个好记者的条件作过以下精辟的评价:"大多数人能想到、能做到,而你想不到、做不到,就当不了记者;大多数人能想到、能做到,而你也能想到、做到,可以当记者,但不一定是好记者;唯有大多数人想不到、做不到,而你能想到、做到,那么,你就能当一个好记者。"此言当属不虚,那些劲爆新闻,不正是这些见解独到、语言辛辣且角度刁钻的记者所为吗?

再看记者自身为职业的定位,记者是:"瞭望者、发现者、监测仪、记录者,无处不在的眼睛,孜孜以求的揭露者。"[①] 为了完成职业赋予的使命,关于新闻记者的专业精神,央视著名主持人白岩松给予了更精辟的解读:"如果你学新闻，你会追求真相。如果你追求真相，你会调查。如果你调查，你会采访。如果你采访，你会找到现场。如果你找到现场，你会质疑。如果你质疑，你会发问。如果你发问，你会搜集证据。如果你搜集证据，你会深入现实。如果你深入现实，你会调查历史。如果你调查历史……如果你勇敢，你会坚守新闻。如果你坚守新闻，你会读懂人性。如果你读懂人性，你会减少抱怨。与其抱怨，不如改变；想要改变，马上行动！"② 由此可见，作为专业记者的标准，应当是能够迅速捕捉到最新敏感事件并能挖掘出背后深层问题的人。

　　凡此种种，使得我们为数不少的官员对媒体心存戒备，避之唯恐不远，特别是触过霉头的人更是厌媒、拒媒、防媒和敌媒，不愿和媒体打交道。可令人尴尬的是，我们一时一刻也离不开媒体：作为现代生活的每个个体，媒体不仅是接受认知的工具，还是思想表达的延伸器，试想有一天没了它，就等于失去了和外界连接的窗口和渠道，犹如生活在无声无色的世界里，恐怕连生计都难以为继。于是，我们不得不和媒体同在一个蓝天下，抬头不见低头见，就像一条路上的欢喜冤家，让你惹不起、躲不了，还离不开。真可谓爱恨交加，又与你形影不离。尤其是现代社会的施政者，无论决策论证还是倾听民声，须臾离不开媒体舆论的支持。这迫使我们反躬自问：究竟是我们不了解媒体，还是媒体变得不可理喻？究竟是媒体的生性怪癖，还是我们误读了媒体？大量事实说明，我们中不少人的思维与媒介化时代隔着一道屏障，对新兴媒体的作用与功能犹如雾里看花，不掌握与媒体之间相处的和谐之道，因此更谈不上善待善用媒体为我服务。

　　政府和媒体之间，应有以下四种既矛盾又统一的辩证关系：

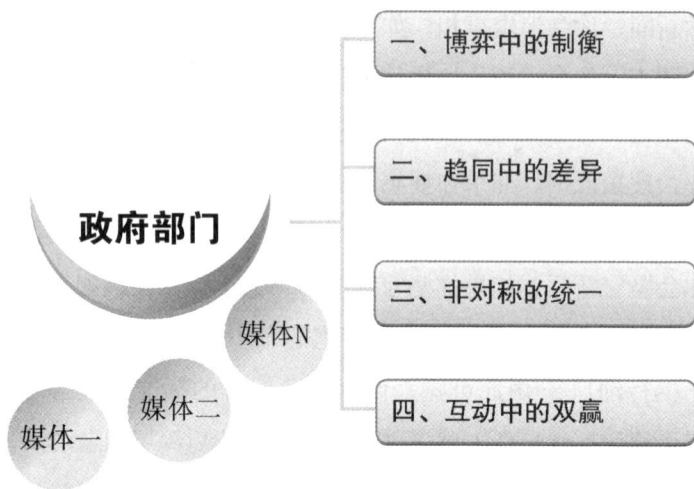

```
                                    ┌──────────────────┐
                                    │  一、博弈中的制衡  │
                                    └──────────────────┘

                                    ┌──────────────────┐
                                    │  二、趋同中的差异  │
                                    └──────────────────┘
            政府部门
                                    ┌──────────────────┐
                                    │  三、非对称的统一  │
                                    └──────────────────┘
              媒体N
       媒体二                        ┌──────────────────┐
  媒体一                             │  四、互动中的双赢  │
                                    └──────────────────┘
```

博弈中的制衡

　　政府属于公权力部门，权力来自人民的委托，当选者就意味着向人民签署了承诺书，这个承诺不是一次性买断，而是需要在人民监督下一次次兑现，由于人性中有难以自律的天生弱点，不受制约的权力极易产生腐败，制约的力量里包括社会监督，而社会监督很大程度上要靠舆论监督。新闻媒体监督的广泛性、及时性和巨大的震慑性，可以对权力的滥用进行强有力的制衡。从表面看是媒体在监督政府，而背后代表的则是公民意愿。不管你高兴还是讨厌，舆论监督都是符合宪法精神的制度设计，是对腐败行为的有效遏制手段，是"无处不在的公众眼睛"。因此就不难理解，曾任总理的朱镕基为什么会对央视《焦点访谈》作出"舆论监督、群众喉舌、政府镜鉴、改革尖兵"的题词。舆论监督其实是传递社情民意的晴雨表，是社会稳定的减压阀，是权力肆意妄为的杀手锏，更是法治政府和法治社会建设的助推器。

但监督毕竟是他律，不自觉的权力人格总是傲慢的，对来自权利的监督往往采取"天然抗拒"，而非"天然契合"，因为自己的刀往往削不了自己的把儿，特别当实质性的批评直戳痛处时，常会愤然反击，露出排异性的本能。而媒体则不以为然，强调自身"社会公器"的定位，以监督政府为天职，以揭露积弊为己任，嫉恶如仇，毫不妥协退让。于是面对事实与真相，双方的较量与对撞空前激烈：媒体想第一时间抢抓内幕新闻，政府部门则想第一时间维护形象；媒体要深度开掘查找深层问题，政府尽量报道与之有利的消息；媒体想多要，深挖细掘，政府不想多给，管控设防；媒体视曝光丑闻为成功，追求新闻价值的实现，政府不情愿自揭其丑，计较自身利害得失，讲求权威尊严的社会效果。

若在新闻发布会现场，你就更能看到双方的唇枪舌剑：一方是打破砂锅问到底，招招严苛刻薄；一方是步步为营巧斡旋，处处字斟句酌；一方是无孔不入，旁敲侧击，火上浇油；一方是瞻前顾后，视会场如布满雷区的战场，就怕一句话搞砸。于是演出一起起的攻防战，官媒对垒，虽刀光剑影，却又是充满矛盾且相互依赖的双方。

政府的背后是公权力，而媒体依靠的是受众。二者面对的共同点，都需向人民负责。此时，政府、媒体与公众的关系显而易见，就像一道信息桥梁连接两端的桥头堡：政府及职能部门是信息链的起端，而公众是信息最大的需求方，媒体则是中间的桥梁，当信息提供顺畅时，各方和谐友好，当信息提供短缺时，媒体成了冤家对手。身后百姓对真相的渴求，使它变成了"饥饿的雄狮"，尖锐的批评、刺耳的言论，攻其一点不及其余的喧嚣，迫使政府在压力下寻求主动，不断反躬自省，释放公意善举。在这场角力博弈的过程中，政府制定有利于官方的议程设置，媒体则化解了政府话语的强势，对权力再制约，使真相逐渐明了，在互动中媒体实际上是在"小骂帮大忙"：一边使政府将危机处理的进程传递给公众，同时又向政府反馈各种利益集团的预期，在这场激烈的新闻战中，媒体代表公众形成了强大的纠错机制，逼使政府把不愿公开的公开出来，对积弊沉疴予以忍痛切割，政府也由此掌握了话语权，为危机定义，通过拾遗补缺来赢得公众谅解，重塑自身形象。从这个意义上讲，公众舆论不仅是公民权利的守望者，而且还使政府最终成了最大获益者。它大大降低了监督的成本，使少数人的内部监督变成了人盯人的社会监督，千万双眼睛后边是不取分文报酬的"纪检员"，打造出了价格低廉的社会生态净化器。由此看来，官媒之间的关系非敌亦非友，不是上级，也不是下属，媒体不仅是政府错误行为的"啄木鸟"，而且还是苦口诤言的同盟者，关键在于政府能否在博弈中更高一筹，善于借用媒体的批评反弹琵琶，举一反三，设置公共议题影响媒体，并通过媒体设置议题影响公众，则媒体便成了政府的形象师，二者不打不成交，抵牾的双方在社会合力的作用下，成了共同生产好新闻的伙伴，一起推进中国法治社会和政治文明的进程。

2003 年 3 月 17 日，在广州市关押"三无"人员的收容遣送中转站中，来自湖北的大学生孙志刚在 3 天后被打伤致死。4 月 25 日，《南方都市报》率先发表《谁为一个公民的非正常死亡负责》；4 月 26 日，《北京青年报》刊发了《无暂住证被收容后 3 日死亡　大学生命丧广州》。新华社记者韩敬山与另外一位记者于 6 月 3 日连续刊出长达万字的《国内动态清样》，高层领导对此作出长篇批示。在强大的舆论监督下，涉案的 12 名犯罪嫌疑人迅速交付审判。在社会的呼吁和法学界人士建议下，一个月后，国务院发布第 381 号令，由《城市生活无着的流浪乞讨人员救助管理办法》取代了《城市流浪乞讨人员收容遣送办法》，于 8 月 1 日在全国推行。

2005 年 3 月 31 日，佘祥林冤案被《新京报》揭露：认定被他"杀害"长达 11 年的妻子张某某突然现身人世，"亡者归来"的奇闻很快招致舆论的追逼，当地司法机关迅速澄清了冤案，重现了佘祥林当年在连续 11 昼夜的逼供下，被迫承认自己用四种方法"杀妻"的经过，冤案终获昭雪。同样被以杀人罪判处死刑缓期执行的河南商丘柘城县农民赵作海，亦是遭其"杀害"的被害人死而复生，"亡者归来"再度上演，在媒体曝光之后，逼供冤案被证实。河南省高院为汲取沉痛教训，将赵作海出狱之日定为"院耻日"，并建立"错案责任终身追究制"。两案震惊全国，促使立法机关作出回应：全国人大常委会很快决定将死刑复核权上收最高人民法院，提出"慎杀、少杀"的死刑政策，并在《刑事诉讼法》修订中做出了明确规定：任何人不得强迫自证其罪。最高人民法院、最高人民检察院、公安部、国家安全部、司法部还联合下发了有关非法证据排除的具体规定。

最近被宣布无罪的内蒙古"10·23"呼格吉勒图错案，也是经新华社内蒙古分社高级记者汤计锲而不舍的助推下，充分履行新闻工作者的神圣职责，该案终于引起当地司法机关的重视，于 2006 年重新复查，又于 8 年后彻底平反。

有鉴于此，人们有理由相信：媒体是社会公平正义的守望者，是保护权利不受权力侵害的庇护者，同时也应是政府良政善治的助手。有人甚至提出"新闻辅政"，即通过新闻舆论的力量监督政府，推动"媒治善政"。诚然，传媒对于现代社会，须臾不可或缺，满足公众知情、表达、参与和监督的权利，我们离不开媒体；赢得公众支持，依法治国理政，离不开媒体；弘扬社会正能量，服务引导民众，培育公民意识，离不开媒体，对于政府各级官员，确有一个提高媒介素养，善待善用媒体的迫切需求。否则，我们将不能有效回应社会关切，得到公民对政府权威的接受和认同。这其中确实存在媒体与政府之间的边际效应，包括权利与权力的边界和博弈双方的规则。其中特别是对批评性报道，如何坚持对党和人民负责的一致性，习近平同志对此一语中的："新闻媒体要直面工作中存在的问题，直面社会丑恶现象，激浊扬清、针砭时弊，同时发表批评性报道要事实准确，分析客观。"③ 这就要求首先是政府要坦诚面对媒体，主动接受监督，而媒体的报道则要坚持准确、客观的原则，采取善意的批评，理性的建议，而非愤世嫉俗的丑化与损害。媒体应与政府共同营造最大"共同效应"，调节社会关系的平衡，有助于世风的匡正，有利于释缓社会情绪，有利于政府行政。但是，对媒体的作用也不宜夸大到不适当的地步，甚至对媒体产生依赖和崇拜，从突发事件到国事安危，媒体的运用要以政府为主导，趋利避害，把握好时、效、度。与此同时，政府也应将舆情纳入常态社会管理，把敏感热点作为重要信号进行风险评估，把媒体的意见建议作为执政镜鉴与宝贵资源，形成良性的官媒互动关系。

趋同中的差异

政府部门由人民授权，通过行使权力生产社会公共产品，以改善和满足人民物质精神需求为己任；媒体是社会公器，是公众实现知情权并参与国家政治活动的重要渠道和平台，二者有着共同的价值追求。特别在我国，新闻事业又是党的事业的一部分，政府与媒体的关系，是领导与被领导的关系，媒体要服务于政党和政府工作。这是趋同的、本质的一方面，也是与西方媒体本质区别的分野之处。但另一方面，媒体与政府所担负的社会角色不同，其运行机制，目标预期和内在动力又存在很大的差异。政府在突发公共事件中讲法定事实、证据和程序，讲新闻报道的社会效果和舆论效果的统一，因而不允许对事件本身做演绎加工，将维护自身的形象作为重要的价值追求。媒体在市场经济社会中，既是具有部分公权力的舆论部门，又是追求利润最大化的产业单位，在激烈的竞争中，受收视率、订阅数和广告份额占有率的驱动，遇有具体的新闻事件报道，媒体的这种双重性格就会显露无遗：在突发公共事件面前，强调公开报道，关注社会热点，追求事件报道的一步到位和深度开掘，讲求独家报道和内幕新闻，善于利用受众的激情制造轰动效应。

那么，为什么出现如此差异？因为传媒除了有新闻原则和职业操守之外，另一方面，它又是唯"利"是图者，这个"利"的核心是两个需求点，即事实真相与快速报道。

事实与时效是当代媒体的生命线，早一秒钟拿到头条，洛阳纸贵；晚一秒钟拿到，废纸一筐。人称新闻是贬值最快的商品，因此记者要抢时间，无线上网，微博直播，手机发送，现场发稿，分秒必争。一个外国记者在北京、上海发生了重大事件时总是没有发回报道，就有被炒鱿鱼的危险，因此他要拼命争抢这两个点：一个要事实，越鲜活、越有卖点越好；一个是要快，就要第一时间将真相拿到手。因此你就能理解为什么在敏感突发事件时，他们就像饥饿的狮群蜂拥而上。英国前首相丘吉尔曾说："正在等待的记者是危险的。"德国新闻界称："正在徒劳等待的记者更危险"，"正在徒劳等待并且在相互交换信息的记者最危险"，因为"他们已经开始制造新闻了"。

当然，党报党刊与国外传媒是不可同日而语的，但就职业特征而言也有某些共性。"据2009年新闻出版总署的统计数字显示：全国已有各类报纸1943种，年总印数442.92亿份，日报出版规模连续8年位居世界第一，成为名副其实的报业大国。"④这其中，相当一部分记者恪守职业的尊严与神圣，有崇高的事业追求，他们嫉恶如仇，富于牺牲精神，在重大事件报道中怀有满腔激情与使命感，为中国政治文明的进程起到了积极助推的作用。但毋庸讳言，记者整体队伍素质的良莠不齐，加上市场化的运作，在履行新闻职责的同时，也出现了一些偏颇和差异，诸如愤世嫉俗的极化情绪导致的非理性批评，追逐"眼球经济"的商业炒作，舆论监督越位的"媒体审判"，还包括罔顾职业道德的新闻造假，表现为以下几个偏离：

角度的差异——选择性报道

有位资深记者私下告诉我："新闻就是裁剪和取舍的功夫，是'断章取义'的艺术——永远不要以为你天衣无缝、无懈可击。相当级别的干部，没几个能躲过我的追问侥幸过关的。记住，永远不要和记者理论，因为他就在镜头后面，再好看的脸，大灯一闪给你个顶光，你想会是什么模样？肯定是惨不忍睹。"正如一位传播专家的评价：新闻传播正在变成一种操作和选择过程，新闻学是删减和选择的艺术——什么样的话放在直接引语中，要在哪一点上给读者和观众带来冲击，哪一种信息要放在导语中强调，哪一种信息不需要强调甚至拿掉，全凭编辑手中的剪刀。稿件标题字号的大小，两行标题还是通栏标题，用不用黑体，配不配照片，配发照片是正面的、负面的，还是中性的？新闻发稿是放在头版还是末版，这些都关乎编辑头脑中的价值判断。

据说西方某家报社记者为抓新闻点连罗马教皇也不放

过。教皇在纽约机场一下飞机，就被记者问道："你去过夜总会吗？"教皇答："纽约有夜总会吗？我不知道。"于是这句话被剪裁为教皇询问"纽约有无夜总会"。

此例颇具黑色幽默，说明记者选择不同的报道视角和不同的叙述方式会造成与事实大相径庭的舆论效果。不少事实也说明媒体的取景框往往与政府不同：你要的镜头多是政绩成果、高歌猛进、褒扬歌德；而媒体多关注积弊沉疴、毒菌污染、阴影祸端。你要的是常态报道，标榜"本店无假货"；它偏爱非常态，奉行"坏事才是好新闻"，你卖真货唤也不来，卖假货时则不请自到，而且放在最醒目的位置，列为头版头条，这也是为什么"好事不出门，坏事传千里"的原因。更有甚者，个别媒体按照自己的意图刻意加工个人的观点，专门窥秘探穴，将种种坏事集中叠加报道，"消息不坏，报纸不卖"造成集散发酵效应，利用受众情绪煽起舆论风暴，使分散的个案问题汇聚成焦点，局部放大为全局，一般问题引申为社会问题，形成弥漫社会的非理性情绪。

2013年上半年，校园性侵案件时有发生。5月8日，海南省万宁市发生"小学校长带女生开房"事件，有记者将"小学校长"与"女生"两个敏感身份作为标题，又将公安机关回应记者时所使用"小学生处女膜完整"的专业术语刻意炒作，遂成"井喷"式的报道。此时，网民"流氓燕"站出来，高举"开房找我，请放过小学生"的招牌夺人眼球，造成了一场被高度舆论关注的媒体盛宴。截至5月27日，20天内共曝出8起校园猥亵性侵幼女案，其中安徽潜山校长12年性侵9名女童，安徽舒城男教师猥亵7岁女生，山东青岛幼儿园保安猥亵儿童，河南桐柏54岁老师猥亵女生，湖南禾嘉小学老师猥亵多名女生，广东雷州小学校长性侵2女生……营造出校园性侵案甚嚣尘上的舆论氛围，使人顿感世

风日下，国无净土，色狼公行。而教育领域的正面信息与之
严重失衡，无人问津。

阳光灿烂的日子，脏东西就格外耀眼，对于时下黑白并
存、善恶俱在的社会，是逞一时口舌之快，一味排污扬垢，
还是肩担道义，立足于建设针砭时弊，将嫉恶如仇化为良药
疗治，把宣泄愤懑变为引领民意，既是媒体良知的抉择，也
是善莫大焉的新闻选题。

价值的差异——有偿性新闻

马克思曾说，发表意见的自由是一切自由中最神圣的，
因为它是一切的基础。这个基础就是人民给媒体赋予社会监
督的权力。但报纸是作为舆论纸币流通的，它又是一种商
品。在市场经济条件下，新闻媒介一方面秉持其公共服务的
性质，又同时生产消费商品，追求利润。媒体的这种双重性
使其公正性面临趋利性的考验。是恪守社会正义，还是遵循
商品交易原则，这也是摆在每个媒体和记者面前纠缠不休的
诘问。市场化的运作已使权力进一步退出了报刊经营领域，
媒介集团的建立意味着资源配置由市场为主导，事业单位、
企业化管理更可使之成为盈利生产部门。媒体的生存发展，
记者的工资奖金、福利待遇都要从受众、读者腰包里掏钞
票。"好记者就是不断上头版头条者，好新闻就是记者安身
立命、博名晋级的筹码。"在这种内生动力的驱使下，舆论
权力和金钱之间的界限开始变得模糊。在提高报刊发行量、
增加广告份额和开发文化衍生产品的过程中，由于缺乏有效
的制度监督，新闻十分容易异化为商品。诸如为官员写"软
文"、唱赞歌，为单位或企业"消灾免祸"，为金钱利益驱动
制造假新闻，既可有偿不闻，亦可有偿新闻甚至被个别记者
用来变为敲诈勒索的利器。趋利之风同样侵蚀着新闻队伍，
有打油诗为："一流记者炒股票，二流记者拉广告，三流记

者写外稿，四流记者拿红包，五流记者为报稿。"

2007 年元月 10 日，《中国贸易报》山西记者站工作人员兰某某被非法矿主侯振润打死，引起舆论哗然。经调查，兰某某不是正式记者，是没有采访权的新闻线索采集员，而且是"不务正业"，到非法采矿场收"封口费"的。被打死之前，他还向别人扬言："只要找到矿主，亮出我们的证件，对方至少得给我们 1000 元钱。"据了解，类似诈取"封口费"的事件在山西一度成风。由于当地矿难频发，国家法规明令：矿难死一人，上报后矿主要赔偿家属 20 万元，并附带 100 万元罚款，同时接受停产整顿。为避免曝光，矿主宁愿花钱免灾，竞相向蜂拥而至的记者分发"封口费"，于是极大刺激了这种"假记者"的盛行。据查证，该省地方报纸加上国家级媒体分支机构不过 30 家，可为了创收，各类记者站高达百余家，每站多达五六十人。这些人中的一部分就是类似兰某某两头"通吃"的掮客：一方面吃企业、政府部门的"宣传费"，另一方面吃媒体舆论的"灭火费"，形成了以媒谋私的一整条"食物链"。一旦发生矿难，这些真假记者便如蝇逐肉，一窝蜂拥来。一位县委宣传部长无可奈何地对笔者说，对付这些记者我们只好分上中下三策：一是好吃好喝招待完事，二是找企业给加加油，再给些甜头打发走人，三是报警轰走。

不受监督的权力产生腐败，不受制约的监督权亦令人可怖，在公众心目中，记者职业崇高而神圣，手中的"刀笔"可谓操有"生杀予夺"之权，一旦错位，危害的将是社会上游的水源地。近些年来，个别媒体和一些不良记者以媒谋私的事件屡禁不止，有的甚至发展到专事收集党政部门及企业的负面信息，猎取个别官员的隐私把柄，而后进行新闻敲诈和强迫交易，从而非法牟利。

2014 年 10 月 19 日，广州《新快报》记者陈永洲涉嫌"损害商业信誉罪"被刑事拘留，案由为中联重科诉其恶意发布虚假报道，造成两日内企业蒙受 33 亿元巨额损失。此案立即引起激烈的争论与交锋。《新快报》社则力挺陈永洲，连续两天在头版呼吁"请放人"。国家新闻出版广电总局公开表态支持媒体正当报道，反对滥用新闻采访权利。经查，2012 年 9 月 26 日至 2013 年 6 月 1 日期间，《新快报》及其记者陈永洲等发表关于中联重科的负面文章共 18 篇，其中陈永州署名的文章为 14 篇，中联重科经与报社沟通无效遂向警方报案。长沙警方以涉嫌捏造事实恶意发布虚假报道，损害中联重科的商誉，造成重大损失，依法对陈永洲刑事拘留，并于 10 月 30 日批准逮捕。

10 月 26 日，中央电视台《朝闻天下》播出题为《新快报》被抓记者承认收钱发"失实报道"新闻。陈永洲面对镜头承认受人指使，收受非法利益，并"认罪悔罪"。当日新华社报道：陈永洲受人指使，编造中联重科存在国有资产流失、畸形营销、销售和财务造假等问题，在《新快报》发表十多篇署名文章，期间多次收受他人提供的数千元至数十万元人民币的"酬劳"，陈供述："因为贪图钱财和为了出名才这样做的，我被利用了"，并称："整个新闻行业应该以此为戒"。

随后，中国记协谴责陈永洲的行径，《新快报》头版致歉，其上级羊城晚报报业集团对《新快报》调查并督促其整改。究竟是司法权利的滥用、"抓记者"，还是媒体的"公器私用"；是警方的"跨省抓捕"、禁止异地舆论监督，还是以媒谋私的"有偿新闻"，答案已尘埃落定。本案的典型意义在于：正常的舆论监督与以监督名义违法犯罪之间的界限往往不能精准界定，如何保障舆论监督的正当权利又能防止报道权的滥用，如何解决这种"趋同中的差异"，使监督权利受法律保护的同时也受法律的制约，使其依法"勇为""善为"和"不能为"。同时用规范制度约束业者恪守新闻伦理和职业操守，珍视媒体声誉，若超越"底线"，假公济私，误导受众，则损人毁己。当然，借用公权力打击压制舆论监督的行为同样应予高度的警惕，类似辽宁西丰原县委书记以涉嫌诽谤罪指令警方跨省抓捕北京《法人》杂志社记者朱某某案，亦是沉重的教训。二者之间的界限泾渭分明，当用法律之剑甄别裁定。

方式的差异——媒体审判

新兴媒体以其传播快、覆盖广、影响大、作用强的优势，与传统媒体在互动中可以形成庞大的社会动员力量，凭借其关联性、行动性，甚至隐蔽性的特征，并以前所未有的深度和广度干预评判着包括司法案件在内的社会生活。由于媒体对司法的舆论监督主要表现为新闻事实的认定，其依据多为道义伦理角度对法律的理解，具有较强的感情色彩，加之现阶段司法公开尚不充分，人们对法定事实了解有限，往往出自于社会良俗和多数人的情感判断，由此形成舆论的压力和道德的评判。在新媒体的强势作用下，迅速汇聚成海量信息和难以抗拒的社会舆论力量，十分容易诱发社会冲突行为，构成信息失真和语言暴力，消解司法权威甚至超越法律界限，由媒体定案，未审先判，以舆论干预司法的独立审判。

像此前提到的涉嫌伤害罪的邓玉娇杀死邓贵大案，由于涉案双方角色敏感，情节令人义愤，在媒体作用下，案情很快被解读为"官辱民反""弱女抗暴""正当防卫"。在互联网上先后有四亿多人次点击、围观、跟帖，22万博主参与，网评达23.7万条。三十多家中外媒体齐聚巴东，网民自发组织"公民司法正义团"，书写"万民请愿书"，纷纷赶赴巴东声援。法庭未审，舆论先判，93.61％的网民认为邓玉娇属"正当防卫"，92.48％的人赞成邓玉娇"反抗到底"，同时宣称："除无罪、免刑、无民事责任外不接受任何其他结果"。声势浩大的舆论抗衡，迫使上级政法部门过问，依法判决服从维稳需要，法庭最终宣布对邓玉娇免除处罚，被网民宣布为"伟大胜利"。

在舆论作用下，两起酒后驾车致死人命案件的判决迥异，河南郑州市经济技术开发区警察张某某驾车致人一死一伤，由于媒体作用和公众"不杀不足以平民愤"的呼声压力下，加上上级领导表态，结果以交通肇事罪和故意伤害罪判处死刑。而对四川成都一公司职员孙某某驾车致人4死1伤，媒体则以其身份非官非富，转向对其人性化的开掘，渲染家境状况及资助儿童的善行义举，呼吁"刀下留人"，结果被以危险方法危害公共安全罪判处死缓。

2011年6月8日，当陕西药家鑫被执行死刑的次日，某地某媒体又曝出李某某强奸杀人案，很快"天涯社区"出现"是谁给李某某免死牌"，并与药家鑫案相类比：一条命加自首＝死刑，两条命加自首＝死缓。这种极具反差的提示迅速引发舆论升温，特别是当地一位法官答复："杀人偿命这个观念该改改了，十年后本案肯定是一个标杆"后，立即遭受谩骂与围攻。到再审程序时，舆论风暴已铺天盖地，仅新浪网一天内就有九万条微博，针对判决词中"但可以不立即执行……"进行大量非理性的批驳，其中不乏"高官亲戚""死刑有内控指标"等流言，这起案件的被告最终判为死刑。

……

这一场场司法终局的改变，从表面看是受媒体左右，背后的根本原因还在于权力部门的干预。由于网络构成声势浩大的动员力量，迫使当局从维稳角度检视司法审判的社会效应，习惯将舆情当危情。为息事宁人，便以司法外的行政权力强行干预，以法律的退让换取案结事了。于是渐成"有官司找媒体""信媒不信官""记者比法官管用"的信条，助长了法治外"闹而优则赢"的诉讼路径。

举国关注的唐某案，虽已胜诉告终，并且以此案为标志，终结了半个多世纪在中国实施的劳教制度，但从其诉求表达的方式上，却折射出"媒体曝光——舆论施压——领导介入——以访压法"的过程，即在司法救济和公民意识双重短缺的情形下，诉求者利用司法的失误与瑕疵，以闹访的非常手段获取媒体的支持，迫使法律权威在妥协中退却。

湖南永州上访人员唐某，因其 11 岁的女儿被逼卖淫案多次上访，被媒体称为"一个最底层的市井妇女，为女儿报仇，用尽所有方法去哭去闹去堵门，包括静坐绝食，以头撞墙，拦截官员，坐吃法庭，跪访喊冤甚至以死相挟"，致使前期的办案人员被调查，官员被处分，处理决定被改动。在这种逆向激励效应驱动下，她找来记者，为了引起关注，谎称曾当庭枪杀三名法官的湖南零陵县的朱军是自己女儿的干爹，媒体则以"解救唐某"为关键词，以"幼女被迫卖淫，公安渎职"为醒目标题，使唐某以维护幼女的弱小母亲形象进入公共视野，并以"上访妈妈""被害女儿"为题渲染悲情，使其迅速成为全国性舆论事件。

在强大的舆论议题设置下，弱势的唐某变为强势。由于她的闹访，法院开庭被取消，律师被吓跑，刑事法庭被迫回避。原来认定的"容留卖淫"改为"组织卖淫罪"，继而升级为"强迫卖淫"罪，一案四人中的两人被判处死刑后，上访人继续要求四人全部判处死刑。直到最高人民法院最终坚持罪刑法定原则宣布另两名被告不予核准死刑，这才中止了原告的法外请求。

诚然，对唐某的错误劳教，错在适用了已经走到尽头的劳教制度，而非唐某闹访的结果，这是一个问题的两个侧面，不能一个倾向掩盖另一个倾向。

从表象上看，唐某案是在媒体作用下"媒治"的结果，而实质上却是前期地方"官治"的妥协和退让。我国媒体大都具有官方性质，有很强的政策导向性，常以强大的政治权威为后盾，会极大影响司法过程和结果，当现实的法媒矛盾突破了官方容忍的限度，肯定会引起上级的过问。因而，当舆论的压力一旦转化为政治利害时，官员就会毫不犹豫地顺应舆论，以稳定大局的最高目标，左右审判终局。这种自上而下的"人治"司法效应，已被媒体舆论牢牢抓住了软肋，构成了现阶段中国特有的党政部门、司法机关和媒体之间的关系：当舆论能够正确、理性反映公民意愿，就能匡扶正义，纠正司法专断所造成的冤案错案，起到推动民主法治前进的积极作用；当舆论一旦超越法律界限，就会形成众口铄金、积毁销骨的饕餮大宴，像"碎尸万段""满门抄斩"之类的极化语言，"国人皆曰可杀，国人皆曰可赦"的民粹情绪，既体现了公众朴素的正义感，又凸显了法治信仰的淡薄，由此又构成声势浩大的道德庭审：舆论坐在高高的审判席上，不仅左右案件审理的走向，而且还取代了法官；不仅确定罪与非罪，而且未审先判决定罪轻罪重；不仅决定量刑幅度，还可以影响到生杀予夺的最终判决。

有鉴于此，我们更能深刻理解党的十八届四中全会提出全面依法治国，推进法治政府和法治社会建设，增强全民法治观念，树立全社会法治意识的重要性。更能深刻理解全会决定建立领导干部干预司法活动、插手具体案件处理的记录、通报和责任追究制度，从而推进以审判为中心的诉讼制度改革。

从法治意义上看待和用好媒体，就要把握它的双重作用。舆论是双面刃，它既可以弘扬法治之旗，伸张正义，亦可以撩动不满情绪和暴戾之气，助长民粹心理，其差异就在一剑之隔的法律界线。如何在舆论监督中维护法治精神，当然需要媒体恪守职业精神，把好新闻的"事实关"，处理好新闻真实与法律事实的关系，使媒体在批评性报道中尽可能以法律的真实度量新闻真实，遵循法律程序的先后，掌握好批评、评论的尺度。而要保障媒体正确施行舆论监督，首先取决于司法机关审判、检务、警务和狱务公开的程度能否最大限度满足公众的知情权、表达权、参与权和监督权，能否在执法过程中关注社会舆论，尊重不同意见，有虚怀若谷、闻过则喜的雅量，善于将批评的压力转化为秉公执法的动力；能否做到越是在群情激昂中，越要坚持法理思维，不为汹汹的舆论压力所动。要善于从网意发现民意，引向公意，导向法意，有针对性地根据公众对法律的认知程度以案释法，善于进行知识（法律条文）引导、道理（法理法义）引导和事实（案件实例）引导，按照法定程序分阶段不断公布案件办理进展。特别是进入审判环节，要实行必要的立案公开、庭审公开和生效的法律文书公开。要揭开审判的神秘面纱，通过一个个符合公平正义判决的全过程公开，确立和维护司法权威。通过一起起罪刑相适应的案例公开，增强和普及公民的法治观念，推进法治社会建设。媒体也要知进知止，以支持司法体制改革为己任，依照法律进行舆论监督。因为执法的扭曲变形，将动摇国之根本，殃及每个公民的利益与安全。

非对称的统一

有人说，不知从什么时候开始，媒体热衷于报道负面新闻，专门跟政府过不去，明明是一个指头和九个指头的问题、局部和全局的关系，却搞得舆论倒挂，好人好事不出门，坏事炒得满天飞，凡官必腐，凡商必奸，抓住一点，无限扩大，唯恐天下不乱，给政府添堵、添乱，给社会制造杂音、噪音、不和谐音，成事不足，败事有余，弄得好人不香，坏人不臭，搞乱了舆论，败坏了政府形象，都是媒体惹的祸。

到底是什么原因，使负面信息增多且大于正面新闻？是什么原因导致官员形象被矮化、被丑化？又是什么原因使小事炒大，大事炒炸？媒体究竟是不是破坏政府声誉的始作俑者，我们还需从官媒的关系中找答案。

政府部门与媒体同处在社会上层建筑的统一体中，政府是权力服务部门，媒体是舆论喉舌；政府是信息资源的掌控者，媒体是信息的需求者，二者构成供求关系。媒体所具有的号召力、影响力、公信力、说服力和整合力，是政府政务不可或缺的依靠力量。但政府若提供的"食料"有限，要"马儿跑，又不喂草，马儿就会挣断缰绳啃秧苗"，自寻爆料。这种供求失衡又源于官媒之间的嗜好胃口不同：政府关注常态化的正面信息，乐于报喜不愿报忧；媒体则关注非常态事件，追求能吸引眼球、激发情绪的热络话题。而处在转型期的政府，制度不健全，机制不完善，办事不规范，不乏摆不到桌面上的事情，往往"以不公开为常态，以公开为特例"，使大量政府信息迟滞闲置，甚至出了突发事件还失语沉默，这种供求逆差逐渐造成了大片"信息洼地"。主渠道的干涸，致使网络新闻产能过剩，媒体为满足公众的旺盛需求，自然改变了依赖路径，更加关注边缘新闻和揭腐曝丑，进而导致负面信息"倒灌"，而对政府的勤政作风、便民措施、政绩成果缺乏报道激情。加之官方话语呆板，形象干瘪，新闻价值含量不高，阵地便日渐萎缩，亦使自身的主观传播意图与最终的效果相去甚远，也使得负面新闻与正面新闻的结构形成效果倒挂，出现一种"黑白马赛克效应"：即政府只重视内部宣传而忽视对外传播，就像建造大楼将白色马赛克全贴在了楼内，主要搞了内装修。而听任媒体把黑色马赛克一块块不停地贴在政府的门脸儿上。久而久之，从外观上看去，贴满了黑瓷片的政府形象自然就被污化变形，并且还会出现"正面信息，负面解读，庸俗理解"的现象，造成"好事不出门，坏事传千里"的非对称局面，这种现象深刻反映了当前信息主体未能最大限度满足公众日益增长的信息需求的落差与矛盾，暴露了新闻产品的政府引导与市场规制的双向不足和双重短缺。具体表现在以下几个方面：

一是政府信息的总供给远远小于公众的海量需求。

现代信息社会，人们对媒体的依赖，就如食物和空气，达到了不借助媒体就无法对事物认知判断的程度："未说未听，没有发生；只做不说，等于没做。"而政府作为信息的管理者和服务者，却缺乏满足百姓知情、表达、参与和监督权利的自觉意识，不太注意发挥媒体传播政府工作的理念、引导公众参与现代社会治理的正面作用；不太关注公众有何利益诉求需要表达，不太了解公众有诸多的问题急需释疑解惑，需要预先进行法律政策的解读。往往做得多，说得少，特别是遇到矛盾激化，被逼说话时，又说得少，留得多，甚至语焉不详。政府的意志和公众的期待形成强烈反差，媒体难耐漫长的等待，事实真相的管道堵塞不畅，信息短缺的矛盾冲突最终使得"空椅子你不坐人家坐""麦克风你不拿别人抢""真相不出现，谣言必扩散"，舆论乱局一发不可收拾。当舆论危机爆发，又竭力"捂盖子"，为下属和企业"买单"，遮掩事端。其结果是你说得越少，媒体猜得越多，你的供料越稀缺，流言越四处泛滥，"不说等于有鬼，沉默等于默认"。你蓄意封锁信息，更会形成信息江潮倒灌，使你陷入灭顶之灾。

2013 年 10 月 7 日，台风"菲特"重创浙江省余姚市，城区大面积受灾，多条乡镇道路被水淹没，村庄成了一个个孤岛，供电、供水、通讯中断，不少居民几天几夜未进水米。截至 11 日，当地电视台在对余姚的报道中还声称：洪水已退，灾情得到控制，余姚已恢复正常生活。感到被愚弄的公众围攻卫星转播车，强烈要求记者去灾情严重的地区报道，并且打砸了前来护送采访的警车，在网络上形成了轩然大波。当上级过问时，当地政府主要领导在新闻发布会上又一味强调灾难不可抗拒，即使"神仙"也无能为力，结果导致公众强烈的不满，并化为更加苛责的关注，数日后又引发了"鞋哥"的次生灾害：10 月 13 日，微博爆料余姚三七市镇领导下乡视察水灾，镇办公室主任王某手中拎鞋，被村支书许某某涉水背到慰问对象家中，引起网民群起讨伐，误认为这名官员平时作威作福惯了，被舆论批为"鞋没进水，脑子进水了"。

二是政府新闻价值取向错位降低了自身公信度。

传播研究证明：可信度取决于正反两方面信息的提供，单方面的信息来源往往引起人们"防卫心理定势"所产生的疑虑。因为现实社会并非尽善尽美，过分的拔高、提纯，当公众一旦看到真相，就会产生被愚弄的逆反心理。"好的一律怀疑，坏的坚信不疑"。坏事本来就有"飞毛腿"的作用，而使其插上翅膀的还有政府偏颇的新闻价值追求与公众需求的错位，权力导向往往大于民意导向：在信息景框的选择上，往往突出政绩工程、GDP 增长，以精心修剪的"盆景"代替现实，用豪言壮语和自我夸赞掩盖矛盾。而对公众要了解的事实真相和切身利益却讳莫如深，甚至用假象和谎言搪塞，这种对信息人为排异、净化，对负面事件的封堵打压，使公众在获取信息的过程中付出了巨大成本，不仅造成谣言滋生，传闻裹挟着恐慌，还加深了公众与社会组织之间的误解、摩擦甚至对立情绪，使公信力更成了易碎品。杭州机动车限牌事件就是这方面的典型例证：

自 2013 年下半年以来，有关浙江省杭州市即将限牌的传言风靡，面对"2014 年 3 月 1 日限牌""4 月开始限牌"的质疑追问，市政府"治堵办"负责人不仅在市"两会"上予以否认，称"尚未提上议程"，并先后在 2 月 12 日、2 月 27 日、3 月 17 日多次辟谣。直到 3 月 24 日还信誓旦旦地宣称"无限牌通知"，可就在次日 19 时，杭州市政府突然召开新闻发布会宣布：从 3 月 26 日起开始限牌。于是公众恶评汹涌，质疑最强烈的是发布会前夕，一份与发布材料如出一辙的"新闻稿"被疯传网络。因为此前有 4S 店给客户群发短信吹风：杭州 26 日凌晨将限购。导致不少人通宵达旦抢购车辆，有囤积 120 辆轿车一夜售空的说法。公众谴责政府言而无信，并称此举为"利用民生政策欺骗民众而获非法之利"。《南都评论》建议给市政府颁发"否认否认再否认奖"。网评更是调侃："谣言就是遥远的预言"，市民愤而作出结论："今后政府越辟谣，就越应坚信是真相"。这种说与做的分割，瞒与哄的累积，已造成公信力的严重透支、管涌，一旦事发势如溃坝，会迅速裂变成两个语境：一边是官方媒体表面的杨柳春风、歌舞升平；一边是民间网络的众声喧哗、斗升小民的情绪极化，继而演化为刻意传播负面信息，蓄意"有罪推定"，这种心态不仅令公众的整体认知易生误判，造成社会总体信任感下降，还会变得怀疑调侃一切，造成真假莫辨。

例：重庆警方击毙系列抢劫杀人案犯周克华

重庆市警方于 2012 年 8 月 14 日击毙了系列抢劫杀人案犯周克华，早晨 6 点 30 分负隅顽抗的罪犯倒毙街头，7 点 30 分播放新闻，当天下午召开新闻发布会。几小时后网民上传现场照片，即提出质疑，称警方打错了——"死者是湖南便衣警察"，"死者穿浅色衬衫，一双黄皮鞋"，"血是缓流的"，"脸朝下，不敢面对人民"，是"假的周克华"，是"警方在搞乌龙"。当刑侦技术专家说明现场情况时，又有网民调侃"老教授，你的老花镜掉在现场了吧"。一条"死者右耳与通缉令上的周克华不一样"的帖文遂又引起广泛热议和戏说。

这种对官方不信任感来源于真实信息的稀缺，而大量摆拍和作秀又使宣传效果适得其反。

某县五大班子领导分数路访贫问苦，电视播出每位官员的慰问语如出一辙，均为：从省上到地方都高度重视农村工作，关心每家农户的冷暖，有什么困难组织上一定会帮助解决。对方则按照准备的答词作一番感恩戴德，慰问者随之掏出信封中的百元大钞，像捻扑克牌一样摊开在手，此时出现近景特写：老农无比激动的表情和颤抖接款的手指。据说这一系列镜头为规定动作，记者介绍："回去县里要，录像做成专辑交到上边，作为工作考核的项目内容，你若是装钱的信封不打开，就不知里边的钱是多少。"自己不信任自己，彼此互不信任，原因在于时常如此的集体走秀表演。作家韩少功挂职政府期间的深切体会是：官位上很少听到真话和实话。

由于官民积怨，互不信任，出了悲剧人们也幸灾乐祸。2013 年 4 月 7 日，河南省新密市发生一起严重车祸，造成车上的县政协主席、政法委书记、副县长、住房和城乡建设局局长、旅游局局长、国土资源局纪检组长连同司机多人死伤。出差事由为论证"印象黄河"项目，一行人前往武夷山考察"印象大红袍"，于返程中遇祸。事故遂引起网友狂欢，网上充斥调侃的诅咒与冰冷地质疑：1. 为什么选择在节假日考察？2. 为什么连夜驱车返回？3. 大红袍的采摘、烘焙集中在 5、6 月份，现在会不会太早了？当然是要看大地复苏、春暖花开的武夷山确实时间刚刚好。在此，呼吁广大网友为牺牲节假日休息时间来考察、又连夜驱车赶回开会的同志们道声辛苦了！更有网民评论：人死了固然值得同情，但他们是官员，意义不同，有关部门要调查清楚他们到底是因公殉职，还是借调查之名行公费旅游之实而死。如果是为前者，应予以表彰，如属后者，应予以当做批评典型。

由此可见，新闻资源的科学配置，信息供求的平衡，政府作风与公众期待的非对称，已经到了必须解决的时候了。

三是政府官员的媒介素养与引导能力相对滞后。

媒介素养是一种对媒体作用有客观认识并能够正确把握和媒体的关系，善于运用传播规律为事业发展服务的能力。

如今，媒介化时代已经来临，新兴媒体已破壁开窗，突破了政府的围墙，而官员们尚未做好"在镜头下工作"的准备。互联网已将公务员们置于"T 型台"上、"无影灯"下和"金鱼缸"中透明监督，使大量内部司空见惯的机关陋习，不廉不实之举和奢靡庸俗之风频频暴露于光天化日之下。面对媒体公众的质疑，由于长期奉行"多做少说"的原则，话语表达能力严重退化，离了讲稿不会说话，遇大事说不成话，不讲对象自说自话，急不择言连说错话，甚至关门闭户不再说话。类似贵州瓮安事件中的原县委书记王某，平日对下属作报告，讲 GDP 滔滔不绝，但在严重打砸抢烧爆发，省委领导责令他发表电视讲话，说明真相，竟然在 12 小时内未置一词，致使谣言挟裹了群众，酿成一场数万人卷入的群体性事件。由西方推波助澜、"藏独"势力蓄意策划的拉萨"3·14"严重打砸抢烧事件发生后，习惯于"关上门查问题"的当地领导，不是迅速组织媒体现场揭露分裂势力的暴行，而是将外国及境外记者一个不剩地"请"出拉萨，给一些西方媒体提供了编织谣言的空间。一时间，"封锁消息""军警镇压"的谣传甚嚣尘上，一度使国家形象蒙上阴影。

这种不善用媒体的深层次原因，一方面囿于固有的观念，一方面则是采用实用主义态度看待媒体，将其当作工具来驱使，像对待下属一样发号施令，说刻板僵硬的话、颐指气使的话、骨子里潜意识的话、小圈子里的话。一旦由于傲慢与偏见被揭了短处，于是发雷霆之怒，出言不逊，失态失仪，像"你究竟替谁说话"的雷人之语就会脱口而出。

不屑于与媒体打交道，还有一个重要的"懒政"因素在其中，多一事不如少一事，决策前预先"放笼"，会带来无尽的麻烦，造成"筑舍道旁，三年不成"的窘境。因而在施政中对涉及公共利益的重大举措，往往"秘而不宣"，无视民意和公意。一旦舆论蜂起又前倨后恭，急于弥合公众信任的缺口，甚至屈服于极端化的情绪。近年来一些地方的重要工程项目采取先做后说的方式急于上马，一遇公众反对怕上级怪罪又急于宣布下马，被舆论牵着鼻子走，结果造成"上马必闹""逢闹必停"的被动局面。相对官员的"本领恐慌"，公众的媒介素养早已今非昔比。他们掌握着"所有人向所有人传播"的武器，用来维护自己的权益。2007年3月21日，被称为"史上最牛的钉子户"的重庆九龙坡杨家坪鹤兴路17号的房屋产权人杨某、吴某夫妇拒绝拆迁。生活在周遭被挖成10米深沟的"孤岛"上，吴某面对电视镜头，向中外记者发表演说，她手持《中华人民共和国宪法》侃侃而谈，一举手一投足十分够"范儿"，堪与训练有素的新闻发言人比肩，且回答内容依法有据，法律条款滚瓜烂熟，使执法者为之汗颜。她的丈夫此时在自家的房顶不断挥舞国旗，这一标志性画面极富视觉冲击，分明是在隐喻"国家在上，小家在下——我的国要保护我的家"，显系一种典型的议题设置方法。夫妇二人，已不是昨日的"秋菊打官司"式的仅仅要个"说法"，而是权利意识觉醒后，善用媒体的力量来制衡权力。最终，获得舆论支持的夫妇二人赢得了自身权益，并被媒体评为"共同寻找和关注那些对中国的进步和我们的生活产生重大影响的人"。

有人说，对官员的媒介素养也不可过分苛求。长期以来，宣传工具在握，媒体言听计从，靠开会发号施令，稿子由秘书代庖，对外自有宣传部门应对，无须唇枪舌剑与记者打交道。干部政绩的评估及职务任用也从未将媒体引导、说话能力作为考核必要条件，官员们普遍未接受过媒介素养的培训，不了解传播之道，不善于在镜头下工作的确有情可原。但"青山遮不住，毕竟东流去"，新一届党中央已将与媒体打交道的能力作为执政能力之一。党的十八届四中全会有关建设法治政府的要求中开宗明义指出："全面推进政务公开，推进决策公开、执行公开、管理公开、服务公开、结果公开，重点推进财政预算、公共资源配置、重大建设项目批准和实施、社会公益事业建设等领域的政府信息公开。"⑤
政务公开将成为法治政府现代社会治理的常态工作，政府官员面对媒体诠释政策主张成了家常便饭。每个部门的最高领导就是当然的新闻发言人，每个公务人员都会拥有面对媒体的极高机率，须知面对媒体也是在面对公众。要充分考虑受众的感受，表达不对路，翻贴门神不对脸，再好的观点也难免误解，不要一味怪罪媒体，犹如不要抱怨土壤沙化，先问自己的根扎了多深；不要怪水中的倒影，先看自身形象是否扭曲变形。面对媒体和公众，应该倾下身子，放下架子，先听公众的诤言、怨言，再说百姓能听懂的真话、实话，少说绕圈子兜弯子的官话，多说事关公共利益且解决问题的大白话。否则你就像一个乏味的专业演员，带着令人生厌的面具，一遍一遍重复着成千上万次的老生念白，实际上是在无情驱赶曾经拥有的信众。因为概念的堆砌、口号的叠加，僵硬的说教很难入脑入心。必须改造我们的学习，革新我们的话语，不仅做到"善说会说"，并且"有话摆在桌面上""有话还需好好说"，形成话语的磁场，具有征服人心的魅力。

互动中的双赢

媒体对政府而言，是一个舆论大平台。这个平台广泛联系着各种利益群体及大众。政府如能获得媒体的支持，就等于掌握了先导权，就可用来推行政令、化解矛盾、赢得危机管理的主动权，更好服务于现代社会治理。媒体获得政府支持，会成为公众获取信息的主要来源，从而获取自身的形象声誉以及相应的权益。

由此看来，政府和媒体之间理应建立和谐互动的关系，

因为这里存在双方最大的边际效应空间：双方各守本界，以
公共利益作为基点；又善于求同存异，"把握好度"，就会在
互信中取得共赢。这其中首先是政府要坦诚善待媒体，把媒
体看成资源，而不是麻烦；看成富矿，而不是"粪场"。曾
妥善处理赵作海冤案的河南省高级人民法院院长张立勇告诉
笔者：媒体是诤友和助手。近几年河南农民工讨薪，近半数
归功于记者的作用和影响，极大推动了社会的认知和关注。
记者们不说官话、套话，爱讲真话，虽口无遮拦，但看问题
深刻透彻，往往给我们很多启发。他们对我们的监督，恰是
支持我们解决深层次问题的外力，逼使我们"脱了裤子割尾
巴"，一些正要解决的改革难题，正需借助他们的采访评论
推动和营造。你只要心里没有见不得人的东西，就没有理由
怕记者，而应当把他们当成"不设防"的朋友，最大限度公
开信息。这无疑是权力部门有识之士的真知灼见。作为社会
信息最大拥有者，只有在给媒体主动"供料"的过程中，才
能真正把握新闻指向，引导媒体把好事实关，释放正能量。
而媒体则应掌握好批评的角度、评论的尺度，本着建设性的
意图当好政府的"啄木鸟""探射灯"。帮助政府发现问题、
改进工作、清除积弊、切除毒瘤、纠正失误，在报道中采取
善意的批评、理性的建议，而非愤世嫉俗的丑化与损害，从
而与政府共同营造有利于政府行政、有利于释缓社会情绪的
同向效应。在互动过程中，首先是政府要坦诚面对媒体，主
动提供信息、接受监督，防止供求关系的倒挂。须知只有当
媒体得到及时的信息服务时，它才会传播权威信息、扩大正
面影响、遏制谣言传播；媒体在得不到及时有效信息时，则
易于捕风捉影、断章取义、以偏概全，形成不利舆论。前提
在于政府的态度，官媒以诚相待，媒体则会正确传播信息，
引导服务公众，使政府与公众良性契合，赢得公众对政府的

信任，这也正是推进政治文明、推进现代社会治理体系构建的应有之义。

由此可见，政府与媒体的关系，实质上是政府与公众、媒体三者的关系，即公众对信息的需求造就了媒体，媒体的良性报道成全了政府。因此，政府应当以充分信任的合作态度对待媒体，而不是"我说你听"的发号施令。如此才能将政府的意图、媒介的关注与公众的利益三者有机结合，实现传播效果与社会效果的统一。而媒体则要靠近政府，充分利用政府的新闻资源，对这座高品位的富矿进行深加工，将信息开发成既有益于社会，也有益自身发展的思想商品，以飨受众。美国记者詹姆斯·雷斯顿在其《新闻界的火炮》一书中说："聪明的政府官员不能够'操纵'记者，聪明的记者事实上也不能够'打败'政府……"⑥ 他又总结道：从两方面来说，如果他们互相合作，而不是把对方当作'敌人'，他们都会有更多收获。"⑦

大量事实说明，在公众参与的舆论场中，政府和媒体会在碰撞中形成对冲，在互动中自我净化，共同获得规制和提升。这是由于政府在行使权力的过程中自始至终在众目睽睽的关注下，随时能听到公开的质疑和尖锐的问责，从而使决策施政最大限度地公开透明、作出符合公意的决断，不敢有丝毫的"猫腻"。媒体则在担当众意的代言人时，也势必显示理性和公正，双方在博弈中逐步价值趋同，达成矛盾化解，而在这个过程中也会极大促进公民意识的成熟与有序表达。

政府与媒体间建立起相互促进、合作共赢的传播平台，就会自然在这一过程中打理起自身的形象。媒体也借此扩大了自己的影响和声望。通过媒体，政府的意志转化为媒体的责任义务，媒体也将政府的信息支持转化为发展资源。这样，政府依靠媒体，媒体服务公众，公众理解并信任政府，形成了共生共荣的多赢效果，实际上也实现了最广大人民群众的利益，政府从而降低了行政监督成本，并且营造了政治清明的民主和谐氛围。

那么，官媒之间怎么才能通过互动达到双赢的最佳效果呢？这就需要政府真正地尊重和信任媒体，通过循循善诱使媒体为我所用，并在善待和善应媒体的过程中善管媒体，寓管理于服务之中。

善待媒体，首先要顺应传播规律，尊重记者报道的自主性。新闻不同于宣传，新闻除了作为社会舆论的功能之外，它也要兼顾受众和市场。好的新闻恰是最好的宣传，但新闻比宣传更带有时效性、鲜活性、趣味性，含有文化的隐喻，可以成为百姓茶余饭后的谈资，因而会得到公众广泛传播。因此要了解媒体关心什么，什么形式最容易使他们接受，然后再决定如何传递你的信息。需要让人觉得你说的与我有关，使我产生传播的欲望，并乐于与别人分享。这就需要我们善于将抽象的概念化为信息，把干巴巴的信息化为有血有肉的新闻，把新闻转化为人们喜闻乐见的故事，在和媒体的共同策划中将传播意图转化为议题，最后由媒体用别开生面的视角和独特的新闻语言提炼出标题金句。

善待媒体，还要尊重记者的权利。不仅理解对方从事的是一种艰辛而具有风险的劳动，还要宽容记者的工作方式：不仅对其抢发新闻、刨根问底的咄咄逼人态度予以谅解，还要善待批评，特别是其发表与政府意见相左的言论、有失公允的曝光。要有"面刺"不愠的雅量，以坦诚纳谏之心对待负面新闻，包括被事实证明报道有失偏颇的媒体，只要不是造谣诽谤，就允许人家说话。因为媒体不是公检法，更不是审计和纪检，只要不违背大原则，我们就要有容人的"器识"——"容易容易，有容乃易"。因为媒体的疑问往往也是公众的猜测，从某种角度讲，它也是在帮助政府与公众沟通。要想赢得公众，就得先赢得记者，如果记者报道失察有误，媒体失份，而我们非但不去诠释，反而一味封杀打压，最终失去的是公众信任。因此，对待媒体，即使"来者不善"，也应善待之，善为我用，则善果自来。

善待媒体当然包括为记者提供良好的服务，这个服务主要是为其快速准确地提供信息，创造方便采编、通讯及交通的条件，将记者真诚当作合作伙伴、服务对象和主动上门的客户，通过多种方式提供信息服务。除正式的新闻发布会外，还可以采取新闻吹风会、提供新闻稿、发表答记者问、提供书面口径、发表声明谈话、网上发布或记者招待会、座谈会等等，也包括更为宽松的见面会如喝早茶等方式进行交流。

所谓善用媒体，主要指主动引导、充分发挥新闻舆论主渠道和各类媒体在公共舆论中形成的不同作用。适应分众化、差异化传播趋势，精心谋划议题，营造舆论热点，将信息披露的过程作为影响、引导、调节舆论的过程，在全方位提供信息时兼顾不同媒体的胃口区别"供料"，最大限度地影响媒体的报道选题，善于运用媒体宣讲政策主张、了解社情民意、发现问题矛盾、引导社会情绪、推动具体工作。通过引导媒体，进而引领社会，最终把握定义权，实现话语意图，释放正能量。

在运用媒体的方式上，学当乐队指挥，根据各类传媒特点及优势，扬其所长，避其所短，形成交响最强音。

首先是党报党刊主流媒体。做到"春江水暖鸭先知"，政府及社会组织要向"国家队"各类传统媒体敞开大门，广开渠道，主动提供高附加值的新闻材料，使其享有更大范围、更加开放的知情权、采访权和评论权，主动提前发声，以主流权威的信息引导舆论，并且通过报网融合，依托报刊网络倾听民声、汇聚民智、抨击时弊、鞭挞丑恶，使民心在期待和信任中凝聚起来，而非避开"热点""敏感点"，作茧自缚，捆绑手脚，到头来只能拾人牙慧，跟在网络上找新闻，"出口转内销"播旧闻，遇到敏感事件沉默不闻，落得"门前冷落鞍马稀"。因此，要想"红杏枝头春意闹"，就需要给传统媒体更多的信任，允许其有更多自选动作的空间。

多年来，这条战线具有良好的队伍和顺畅的监管机制，特别是他们中间拥有一大批新闻采编评论精英，其采访调查之细致周全，编辑发稿把关之慎重，对失实报道追究之严厉，职业责任感之强烈，足以使人放心。他们观念新锐，思维敏锐，具有难能可贵的家国情怀精神，秉承新闻人的优秀特质，怀抱对事业、真理的追求。他们虽语言辛辣，笔锋犀利，但与愤世嫉俗者最大的区别是坚持正确的新闻专业原则，从而脱颖成为主流舆论的精神之旗。正如马克思所说："它生活在人民当中，它真诚地同情人民的一切希望与忧患、热爱与憎恨、欢乐与痛苦。"⑧ 应当充分发挥这支精英群体的潜能，赋予更大的批评权，尽可能为其提供更多的信息资源，对重大突发事件能提前介入、深入调查、先声夺人，并对事件进行持续的深入报道，回应社会关切，在多元声浪中引领主潮，增强主流意识形态的传播影响力，使"国家队"牢牢把握话语权，成为社会舆论的航标和灯塔。

还要注意充分发挥都市类报刊的作用。都市类报刊是市场化新闻竞争的产物，它将读者的需要当作办报的目的，真正回归了新闻本位，因而拥有广泛的受众群体。它大多是传统媒体的子报，却全然没有"一致拥护、齐声欢呼、奔走相告"的声调，也不用下文件定指标促发行，靠着好看好卖不胫而走，还能以"子报"养"母报"。一些都市类报纸坚持自身鲜明风格定位，探索媒体运营之道，以报刊的新闻性和批判精神赢得读者，反映了利益多元时代的多元声音，成为党报党刊的有益补充。在主流报刊传播影响力减退的同时，市场化媒体却风生水起，在舆论的大潮中独领风骚，也不可避免会在报道中擦出火花，溢出常规。对于这一现象，也正说明党和国家在把握新的传播理念面前的开明意识和开放之举。在坚持底线原则的基础上，应使其在自我完善中具有更加广阔而灵活的话语空间。

对港澳台媒体记者要多做工作。两岸四地，虽一国两制，但同宗同文，要通过信息的大量提供增加境外公众对内地状况的了解和理解，由知之较少到知之较多，由新闻的浅表到文化的纵深，且不拘形式、多渠道与之交流沟通。2008年拉萨"3·14"严重打砸抢烧暴力犯罪事件发生后，随着正式新闻发布，警方与国务院新闻办公室共同组织了香港、澳门媒体的吹风会，用宽松交流和询问答疑的方式，通过播放视频录像、公布罪证和被害人情况，系统地解答了众多媒体关心的话题，并从历史和文化的角度，具体介绍了西藏历史是中国历史的一部分。从藏传佛教形成的渊源解读千年以来有史为据的血脉相承关系，并从元朝 1271 年中央政府对西藏管理的"神权君授"，说明藏族聚居区是中国不可分割的一部分，以典籍书证论说十四世达赖集团欲在祖国建立"大藏区"的来龙去脉，解释其制造事端，"以闹促压，以压促谈，以谈促分"的图谋，使这些背景信息成为港澳记者客观理性报道的基调。

对外国媒体记者亦要坦荡对待，通过服务促其客观友善报道。作为开放中的大国，中国正向全球记者敞开大门。随着 2008 年 10 月 17 日第 537 号国务院令《外国常驻新闻机

构和外国记者采访条例》的实施，来华采访的外国记者日益
增多，比起北京奥运会前规定：常驻外国记者到外地采访要
提前向外交部提出申请的要求，如今取消了多种限制，使外
国记者享有了更多的采访自由。应当看到，作为超级大国的
美国，是全球最先进、最庞大的传媒帝国，国际传媒关于世
界事务的报道，很大程度上受到以美国为首的西方政治理念
和文化传统观的影响，如何在这种"西强我弱"的传播格局
中化消极因素为积极因素，就需要我们破解观念，转变方
式，积极有所作为，通过与外国媒体记者的接触和沟通，主
动释放善意，通过交流和服务，提高我们自身对异质文化的
说服力，提升我们释疑增信的解读力，进而增强话语的传播
力、主导力。

　　首先，对西方媒体要做具体分析，大多数西方记者怀着
极大兴趣到中国来，并非是专门找茬的，而是来挖新闻的，
他们需要的是"猛料"和"好新闻"，问题取决于我们的态
度是拒绝还是给与，是开放还是封闭。不可否认，确有坚持
敌意的记者，秉承"西化""分化"的图谋，用司法个案和
突发事件设置议题、制造麻烦，诋毁我国的政治制度和社会
制度，但正因如此，才需要与之有话语的交锋，也需要有话
语的交融，对敌意需要回应，友善更需争取。只有主动接触
提供信息，才可能经过扶正祛邪回馈客观与善意。

　　西方媒体是西方制度的代言人，代表的是西方主流社会
的利益，要改变其新闻观和价值取向是困难的。但是遵循传
播规律，主动提供真实信息，逐步改变他（她）们的报道基
调和内容是完全可能的。因为真相决定新闻价值，亲历亲睹
者会用自己的眼睛矫正认识上的误差。北京奥运会就是一个
鲜明的例证。开始之初，某些先入为主的记者设置了人权、
民主、宗教、新闻自由、贸易逆差和知识产权等议题，发展

到后来，事实逐渐修正了他们的看法，最终还是有不少记者将客观的评价、中肯的赞誉送给了中国。

我们还应看到，一些西方媒体对我国存在偏见是源于不了解的误读。面对事实，由质疑、迷惑到惊异和若有所悟，他们的报道态度也会发生变化，这就是为什么大部分在中国生活一段时间的外国记者会改变他们报道角度的原因。英国《泰晤士报》驻华首席记者马珍（音译）女士，常有对中国的微词见诸报端，2009年2月她向笔者所就职的公安部发了预采访的传真，并提出不让陪同，更不让提供专车的自由采编，我们即刻作了回复。马珍于是自选来到河北省保定市新市区公安分局依绵派出所，在一名叫赵甜甜的女警官的辖区当了一天"警察"，次日返京，发表了近乎整版的题为《安抚人民：中国派出200万警察去解决每个人的困难》的文章。马珍说：在中国工作多年，这是第一次近距离接触中国警察，从对英国警察的了解，认为警察应该是很严肃的。可通过和你们的接触，我发现你们有很强的亲和力，而且你们用心和群众沟通交流，十分感谢你们给了我这次难得的体验机会。

可更多的外国记者在中国的采访却没有这么幸运，吃闭门羹的不胜枚举，美国《新闻周刊》记者班秀茹说："从中国得到直接、完整的调查权是很难的，越是高官越自信，越是基层则相反。"她坦然地说："你们不要总是通过限制来保护，而应当提供媒体帮助政府的机会。"这位曾采访过邓小平的女记者还尖锐指出："我很少在你们的发布会上获得过直接、具体的信息，真实的东西是我从下边听到的。"的确，在中国，不要说外国记者能够采访到我们的市长、省长，就连国内的记者也很难有此际遇，如此不仅白白失去了在世界面前介绍中国的机会，而且总是因为堵、拒、拖、瞒招致不利的报道。这就源于长期以来一些人内心深处的"弱国心态"：老是担心被揭丑曝光，惧怕引火烧身，结果把众多光明面的东西也遮挡起来，任人涂抹杜撰。北京郊区进行新农村改造，一批外国记者闻讯以为要"封村拆建"，长枪短炮一窝蜂而来，吓得村长们像防范"鬼子进村"，连忙封堵住路口，拒之村外。直到政府新闻办告知基层干部要主动向外国记者介绍新农村建设的优越性，竞相拉外国记者入村参观。这场攻防战才以戏剧形式告终，反倒没有出现一条负面新闻。

面对日趋透明开放的国际舆论环境，我们无法把别人变弱，却可以把自己变强，拒之门外是在涂黑自己，拉过来则是可用的力量。欲要用好外界的力量，我们还要善用国际语言讲述中国故事，避免由于文化的误读被塑造成呆板、僵化、具有威胁性的形象。如我国提出"韬光养晦"的外交政策，西方媒体将其译为"掩盖自己的能力，等待时机东山再起"（hide our capabilities and hide our time）或译成"隐藏能力，假装弱小"（conceal one's true intention）。再如对中文的"龙"的翻译则为"dragon"（《圣经》中的魔兽），类似这种消极的编码和解码对中国形象的扭曲和损害显而易见，需要我们更新观念，以国际受众为本位，转变话语方式，用富有人类共同情感的语汇，表达灿烂的历史和今日的现实，运用国际传播规律让人们在美好的感受中接纳中国信息。

在善用媒体的过程中，还要善应媒体。即在对媒体积极回应的互动中建立良性的政媒关系、企媒关系，这就要求不仅对媒体的报道需求作出及时反应，对热点、难点询问作出妥善回应，还包括在对新闻事件出现不同认识和歧见时，以坦诚的态度和记者打交道，以严肃认真的方式与媒体交涉，以平等的姿态与媒体沟通、协商，以法依理纠正原则性问题。

政府或社会组织与媒体打交道，通常会遇到以下几种情况：对初次接待的记者，要礼貌核对身份，准确问明来意，报经上级同意，在认真准备记者所需的报道内容的过程中，提供必需的工作便利。但尊重决非逢迎，更非操纵和命令，而是遵循新闻传播规律，用事实和观点影响记者，达成采访与报道的共同目标。

对于批评监督和舆论曝光，要态度诚恳，坦承错误，立足建设，欢迎监督，使媒体不仅能够客观报道所发现的问题，还要表明报道对象解决问题的态度和诚意，并且重点落在整改措施和制度建设上，让公众看到接受批评方洗心革面的新气象。通过主动积极回应重拾信任，实现新闻效果与社会效果的统一。

对于内容部分失实的报道，属于记者信息有限，认识片面的，要实事求是，据理交涉，提供证据，调整偏颇，使媒体达到客观、平衡报道。但在一般情况下，记者带有采访指令，又限于截稿时间的紧迫，不允许"开天窗"，就需与其主管领导交涉。意见不能统一时，在部门领导层面进行沟通，以事实说服对方，给予矫正，亦可在后续报道中以正视听。

对于失实性或严重失误的报道，要即行严肃交涉，毫不含糊。并迅速报告相关主管部门，予以坚决的更正和纠正。必要时通过权威的第三方加以澄清，防止谬讹流传。对造成严重社会影响的，需召开新闻发布会说明真相，态度鲜明地维护自身的形象。

随着各级政府和社会组织观念的转变，与媒体打交道的能力逐步提高，对舆论热点的回应日益积极主动。2014 年中国传媒大学互联网信息研究院就新兴媒体统计得出，近四成网络舆论焦点事件得到涉事主体的回应，相比 2013 年涉

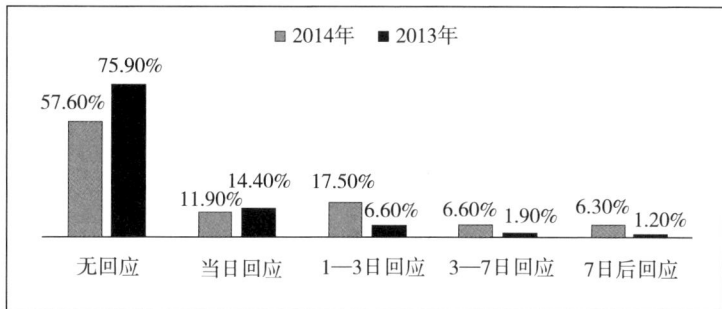

事主体无回音的现象显著减少，回应不仅从追求速度转向兼顾回应节奏上，而且能够和媒体良性互动，回应的内容及包括采取的措施多能在一周内完成。在回应方式上，接受记者采访的占48.2%，通过官方网站及微博等网络形式回应的比例也明显上升，反映了政府及社会组织主体媒介素养的整体提升。

最后是善管媒体，是指在依法维护和规制新闻权益的过程中，创造健康清朗的舆论环境。

新闻舆论属于上层建筑范畴，事关国家意识形态和政权安全，涉及公民和法人的合法权益。正确的舆论监督可以监督权力，能够监督权力的权利也理应受到制约和规制。在全面依法治国的今天，人们所享有的一切自由都是宪法和法律下的自由，新闻传播权既受法律保护又受法律制约。从这个意义上讲，新闻自由是有边界的，在上有法律的高压线，在下有媒体道德良知的职业底线，前后左右还有公序良俗的斑马线。

根据近年来媒体机构和新闻采编人员一些"害群之马"进行新闻敲诈及假记者、假新闻造成的危害，2014年3月27日，相关九部门联合印发《关于深入开展打击新闻敲诈和假新闻专项行动的通知》，并通报了一批典型案例，对今后发生的新闻敲诈事件，可分别采用行政处罚（吊销出版许可证、记者证）、刑事处罚（课以受贿、敲诈勒索、诈骗、损害商誉等罪名）和其他违法处罚（民事侵权责任、行政拘留等），建立健全新闻敲诈案件"双移送"机制，即及时将查办案件中发现的违法犯罪线索和问题，移送司法机关处理；及时将查办案件发现的违反党纪政纪的问题，移送纪检监察机关处理。

这意味着，新闻领域并非法外之地，相关的法律法规制度亦在逐步完善，对于蓄意制造假新闻，违纪违规以媒谋私，甚至涉嫌犯罪的新闻从业人员，被侵害方要依法捍卫自身权益，迅速向相关部门反映诉求，对涉罪者可依法起诉，通过法律的途径维护公民或法人权利，最大限度降低社会危害。

对于突发灾害或暴力恐怖事件的新闻采访，政府及相关部门要与媒体建立有组织的合作机制，寓管理于服务之中，包括证件发放、现场管理、范围设定，媒体要协助维护采访秩序，开展有序的新闻报道，对视频图像资料及证物做到依法管理使用，不可随意扩散。重在提供救援措施的信息，禁用惨烈场景和血腥画面。对涉及国家秘密和公民隐私权的信息要严密控制，防止国家利益受损，避免公民遭受二次伤害。

注　释

① 敬一丹：《我遇到你》，长江文艺出版社 2015 年版，第 108 页。
② 敬一丹：《我遇到你》，长江文艺出版社 2015 年版，第 53、54 页。
③ 引自 2016 年 2 月 19 日习近平同志在北京主持召开党的新闻舆论工作座谈会上的讲话。
④ 孙金岭：《花边新闻——另类中国记者史》，文化艺术出版社 2012 年

版，第 93 页。

⑤ 党的十八届四中全会习近平同志所作关于《中共中央关于全面推进依法治国若干重大问题的决定》的说明。

⑥ 周琪:《意识形态与美国外交》，上海人民出版社 2006 年版，第 641 页。

⑦ 李仁虎:《如何与媒体打交道》，新华出版社 2005 年版，第 34 页。

⑧ 《马克思恩格斯全集》第 1 卷，人民出版社 1995 年版，第 352 页。

05

五个有利的原则

有利于维护党和国家的工作大局

有利于维护人民群众的切身利益

有利于国家形象

有利于社会稳定和人心安定

有利于突发公共事件的妥善处置

长征！十万人的长征！十万人经过高山大河蛮荒绝域的长征！这不是和平的旅行，这是有二十倍三十倍以上的敌对力量在沿途截击追剿，而且有沿途地方政府在政治经济和交通便利上用一切方法阻难的战斗行进！

如果说这是"土匪"，那中国竟有如此众多优秀的土匪，应当是中国的光荣！如果事实上这些都是中华民族优秀的儿女，我们对于消灭他们的计划之未能成功，不能不引为民族之大幸！

上述这段铿锵而富有战斗性的文字出自何人手笔？又在何时何处发表？

这是 1935 年时任《大公报》的记者范长江所写，他 24 岁那年开始追踪红军长征过雪山草地，将随行采访陆续发表在《大公报》上，一时轰动朝野，洛阳纸贵。周恩来讲："我们红军里面的人，对于你（范长江）的名字都很熟悉。你和我们党和红军都没有关系，我们很惊异你对于我们行动的研究和分析"。胡愈之说："他是在国内报纸上公开如实报道工农红军二万五千里长征的第一人。由这些报道汇编而成的《中国的西北角》，和后来斯诺的《西行漫记》一样，是一部震撼全国的杰作。但是长江仍然是一名小兵，是毛泽东麾下的最忠诚、最勇敢、最机智的一名小兵。"这位当年冒杀头危险敢于说真话的"小兵"，也赢得了他身后的殊荣。"范长江新闻奖"已被推崇为中国新闻界的最高奖项。那么，范长江精神的内核是什么，有人说是他不避艰险，不惧生死为新闻事业献身的精神，而其内在的价值追求乃是：他研究人民群众的情绪，触摸社会跳动的脉搏，真切地了解人民的感受是什么、需要什么、想知道什么，从而站在时代的前列挺笔书写什么。

新闻舆论属于上层建筑，不仅具有强大的功能与作用，还具有鲜明的价值取向。毛泽东说过："凡是要推翻一个政权，必先制造舆论，先做意识形态方面的工作。"历史还继续证明，要建立巩固政权仍要运用新闻舆论的力量。比如在那个激情燃烧的时代，有关《谁是最可爱的人》①《为了六十一个阶级兄弟》② 和《县委书记的榜样——焦裕禄》③的报道，是那样烛照人心，激励和引领了一代人的精神。而关于真理标准的大讨论，又是怎样激荡起直到今天还方兴未艾的革命。但人们也曾看到当年的"反右"以及"文革"，同样也由新闻舆论发端，居然将中国推入狂飙突降的内乱局面。也正是由于不同的舆论，导致了 1989 年春夏之交的那场政治风波。基于此，人们有理由对新闻舆论正反两面的效用进行反思和清算，对话语正确与否以及对社会造成的成败利弊进行理性的价值判断：应当怎么听人说话，自己应当怎么说话，这的确是摆在现代社会每个官员面前随时要做出抉择的问题。

共产党姓"共"，公有制属"公"，中国共产党领导的民主共和国理所当然应以人们公共利益为准则，用公民意志的话语说话表达：首先是倾听公众的话，听秉公直言的话，真正用党内外的民主监督政党执政，自觉建立起能对权力有效制衡的话语机制和纠错系统，避免全局性失误的历史教训重演。本无私利的共产党是襟怀坦荡的，也就没有什么不可对人言者。因此，坚持公共价值优先的原则，说"公"话"亮"话，讲"公"情实"理"，也就没有过不去的沟坎儿。

从这个意义上说，作为每个部门的新闻发布工作不仅应当创新理念、内容、体裁、形式、方法、手段、业态，增加针对性、时效性，主动借助新媒体传播优势做好工作，还要准确定位，正确发声。须知，每个部门的新闻发言人，不仅是本系统的代言人，更应是国家法治、公共利益的诠释者，在自身部门出现问题时，首先应从公共价值的高度表明态度，而不能将个人观点、部门利益居于首位。也只有这样，才能占据舆论制高点，解决矛盾，化解危机。

"五个有利于"原则

一、有利于维护党和国家的工作大局

二、有利于维护人民群众的切身利益

三、有利于国家形象

四、有利于社会稳定和人心安定

五、有利于突发公共事件的妥善处置

以上五个有利于原则，可谓是当今政府话语价值取向的高度概括。

有利于维护党和国家的工作大局——全局为重

在进一步深化改革扩大开放、全面建设小康社会的进程中，政府通过多渠道、多媒体、多符号的信息传播，在适应分众化、差异化的基础上，用广纳群言又易于让公众接受的方式使全社会达成共识。充分发挥新闻舆论所具有的感召力、号召力、动员力和凝聚力，巩固壮大主流思想舆论，用互动的、沟通的、多元的交互思维弘扬主旋律，传播正能量，激发全社会团结奋进的强大力量。全面推进社会主义法治国家建设，使党的方针政策能够"登高而招，顺风加疾"地得以贯彻。换言之，当代媒体舆论对于政府而言有五个"离不了"：

一是导向引领为魂，培育社会主义核心价值观离不了。当今社会价值多元多样多变，在文化重组重塑信仰的过程中，执政党必须驾驭话语权，将满足公众新期待新需求与教育引导相结合，将服务公众接受监督与提高全社会公民意识相结合，在纷繁复杂的信息海洋中挺立潮头，一方面广纳群言，开明开放，保障话语自由，一方面又要防止沧海横流，结构主义和消费主义滥觞，庸俗低俗之风侵蚀文化根基，淘空价值认同。因此必须善用媒体，须知把握导向不等于刻板的说教，用自由争鸣的公开批评，围炉夜话式的评论析理，营造理性向上的舆论氛围，使人们从内心产生强烈的认同感和归属感，化解疏离情绪。

二是重大政策、重要决策的贯彻实施离不了。党的一切出发点和归宿都是为了人民，党的各项政策必然具有广泛的民意基础，随着公民权利意识的提升，过去你令我行，民可使由之、不可使知之的时代已一去不返。在重大事项的推行过程中，必须决策有论证，事前有征询，施行有舆论，过程有答疑。在这个官民互动过程中，媒体起着不可或缺的桥梁纽带作用，发挥着"直通车""服务窗"的功能。那种"只做不说""先做后说"的做法，只会导致"堰塞湖"的"大溃坝"或"急刹车"式的"闹即停"。欲要科学民主决策，倾听真正民声，还须依靠媒体这支力量。

三是突发公共事件应急处置离不了。突发社会公共事件一般均有前兆，媒体往往是"消息树""晴雨表"，预先建立信息的前馈机制，将舆论引导纳入日常社会管理，将多媒体出现的风险信息作为人民的第一信号。一旦事发，则运用多媒体开展真实、全面、快速的报道，将事件的舆论纳入理性的轨道，使之辅助政府的处置过程，起到"稳压器""泄洪闸"的作用，直至后期的追责处过、制度建设，都可运用媒体不失时机地善后整合。

四是释放正能量，发出主流声音离不了。公共话语空间的高度透明，带来各类信息杂芜纷乱。如何去伪存真，发现导向契机，开掘时代精神，就需要政府官员放下身段，提高自身媒介素养，学习掌握信息选择的判断力、信息理解的阐释力、信息研判的评估力，信息导控的传播力以及对信息质疑与反思的能力。要学会在与公众的双向沟通中做到因势利导，占据舆论制高点，构建起网上执政的全媒体运用传播新格局。这不仅是掌握公共话语权的需要，也是国家治理能力现代化对各级公务员的必然要求。

五是主动接受舆论监督，推进国家治理体系现代化离不了。马克思说，在无产阶级上升为统治阶级后，报刊要对社会进行批评，对无产阶级政党的领袖进行批评。作为执政党，要跳出权力的"周期律"，就必须接受包括舆论监督在内的广泛社会监督，主动听取各方的批评建议，受理来自多媒体对政府官员滥用职权和违法违纪的举报，以便对自身进行病理透视和刮骨疗毒的诊治，树立起法治政府廉洁公正的形象。与此同时，还要善于通过媒体与广大群众真诚互动，教育和培育全社会的公民意识，逐步完成人们从心理、思想和行动方式向现代化的转变，形成现代政治制度最为广泛的思想基础，用沟通协商的民主法治机制化解社会矛盾，实现真正意义上的社会长治久安。

有利于维护人民群众切身利益——法律至尊

有人称"民意如天"，网络上的舆论就代表了民意。于是，网络舆论得以大行其道——可以仗义执言，鞭笞丑恶；可以痛陈积弊，否决政府成命；可以舆论审判，干预执法；可以左右法律意志，撬动刑事判决。那么，何为民意，何为公意，何为法意（法律的意志），网络意见是否等于民意，是否代表着最广大人民的根本利益，这些概念事关重大，有必要正本清源。

民意有解释为"民众心中的关于社会事务的想法、意见、愿望和评价，以不公开表达为前提"。④ 由此可认为，民意是受宪法和法律保护的公民言论自由的基本权利，体现大多数社会成员的社会价值趋向和善恶判断，包括对不合理因素的批判和对正义的期望。

公意，即公共意见，是国家、政府或有组织的群体通过征求意见、公开讨论，量化统计等程序集中归纳出的代表多数人的意见。

法意，即法律的意志，是由立法机关制定、国家政权保证执行的行为规则。法律体现统治阶级的意志，即人民的意志，宪法则是人民利益的最高体现。

网意，是网络上发表的意见，属于网络舆论或舆情，而舆论是"社会中相当数量的人对于一个特定话题公开表达个人观点、态度和信念的集合体。"它可能含有民意，但不等于民意，首先从数量上说，尽管有些网络意见多以成千上万计，但相对公民整体仍属少数；从表达方式上，不公开在网上表达意见者总是"沉默的大多数"，而这个大多数又未必与网意一致；从程序上来说，它并非是按科学统计归纳的公众意见；从内容上看，网意虽不乏理性的建议、善意的呼吁，但也确实存在极端情绪的宣泄和非理性的误判。正如黑格尔曾说："公众舆论中真理和无穷错误直接混杂在一起。"网络意见不能简单等同于民意，也非公意，更谈不上法意，相反，它有时恰恰会侵害了法意。作为法治国家，必须树立法律至上、唯有实现法意才是维护了人民根本利益的意识，树立起保障法律的最高权威，而不是让渡法律的治权。因此，应当高擎宪法和法律精神，善于从网意中发现民意，将分散的、不系统的民意导入公意，引向符合广大人民群众根本利益的法意。

网络意见不同于民意，因此不可将网意当作最高原则，把网络评判作为依据和真理，甚至错把网意当公意，搞舆论公决，媒体审判。"群众意见天然合理"，以牺牲法律原则为代价缓冲舆论压力，来换取一时之安，这些都将助长人治代替法治的制度回撤，使社会戾气横行，谣诼成势，民粹升温，以透支愤怒的方式从网络话语影响到政治生态，置社会于混乱无序，最终将损毁的是人民的最根本利益。

网意虽不等同于民意，但却蕴含有民意，也是时下普通民众最快捷有效的传播渠道。正是由于体制内的监督批评稀缺，法意未能充分实施，民众意愿表达不畅，个人权利不能充分行使，"小民口小，不能上达于天庭"，才不得不转向网络以网意方式表达。正是由于缺乏争鸣的平台才变成了私下议论，官方一味歌德才变得民坛调侃戏说。这犹如溢满的江河，一遇孔隙便决口咆哮，化为极端情绪的宣泄。而这种偏激话语的甚嚣尘上，又十分易于造成官方"敌意的想象"，因而采取更为严苛的约束，结果又会为新的"堰塞湖"蓄水。因此，须客观理性看待网意中的非理性，其多源自社会底层意识的堆积与释放，需要疏导化解，而非一味封堵打压。要善于将自发、零乱的网络意见梳理打捞出来，把表面情绪化的语言去伪存真搜集起来，发现其中蕴含的民意。而民意的实现，要靠宪法至上的民主与法治，要靠法理和程序的公正，正如习近平所讲："宪法的生命在于实施，宪法的权威也在于实施。"当法治之光照亮社会各个角落之时，乃是民意充分实现之日。而法律的实施则要靠一起起公正的法律判决和对公民权利具体有效的保护。

那么，民意既可导向公意，引向法意，民意能否作为最终评判执法对错、确认罪与非罪及重罪轻罪的标准呢？回答是否定的。孟德斯鸠说过："自由不是无限制的自由，自由是一种法律约束下的权利。"因为法意源于民意，但高于民意，民意须服从法意。其原因在于民意常是一种倾向性的意见或情感，多出于朴素的正义感，以伦理道德进行善恶对错评判，而且在一定程度上遵循从众心理的"大数法则"，所表达的并非全是内心意见，由于信息获取的局限，看法缺乏统一的标准，对同一事件会有迥然不同的看法。如佘祥林冤案，其妻张在玉失踪三天后，其兄张某怀疑佘祥林因妻子患精神病而蓄意谋杀，所以在公安机关发现一具无名女尸之后，张家错认为是张在玉，导致办案部门偏听偏信。在省高院发现案件疑点要求重审时，张家亲属又多次上访，并组织220名群众签名上书，声称"民愤"极大，要求对"杀人犯"佘祥林从速处决，加之办案人员实施逼供信，遂铸成冤案。

诚然，我们无意以此例否认民愤，但对公众舆论要做具体分析，不可笼统看待：是多数还是少数，是部分还是整体；是分散化个人表达的大众意见，还是情绪相互感染的"聚众意见"；是自身抑或集体利益的诉求，还是盲目跟风的表述？具体是哪些人，代表的意见是什么，有多少合理成分，有哪些非理性成分，哪些反映正确，属于政府和执法部门的失误错误甚至是执法犯法，哪些是由于信息提供不对称形成了公众的误解。政府和执法部门要有主心骨和定盘星，善于从众说纷纭中倾听真实声音，既不能以数量多寡判断是非，也不能因其位卑声弱而罔顾合理诉求。同时，还要注意释放主流声音，将舆论引向公意，导向法意的制高点。

习近平总书记曾在2013年全国宣传思想工作会议上强调："树立以人民为中心的工作导向，把服务群众同教育引导群众结合起来，把满足需求同提高素养结合起来。"这就要求政府及职能部门在贯彻依法治国方略中既要尊重民意，又要坚持正确导向，注意培育提升公众的公民意识，在以下几个方面下工夫：

一是拓宽民意收集渠道，全面准确分析民意。即创新民意调查方法，科学设置民意调查标准，对民意出现不同声音时，要善于科学甄别，辨析真伪，合理吸收，形成客观真实的"民意分析报告"，列入政府议题，在决策中贯彻吸纳民意，及时回应疑虑，化解风险，同时还要保持对民意理性研判，防止舆论过度介入而扭曲法治精神。

二是着力打造政府与民意之间的交流平台，营造官民互动的公共话语空间。让百姓心里有话有地方说，遇到委屈有地方倾诉，碰上官司能享有公正的诉讼。除了日常的阳光政务外，决策前要有公民参与的听证会，遭遇烦心事需要开恳谈会和交心会。政府作为公共信息的提供人，要持续不断大量提供适销对路的公共服务，做到"有话好好说"，使公众心平气顺。康德曾说："敢于在一切公共空间运用理性。"这就需要政府设置合理的表达机制，营造健康的舆论环境，让广大公民享受到法律约束下的话语自由。

三是提高干部队伍整体的媒介素养，培养公民现代法治意识。中国的现代化正在过一个门槛，就是包括人们心理、思想、意识在内的人的现代化。我们经济实力的这条腿已粗壮起来，可软实力这条腿还在蹒跚打晃。就干部队伍而言，普遍缺乏与媒体打交道的自觉意识，不善于运用麦克风和笔杆子说理服人、排险解难。尤其是面对虚拟社会铺天盖地的网络舆论往往捉襟见肘，在坚持和维护法治权威中常常失声缺位。与之相应的是，社会中的确存在着法治意识淡薄，强调权利，忽视义务，遇事以道义评判代替法律，以情绪宣泄取代理性思辨的现象，亟须通过传媒的作用，进行一场现代法治的启蒙教育。亚里士多德说："最重要的一端，还是按照政体（宪法）的精神实施公民教育。"在尊重群众说话权利的前提下，经过对一起起现实法律事件的析宗明义、辨分法理来激浊扬清。面对民愤情绪，发出法理之声，不可迁就超越法律、超越制度、超越公序良俗底线的谬误流传。这就需要引导公众积极参与到法治社会建设的伟大实践中，在有序地参与中获得自我教育和提升。须知经济社会发展不可能自动导致法治社会的形成，公民意识亦不可能自发产生，政府和执法部门对此肩负着教化引领职责，必须旗帜鲜明地坚持法律至上、依法治国，在充分保障权利的基础上，坚持正确舆论导向，以"法言法语法行为"规范自身，用"法理法案法程序"教育公众，而非妥协、放弃和退让，一味弃法从众。如果放弃导向职能，就会使"文革"遗风死灰复燃，以暴戾之气挑衅现存秩序，不断上演"好汉挑战社会，江湖远离法律，冤民拦轿告状，青天法外开恩"的人治戏剧。

毋庸置疑，现行司法制度存在积弊，执法者在现实中受到来自方方面面的干预，本该至高无上的法律常被法律之外的因素掣肘，本应施行独立审判权的最终权威却沦为从属、仆从位置——行政权力堂而皇之居于司法权力上位，降低了社会行为与法律结果之间的高概然性，自然损害了法律自身的权威。

但是，要做到法律至上，独立审判，则必须具备两个必要条件：一是观念层面，即全社会特别是政治权威对法律要心存敬畏与信仰，对法官职业、审判权威具有足够的尊重；二是制度层面，保障审判独立，以审判为中心，其实质是审判机关中法官最大。因为法官通常受过专门法律高等教育与法律的训练，他们熟悉法律业务，职业使其对法律的领悟比他人都深刻，加上严密的法律推理技能，使执法更具合法性、正当性。当然，丝毫不应怀疑存在部分低素质的法官会影响审判质量，这恰证明独立审判要有制度层面的制约和责任的明晰。党的十八届三中全会通过的《中共中央关于全面深化改革若干重大问题的决定》，明确改革司法管理体制，推动省以下地方法院、检察院人财物统一管理，探索建立与行政区划适当分离的司法管辖制度，可谓司法体制改革迈出的关键一步。

依法独立行使审判权贯彻的是宪法至上精神：即政党和政府所有的行为必须接受与人民关系承诺（宪法及相关法律）的约束。这就需要权力机关树立一个理念：法律不仅具有维护秩序的强制职能，而且还具有调整社会关系、体现社会价值的职能；不仅是权力实现的工具，也是权力被限制的工具。由此而论，它不是自上而下的"司"，而是居中的"裁"，这才是具备了中立性、统一性、专业性、公开性、权威性和终局性意义上的司法独立，这才能充分体现全体人民的意志和利益。唯此，法律才能回归本位，获得人民真正的信任和尊重。而全社会真正的稳定则必须建构于如此意义的法治之上，即恩格斯于1875年在给倍倍尔的信中所说："一切公务人员在自己的一切职务活动方面都应当在普通法庭上按照一般法律向每一个公民负责"，将权力置于法律的制约和舆论的阳光下。正是基于此，权力机关要最大限度地实行政务公开，舆论引导要让公众在享有充分知情权的前提下，形成高度的社会参与性与透明度，才能高扬依法治国之旗，最大限度地限制权力，最大限度地实现人民的权利。

有利于国家形象——国家利益至上

何为国家形象，即一个国家的政府及国民在国际上的综合印象、声誉和认可度。国家形象很大程度上通过国际传播渠道进行塑造，属于软实力范畴。中国的国家形象如何，一言以蔽之，与真实客观状况不相吻合。与国家综合实力的地位不相匹配，与当前"走出去"的开放发展战略不相适应。不能自以为只要经济上强大了，形象自然好起来。孰不知从旁观者看来，中国的国家形象"正面临最大的战略威胁"，"直接关系到保持经济增长、吸引外来资金、中国企业在国际市场的扩张等"，并且这种"在国际生活中遭遇的误解和猜忌"使得"中国难以争取到充分的国际信任，而这种信任是中国在今后充满艰难险阻的改革中减少损失的关键"。⑤

造成中国国际形象这种反差的原因，首先是美国和西方不希望看到"风景这边独好"的中国现状，更惧怕"东风压倒西风"的结果，因而千方百计抹黑我国形象。除此之外，还应有我们自身的原因，长期以来"养在深闺"孤芳自赏，不屑于"梳妆打扮"。一些地方官员国家形象意识淡薄，"开了门讲成绩，关上门查问题"，遇事从当地利害出发，担心负面事件会影响危及地方权益，于是人为封锁，拒绝公开，甚至以谎言掩盖事实，将国家形象与地方形象割裂开来，导致"地方出事，无人担当，国家埋单"的现象。另一方面，源于长期的"冷战"思维，"让人说去吧，走自己的路"，将国际舆论拒之门外，任人评说。殊不知今日的媒介已经全球化，信息鸿沟被碾平，你不说，媒体说；中国不说国外说。恰好为美国和西方对我实行"西化""分化"提供了可乘之机。他们利用我一些地方突发公共事件缺乏透明度，蓄意制造话语体系，误导偏见，使个别事件全局化，社会事件政治化，国内事件国际化，偶发事件制度化，以致将我国转型期的各类矛盾归咎于人权与制度，通过矮化丑化中国形象，遏制和改变中国的发展方向与进程，实现其利益最大化。

2005年12月5日，广东省汕尾市东洲坑村黄某、林某等人以当地火力发电厂破坏该村风水为由，煽动村民非法包围并冲击打砸风电厂（风电厂已投产，火电厂尚在建设中），迫使该厂停止发电7小时。次日下午，黄某等人又纠集170多名村民，手持大刀、钢叉、木棍、炸药、汽油燃烧瓶等凶器袭击发电厂主控楼，导致变压器被炸坏，厂内多处起火。
为迅速控制事态，当地公安机关施放了催泪弹，并对 2 名挑
头闹事人员依法采取强制措施。16 时许，黄某等人煽动村
民向民警投掷鱼炮（后在现场缴获 63 个鱼炮），民警被迫鸣
枪警告并再次施放催泪弹，事态得到控制。冲突共造成 3 名
村民死亡，8 名村民受伤。事发后当地采取信息封堵，直到
4 天后，媒体才对外刊发简要消息，称"公安机关现场处置
失当，造成群众误死误伤"。由于内容语焉不详，且我方舆
论已失先机，导致境外媒体、网站大举炒作。

仅 12 月 11 日至 15 日，就有 60 家境外媒体做出如下
报道：

来源	媒体	事件报道
美国	纽约时报	数千名武警至少枪杀 20 名村名，至今仍有 50 人下落不明，汕尾镇压事件预示中国动乱升级……
法国	法 新 社	死亡人数多达 70 余人，是自天安门事件后军队开枪镇压平民最多的一起事件……
日本	读卖新闻	中国武力镇压电厂建设反对派，有开枪造成 70 人死亡的说法……
境外	某 网 站	一名俄罗斯情报研究所专家透露，据俄罗斯定位卫星监视，汕尾事件中出动了坦克，武警部队开枪杀人，村民好似打猎的猎物，随便被枪杀和侮辱……

你能相信这是发生在中国的实事写照吗？但这一切却被
国外受众深信不疑，因为这些信息来自于包括西方主流媒体
和网络连续 120 小时连篇累牍的狂轰滥炸，而始作俑者则是
我们自己——发生事件的当地政府在连续四天中缄口不语，
给谣言提供了大好时机。而迟来的真相谁也不再理会，只把
教训留给了我们自己。

类似事件如前所述的，"非典"疫情、松花江流域的严重水污染等，都因在事件之初人为控制负面事件的扩散，甚至以谎言掩盖真相，导致国家形象受损，也使得美国及西方势力乘隙而入，对我诽谤诋毁进行议题设置。

应当看到，随着中国的和平崛起，美国日益将中国作为潜在的战略对手和其主导下世界秩序的制度性威胁。由此制定以人权民主为核心的"西化""分化"战略，凭借强大的国际传播实力，运用新闻导向、文化渗透，对我输出美国价值观，并借我突发公共事件和社会热点抹黑和贬损我政治制度。在这场不见炮火硝烟的软实力较量中，由于我观念、机制和策略的生涩滞后，担心突发公共事件有损国家形象，负面新闻会引起人心不稳和社会动荡，往往采取"只做不说"或"先做后说"的信息管控，事后再层级式传达。这种"家丑不可外扬"的心理定势，往往形成信息的"真空"，迫使公众从境外国外媒体获知真相，使自身信息不仅失去了主导先机，而且让出了定义权和舆论制高点。

如前例王立军私自进入美国驻成都总领事馆，之后引发的薄熙来案件。从最初重庆当地政府释放"休假性的治疗"的虚假信息之后，遂引起全社会的惊愕与猜测。由于国内媒体集体噤声，人们的信息饥渴和巨大的探秘需求就不得不由外网及境外报道所填充，网上"井喷式"的信息评论在长达月余的时间内不绝于耳，且事后均被证实并非空穴来风。以下仅摘其片段：

......

2012年2月16日18时02分，美国某网站，美众议院外交委员会主席提请调查美国政府是否对王向美国领馆求助庇护却被拒绝一事处理不当，同时还披露了一些细节，如王是化妆后前往成都，在路上安排美方约见，6日晚10点进入领馆，据说与何梦德（peter·Harmond）等交流。

2月17日13时21分，《纽约时报》报道，尽管华盛顿否认，但匿名美国领事馆官员和接近中国国家安全机构的消息人士都表示，这位重庆市副市长确实曾向美国寻求庇护，但被部分拒绝。其原因是美方不想因此触发外交危机，同时也不愿庇护有污点的官员。美国国会已经要求对此展开调查。

2月17日23时，据称，美国国会议员已要求国务院适时公布二月六日至七日，华府与驻北京大使馆、驻成都总领事馆之间的电话、电报等联系档案。

2月18日12时19分，《凤凰资讯》快报，美国国会众议院一个委员会，敦促奥巴马政府交代中国重庆市副市长王立军上周进入美国驻成都总领事馆详情。美国国务院发言人纽兰说，已收到众议院外交委员会主席罗琼雷提南致函国务卿希拉里的信函，并表示正在处理此事。

2月24日13时18分，《美国之音》记者海涛华盛顿报道：海外有不少报道说，王立军给领馆留下不少检举材料，有美国官员说，北京现在要求美国方面归还这些材料。

2月26日11时，香港电台转发《华盛顿时报》资深编辑戈茨星期二在《华盛顿自由灯塔》网站上发表的报道，他的消息来源是美国官员（AV.S.official）。文章援引这位官员的话说："王立军的命运现在掌握在美方手里。"他说，如果把这些文件交给中国当局，王立军有可能被置于死地。

3月2日15时49分，全国政协十一届五次会议新闻发布会在人民大会堂召开，大会新闻发言人赵启正回答记者有关王立军的提问时说：（重庆副市长）王立军目前正在接受有关部门调查，调查工作取得了进展。他是全国人民代表大会代表，他已经请假不出席这次会议。

截至此时，关于王立军事件才有了官方正式的声音，但已整整过去了24天。接踵而至的薄熙来案也成了"两会"的热点。大批境外记者在新闻发布会上追问王立军事件真相及薄熙来的政治前景，重庆代表团与记者的见面会上，薄熙来几乎始终陷身于境外记者密集炮火式的逼问中，语焉不详和闪烁其词的回答，使人产生更多的联想和疑团。而中国官方媒体一如既往保持缄默。这种状况一直到温家宝总理在3月14日的新闻发布会上公布对薄熙来问题采取的措施，方才告一段落。

纵观此案，对于一起高层官员政治丑闻的发生，本应按既定的危机管理机制，果断处置、快速"切割"、主动公布，掌握舆论先机。但事实上却使外媒占先，我媒滞后，反沦为跟在别人身后的二手信息。在接下来有关薄熙来与谷开来案件内幕的披露，新闻的先发权再一次回到了境外媒体的手中。请看以下的新闻片段：

……

5月30日12时16分，《新闻周刊》刊登对骆家辉专访：谈及发生在二月重庆公安局长进入美领馆一事。骆表示，当时听了他揭发的有关重庆的事情后，非常惊讶，他说："一切真是非常吸引人，让人跌破眼镜，出乎意料。第一反应是我的天、真是我的天啊！"

4月18日21时49分：海伍德因威胁曝光谷开来向海外转移资产的计划被杀。路透社周一援引两位消息人士称，去年11月份死于重庆的英国商人海伍德可能因为威胁曝光谷试图向海外转移资产的计划而遭到杀害……去年年底，薄妻谷要求海伍德将大量资金转移到海外，但海伍德要求得到高额佣金，超出谷的预期。谷指责他贪得无厌，并在后者威胁曝光后将其杀害。

英国政府披露其处理英国商人海伍德在华死亡一案的情况。此前英国政界人士强烈地要求政府作出解释。英国外交大臣黑格（William Hague）周二在一份声明中说，英国外交部官员在1月中旬了解到，在华英国侨民团体担心这位于去年11月死亡的商人死因可疑。他说，英国外交部官员2月7日向他汇报了这一情况，此前一天，重庆市前公安局长王立军到美国驻成都领事馆寻求庇护，王曾是薄的手下。黑格首次证实，王立军2月6日在美国领事馆曾就海伍德之死提出了指控，他命英国外交部官员要求中国政府调查海伍德死因……

4月20日19时39分，《泰晤士报》：张晓军，现年30岁左右，曾经当过薄一波的侍卫，是最忠心的仆人。

4月20日22时26分，英外交部说，会在一星期内全面回应。发言人说，英外交部不会评论情报事宜，但可以证实，他并非英国政府雇员，据国家安全消息人士所说，他并未从事任何情报工作。

……

难怪美国前任驻中国大使洪博培回国，与奥巴马竞选总统发表演说时，还念念不忘将王立军事件拉出来作为说辞："像王立军、陈光诚（当年另一名进入美国使馆者）这些人，为什么出了事就往美国使领馆跑，这说明，美国的价值观在中国已深入了人心。"

洪博培一语道破天机——美国从来都是从国家战略层面看待新闻传播和话语权的。因为话语权决定着定义权，而定义权又左右着一个国家的外部形象。历史不断证明，美国最善于借助舆论"软刀子"将敌手引入经济和政治陷阱，也是最善于将敌手丑化矮化的化妆师。

其对付苏联，使用的就是"欲灭其国，先毁其史；欲灭其国，先损其形"的谋略：从外部诋毁贬损国家形象，再从内部培植支持国内政治反对派。通过针对苏联的"解放电台""自由欧洲电台"，运用"西风东渐"的方式不断灌输"经济私有化""政治多党化""军队中立化""国家联邦化"和"意识形态西方化"的甜药，并巧借书籍、电影、电视、无线电波等多种传播方式，大肆宣扬美国的新闻自由和人权观念，利用苏联政治体质僵化、官员腐败带来的信仰危机，逐步形成公众对苏共的舆论信任危机，不再相信《真理报》说的是"真理"，转而接受西方媒介的观点和报道，最盛时共有六十多家外国电台同时向苏联广播，不遗余力将其广播节目源源不断传送到苏联听众的耳鼓里，导致苏联主流媒体日益非主流化。

正是这种舆论危机，促成了当时苏联和部分东欧国家相继进行"新闻改革"，结果事与愿违，出现了绝对自由化的无序舆境，不仅使美国和西方媒体长驱直入，而且使国内的反对派占据了舆论制高点，大批报刊宣布不再接受共产党领导，一时政治谣言四起，小道消息泛滥，政治笑话盛传，腐败丑闻接连曝光，历史失误被严重扩大，领袖人物被全盘否定，人心被搞乱，价值观被颠覆，原来高度集权的国家走向党派林立。"直至20世纪80年代末苏联政治体制开始瓦解的时候，其大众文化结构显然没有能力动员建设者、战斗者或者守卫者。随着连接文化与大众动员和苏联的宏大叙述之间纽带的松懈，苏联文化无法像过去被设想的那样发挥作用。"⑥于是外有美国人权战略舆论的"攻心为上"，内有政治反对派的夹逼，最终导致苏东剧变，完成了一场不响枪炮的"平静葬礼"。

苏联解体，东欧易帜后，美国和西方势力将舆论战的重心转向中国，采用舆论先行、文化"登陆"等传播渗透手段贬损我国家形象，妄使我重蹈苏联覆辙。

一是掌控舆论霸权，阻碍中国发展。

掌握着强势传播工具的美国曾毫不讳言："谁控制了舆论，谁就控制了人民的思想观念，谁就控制了整个世界。"其充分利用新闻传播全球化的特征，先入为主，炮制概念，预设逻辑，插设标靶，而后倚仗强大的话语权不惜指鹿为马，将对手置于审判席上。如针对我迅速和平崛起的现状，别有用心提出"中国威胁论"；对我加强南海防务诬为"威胁亚太及世界和平稳定"。为遏制我发展，又希图借助中国解脱自身经济危机，在鼓吹"威胁论"的同时，又抛出"中国责任论"，定位为"负责任的利益相关者"。舆论背后的目的在于最大限度服务于美国与西方的战略利益。2002年3月《华尔街日报》《纽约时报》等相继指责中国利用WTO规则为自己谋取利益，通过对转基因农作物的安全审查规定，"威胁到了美国每年对中国总额达到10亿美元的大豆销售"。通过一番媒体搭台、政界唱戏、商战登场，到2010年，美国大豆已占据大半个中国市场，外资控制了66%的大豆加工企业，80%的进口大豆加工能力，美国俨然成了对华最大的大豆出口国，占我进口总量的50%，迫使我70%大豆企业停产、倒闭，最终丧失了大豆定价权。⑦同类例证不胜枚举，美国为摆脱经济低迷带来的政治压力，通过媒体造势，将人民币当作替罪羊，国会通过了由舒默炮制的《汇率改革促进公平贸易法案》，逼迫人民币汇率提升。继华为对三叶公司（3 Leaf）技术资产的联合竞标失利，在美国媒体"中国怀有敌意收购"的鼓噪声中，美参议院批准了一项关于严格审查海外企业收购美国公司交易的修正案，使中国海洋石油总公司竞购优尼科最终失利。

二是定制话语体系，蓄意煽动骚乱。

被美国政府拨款但依照《史密斯·蒙特法案》从不让美国人收听的《美国之音》，精于新闻议题设置，其专家 W. 多格尔蒂·M. 亚诺维茨称："讲真话的艺术无非在于，不要用赤裸裸的谎言，而是针对每种情况相应地挑选事实。"H. 房龙说："并不是那种实际存在的真实，而是多数人都相信他是真实的情况"。深谙此道的不少美国媒体，十分善于运用强势的话语权定制话语体系，从而影响国际媒体，操纵世界舆论走向。"自由亚洲电台和解放电台通过利用一些流亡者伪造一些从其他国家发出的国内广播，主要报道一些在这些国家国内收听不到的消息和虚假情报。"⑧ 如对中国经常使用"集权专制国家"，于是就有了"持不同政见者"，自然就贴上了"人权记录不佳"的标签，逐渐形成了人们的"刻板印象"。其醉翁之意不在酒，因为在西方的语境中，早已将"极权制度国家"与"共产主义"划了等号。美国在一项 1989 年年底所做的调查显示，有 47% 的被调查者称：宁可投入一场全面核战争，也不愿生活在共产主义统治之下。可见，"共产主义""共产党国家"已被妖魔化的模具重铸了，不仅影响着人们的思维判断，操纵着人们的观念，甚至演化为麻烦和骚乱的根源。以"人权运动"为例，当这种观念与奉行社会主义制度的苏联自上而下的政治体制改革相结合，催生出"特洛伊木马"式的政治反对派，导致苏东剧变；当这种观念与非西方制度的中亚、北非的颜色革命相结合，催生出"阿拉伯的劳伦斯"，导致一场自下而上以民生为诉求的街头革命，使这些国家至今内乱频仍、战火弥漫；当这种观念与我国分裂主义、宗教极端主义和恐怖主义势力相结合，就滋生了肢解国家的威胁，导致"藏独""疆独"的猖獗，直接触发了拉萨"3·14"和乌鲁木齐"7·5"严重打砸抢烧事件，而在达赖集团和热比亚身后，均有美国舆论这只"看不见的手"在推波助澜。

三是挥舞双重标准，为战略利益开道。

美国利用强大的舆论软势力，将自己打扮成"天定命运"的支配者，当作向全世界播撒"普世价值"和"多党政治"的天使，自诩为"伟大的民主国家"。另一方面则充当世界警察，舞动"人权高于主权"的大棒，动不动就横加指责甚至动用武力干涉他国内政，力图形成美国治下的世界秩序。从 20 世纪 90 年代开始，美国国务院《国别人权报告》每年对包括中国在内的不少国家人权状况说三道四，却从来不自我反省。美国在 150 个国家驻扎了特种部队，在 38 个国家建有 725 个海外基地，在近十几年中发动了 40 多场对外战争，美国媒体对此均称作"人道主义干涉"。入侵伊拉克，是美国释放了 600 万条有关"伊拉克拥有大规模杀伤性武器，萨达姆政权与'9·11'事件有关"的虚假信息，于是 34% 的美国人支持这场正义的"解放战争"。美国以人权卫士自居，但维基解密和"棱镜门"事件暴露出美国政府部门在国际上严重侵犯人权的嘴脸。美国所谓的"平衡新闻""真实报道"具有鲜明的选择性，一切唯美国利益马首是瞻：如读到西藏，总是疏漏了"中国"二字，一味美化十四世达赖，却只字不提西藏的社会发展，经济生活的变迁。明明是美国在搞重返亚太的战略再平衡，插足亚太地区事务，反倒一味抨击中国增加海上防卫力量，不断挑起南海争端。在这种蓄意歪曲的报道中，煽动起排华、敌华的情绪，造成国际社会的误读，中国自然就被妖魔化为美国利益的最大威胁者和竞争者。

四是玩弄"制度归咎",旨在和平演变。

美国从骨子里不愿看到中国的强大,出于其对中国社会制度的深刻敌意。苏东剧变,冷战结束,美国更是将自己的价值观当成普世标准,宣称是"意识形态取得的胜利"。"向态度坚定的人灌输令他怀疑的理念对于我们而言是最重要的工作,而且这样的工作并不少见。"⑨把非西方制度国家特别是中国都贬损为存在缺陷、违背人类本性、需要民主改造的国家。面对中国的日益发展强大,"崩溃论"已失去市场,于是改为软硬兼施、诱逼结合的谋略。一方面将中国发展中的问题统统归咎于"一党执政"的制度弊端,蓄意贬损,一方面极力推销美国式民主,诱使中国改弦易辙——中国惩防结合查处腐败贪官,西方媒体称系"内讧斗争",是极权政治产物;我国务院公布放宽外国记者在华采访的限制,美国媒体却称"这些措施意义不大,只是作秀";中国立法机关颁布《突发事件应对法》,美报评论为:该法案提供了一个强有力的工具,来限制对于疾病、动乱、罢工、安全事故等官方不愿公开的新闻报道。于是,无论是中国的计划生育、言论自由、食品卫生、宗教信仰、人权状况等均与"专制体制"挂钩,不管是甘肃沙漠化、河南艾滋病、北京劣质煤、江苏蓝藻事件和山西煤窑安全事故,无一不被西方媒体放大,作为"制度归因"的佐证。

与此同时,美国广泛实施文化冷战战略,将其价值观巧妙嵌入物质消费、生活方式、学术交流、人际传播、教育熏陶等多个领域,进行"以文化人,内化于心"的精神入侵。"在资本主义全球化的时代,当我们提起好莱坞电影,唯一的评价就是:它是无可争议的最知道如何将自己和自己的世界观强加给全世界的电影。"⑩"'好莱坞制造'更是首先要强加给你一种思维方式。因为美国意识形态已经被彻底地植入好莱坞电影的形式和结构之中。"⑪正如克林顿指出:"我们的政策将是谋求和促进中国出现从共产主义到民主制的广泛的和平演变"。而美国的这种"文化登陆",正是在我国社会结构转轨、阶层分化、各类矛盾凸显、文化重组的背景下乘虚而入的,挟带着物质文化消费大潮与信仰危机的巨大冲击,正在侵蚀和摇撼着中国的信仰根基,任由这种"西风东渐",则会形成对国家意识形态的严重威胁,继而瓦解中国的社会制度。

那么,如何在美国"西化""分化"的国际语境下突破重围,为中国的和平崛起创造客观友善的舆论环境,重塑并树立良好的国家形象呢?首先取决于正确的国家形象观:国家形象不是虚拟的,而是现实具体的,不仅体现在国家内政外交的大政方针上,而且显示在一个个事件处理的态度和方法上。它不仅仅靠国家硬实力的堆砌,而是包括软实力在内的国家综合实力,特别是国民素养、政府效率、文明开放程度和国际信誉。它不能仅靠国家首脑、政府高层少数人负责构建,而有赖于各级官员、各个组织和每位公民分担。"国家形象、匹夫有责",要树立全社会的"国家形象"意识,每个公务人员和公民都要具有强大的民族荣誉感和国家形象的自豪感。要勇于任事,敢于担当,而不是封闭、保守、沉默、退让。一事当前,以国家利益为上,局部服从全局,地方维护中央,像爱护眼睛一样珍惜国家形象,像保护母亲一样维护邦国的尊严、捍卫国家利益。要明确国家形象的树立,不仅靠我们去做,还要靠我们去说。不仅多做,还要善说,而不是任人评说。不仅赢得国内民意,更要善于通过媒体树立国家形象,增强国际影响力。要从国际传播的战略层面提升整个国家的话语能力,逐步建立起与国家经济社会发展相匹配的传播实力，树立与综合国力相对称的负责任大国的形象。

应当看到，改革开放使中国站在了全球化的门槛上。我们经济实力的一条腿已经迈过去了，但软实力这条腿还在拖累着我们，国家形象落后于经济发展速度，就像一条腿粗一条腿细的跛足巨人，即便迈过门槛也会站立不稳，更何况在现代化这条路上，还有荆棘、陷阱和隐藏在后面的敌手。因此"有利于国家形象"的舆论引导绝非一句口号，而是要扎扎实实做好以下几方面的工作：

一是从全球化的思维视角，创新便于为世界接受的话语体系。

扬弃传统思想观念，改变话语方式，善于"世界语言，中国表达""本土故事，国际表达"，用全球化的视野理解世界，从拥有共同的危机感、责任感的大国胸怀参与国际事务，影响国际格局，发出中国声音。不要刻意在传播领域划出意识形态的"楚河汉界"，而是融入其中，"师夷长技以强己"，"着力打造融通中外的新概念新范畴新表述，讲好中国故事，传播好中国声音。"⑫善于把握国家利益与国际传播规律之间的契合点，善于用文化的方式推送理念，善用中性客观报道，强调对外报道的国际属性，实现主体与传播手段、传播效果之间的协调，讲求针对性的有效传播，使中国语言能够为不同社会制度、不同文化背景、不同理念信仰的人所接受。习近平总书记强调，我们国家发展成就那么大、发展势头那么好，我们国家在世界上做了那么多好事，这是做好国际舆论引导工作的最大本钱。我们有本事做好中国的事情，还没有本事讲好中国的故事？我们应该有这个信心！由此，善于将国家形象人性化、将事实情感化，将政治价值转为新闻价值，将宏大叙事变为"真实的、有细节的、生动的、鲜活的、有情节的故事"，并且敢于利用差异化的品牌战略，以我为主，打造不同于西方视角的国际新闻，开放吸纳各种于我有益的国际传播方式，最终实现合作共赢。

二是从国家政权和意识形态安全的高度强化软实力建设。

如果说民族独立解放使中国人站起来，改革开放使中国富起来，在全球化进程汹涌澎湃的今天，我们更应当把形象亮出来，把声音喊出来。但是这个话语权不是天上掉下来的，也不是人恩赐的，而是通过软实力的建设，锲而不舍积累起来的。

所谓软实力是"一国吸引和说服别国服从你的目标，从而使你得到自己想要的东西的能力"。而国家软实力主要来自三种资源——文化、政治价值观和外交政策。当前，我们正处在制度不断完善的"带问题"发展阶段。作为执政党，没有不可示人的私利，没有必要刻意回避某些尖锐问题，完全可以用坦荡的胸怀面对世人。这种自信应表现在内外两个方面：一方面是各级政府组织面对公民要善于开诚布公，坚信公开才有力量，敢于说出"沉重的"真相，敢于刮骨疗毒，触击体制深层隐患，敢于让百姓说话乃至"拍砖"，在满足公众各项权利的过程中，获取人民发自内心的认同和信任；另一方面，则是面对国际受众，特别是外国媒体和记者，也同样具有开放的胸襟，善于在对话交流中介绍国情，诠释国策，增进理解，化解隔阂。对此我们无论从话语空间或内容上都"大有说道"：悠久的中国历史，唯独没有殖民史；博雅的中国文化，一向包容吸纳，即便是异质文化，也能"和而不同"，使外来文化逐渐"华夏化"。你来"化"我，我亦可以"化"你，何惧之有？关键取决于制度的优越和文化的强大。对此我们具有充分的自信：近四十年时光中，国人励精图治，赢得举世瞩目的经济发展奇迹，事实不仅证明中国道路的强大生命力，而且创造出"以人为本、科学发展"的理念和经验，出彩中国人和精彩中国事俯拾皆是，关键在于如何将一流的业绩用一流的方式表达出来，善于借助传媒把扭曲的形象矫正过来，将颠倒的舆论再颠倒过来。这其中的关键是着力建构适应传播规律、为公众乐于接受的主流话语体系，用富有人文色彩和有思想、有温度、有品质的语言，有效影响社会公众；用令人信服的科学思想阐释时代问题，回答困惑；用话语艺术旗帜鲜明地应对各种社会思潮的挑战。这不仅是国家形象的重塑，更是在意识形态领域增强社会主义制度的影响力、竞争力，为人类社会发展提供可资借鉴的路径和经验。

三是从服务于"走出去"的国家战略需要，优化提升国家形象。

应当看到，国家形象的改善与国家经济发展相辅相成。中国以无可争辩的综合实力参与全球治理，更需要向世界全面说明我们的治理理念。我国"一带一路"重大战略决策的实施，给古老的丝绸之路赋予了新的时代意义，更需我们舆论先行，传播开道，新闻护航，承载起和平合作、开放包容、互学互鉴、互利共赢的精神，为全方位开放的国际新格局服务。这就需要我们首先要积极有所作为，充分发挥国家智库和民间智库作用，形成政府主导、内外合力的对外传播新机制，精心打造有国际影响力的传播品牌，在释放善意的同时，也要营造起面对敌对势力的强大舆论反制机制，先声夺人，善为善说，驳斥谬论，化解误解和猜忌，在接受国际规则、适应规则并逐步参与制定规则的过程中，加大话语权，争取定义权。其次要树立全民的"国家形象"意识，从孩子抓起，培养和造就大批具有强烈国际意识的对外传播人才。中华民族从不缺乏话语基因和其文化传承，早在春秋战国就有捭阖折衡的纵横家和大批的雄辩之士，类似《说难》《答客难》的典籍汗牛充栋。面对今日世界"西强我弱"的舆论压力，我们需要大批通晓传播公关之道的有识之士为国家代言；需要具有复合型知识并兼具个人魅力的职业新闻发言人担当形象使者；需要众多激扬文字、指点江山的专栏作家、评论家和演说家；需要更多的教育文化团体、民间组织、精英人士乃至普通公民走出国门，介绍国家的进步与政策的效果；需要海外华裔同声相应，积薪助燃，通过文化的传播与交流，树立国家良好形象，创造友善舆论环境。最后要加强国家主流媒体的对外传播，积极谋求利用社会资本，建立起新型的跨国媒体集团，逐步建立覆盖全球的国际传播体系。打破西方发达国家的信息垄断，突破美国西方对话语权的控制。2009 年由新华通讯社牵头，举行了首次世界媒体峰会。同年 11 月 23 日，中国形象广告片已登陆美国有线电视新闻网的相关频道。当年年底新华社正式开播中国新华新闻电视网（CNC），通过卫星向亚太地区和欧洲部分地区播出英文频道。2011 年，新华社租下美国时代广场醒目的电子广告牌播放中国节目。2011 年 9 月 14 日，中央电视台英语频道在美国时代华纳有线电视公司平台正式播出，标志着直接向美国千万电视受众播出节目。与此同时，中国国际广播电台也推出了多语种全媒体平台网站。在加强以我为主的报道同时，国家也在影响和引导国际主流媒体的对华报道。在发挥传统媒体作用的过程中，也要充分利用互联网等新兴媒体的功能，我国已加入国际互联网组织，以 2014 年在乌镇举办世界互联网大会为标志，我们正在积极推动网络国际平台建设，发挥其"最大话语平台"的优势，伴随"中国制造"在全球的强大，使"中国形象"闪亮登场，使"中

国话语"风靡天下。习近平于 2015 年 12 月 16 日在第二届
世界互联网大会开幕式上阐述"凡益之道，与时偕行""天
下兼相爱则治，交相恶则乱"，摈弃零和博弈，在互联互通
中共享共治。令人关注的是，不少民间资本也开始跻身国际
传播领域，如民营公司蓝海电视专注于中国内容、全球传播
非官方 24 小时全频道英文媒体，是目前进入西方主流社会
最具规模的关于中国内容的电视播出媒体。蓝海电视制作人
马仓告诉笔者："2013 年 8 月 21 日 0 时，在美国 MH25 频道，
中国蓝海电视正式取代半岛电视台，在华盛顿特区以及排名
全美电视市场前 20 名一半以上的城市播出。"

有利于社会稳定和人心安定——公正在先

社会稳定和人心安定靠什么？传统的观点认为靠经济增
长、靠有权威的政府和强有力的国家机器就可以赢得长治久
安。因为"仓廪实而知礼节，衣食足而知荣辱""宁为太平
犬，不为乱离人"，人们只要有饭吃、有衣穿就不会造反。
有强力部门的控制，就不会有反对派的立足，即使有图谋不
轨者，也可以靠枪杆子、手铐子镇压制服。若是组织地下武
装，也需秘密结党，等待时机，才可能爆发革命，而且这一
过程曲折而漫长……

这一传统革命模式，近年来被中东、北非、西亚等阿拉
伯国家的动乱一举颠覆。

这些国家的经济并没有走向崩溃的边缘，其领袖多是顶
着历史光荣桂冠的长期执政者，这些国家的军队警察训练有
素、装备精良，面对的造反者既非外来强敌，又非恐怖势
力，而是手无寸铁的街头民众。

让我们回溯到这场大动荡的起点，深入剖析其过程，找到问题的答案。

2010年12月17日，26岁的突尼斯失业青年布瓦吉吉因无证经营，被女行政官法蒂娅罚款。布瓦吉吉因受辱到市政厅求诉未果，遂将一瓶汽油浇在身上自焚身亡。这起偶发事件迅速以燎原之势，波及全国引发起整个中东的街头革命。在不到一个月时间内，突尼斯总统本·阿里出逃，埃及总统穆巴拉克受审，也门萨利赫政权摇摇欲坠，巴林、沙特、约旦、阿曼、摩洛哥席卷抗议浪潮，阿尔及利亚和叙利亚被迫取消紧急状态法，利比亚内战烈火熊熊，总统卡扎菲惨死于兵乱。

纵观中东突变，原因有三，即不公、不均和不满，最终由网络引爆点燃。

所谓不公，指这些国家制度僵化，高度腐败，已形成以权力为中心的权贵垄断经济。本·阿里的大女婿家中蓄养孟加拉猛虎，花天酒地，其妻外逃时还携带着1.5吨黄金。埃及总统穆巴拉克富可敌国，其家族占有700亿美元的财富，其他官僚政客掌控的财富是本国国内生产总值的15倍，在国内政治矛盾堆积如山的形势下，独裁者又拒绝改革，民怨便如岩浆在地下涌动奔突。

所谓不均，指这些国家经济总量虽在增长，但存在严重贫富差距。阿拉伯诸国三亿人口中贫困人口达7300万，每年还要新增失业人口1000万。突尼斯失业率为13%，其中青年占51%，埃及失业率为9.4%，每年有400万失业者，贫困人口达2800万，占总人口的40%。正是大量贫困的底层力量构成了这场革命的主体。

所谓不满，是民怨郁积、信任危机。贫困不能绝对引起犯罪，贫困而不满倒会产生犯罪。受西方思潮影响成长起来的阿拉伯国家青年一代，已不再对权威偶像顶礼膜拜，公民社会非暴力反抗的理念深入人心，强烈的怨恨对立情绪使反政府的示威游行此起彼伏。仅以埃及为例，2007年表达民主诉求的聚众游行达283次，2008年上半年则高达600次。虽然这种局部、分散的反抗并不足以形成撼动政权的骚乱，但已是大量的可燃物堆满在社会各个角落。

所谓网络引爆点燃，即互联网成了这场革命的强大引爆器。新兴社交媒体所具有的互动共时性、聚合裂变性，使其成为罪行的揭秘者、运动的煽动者和行动的指挥者，瞬间形成了不可抗拒的社会风暴，将强力政权摧枯拉朽般顷刻推倒。因而这场史无前例的大动荡又被称为"维基革命""脸谱革命"，或唤作"阿拉伯的劳伦斯"。⑬

首先是网络的"零时差共享"性，使"维基解密"一马当先，将本·阿里一家穷奢极欲的生活场景暴露于光天化日之下，强烈的视频冲击力激发人们不约而同走上街头。卡塔尔半岛电视台在开罗广场直播埃及"警察日"驱赶人群、拘捕记者的镜头。一个名叫玛什赫德的网民不断发送警民对峙的图像，很快演变为示威者群发视频的平台，使成千上万的人既是信息的接受者，又成为身临其境的参与者。微博和推特又在其间利用传播的"零风险"呼风唤雨，"一个网络就是一个有号召力的政党"，埃及的"4月6日青年运动"，突尼斯的"阿里"网友组织，利比亚的"You Tube"视频网应运而生，他们推出纲领，打出旗帜，号召"走上街头，占领广场"。意见领袖、幕后推手则推波助澜，发出"我们都是赛义德（被警察打死的商人）！""结束政权！""推翻暴政！"的口号。于是，这个"阿拉伯的劳伦斯"将无数信息碎片聚合成舆论风暴，将散居各处的"复仇女神"召唤到"神圣广场"，使示威变为抗争，街区变为堡垒，对峙化为燃烧，他登高而呼，应者云集，最终导演出一场交互激荡、跨越国界、震撼世界的动乱，给阿拉伯相关国家造成难以治愈的创伤。

中东突变，可以说是以广泛强烈的社会不满为基础，以强大的底层社会为推动力，以新兴社交媒体为动员武器，以街头革命为主要形式，由民生问题转化为民权诉求，最后形成反腐败、反专制的一场革命。

中国不是中东，无论制度组织、社会结构、历史进程、文化心理都不可同日而语。这也是西方试图让"颜色革命"在中国重演成为黄粱美梦。但阿拉伯之变对我们却具有深刻的警醒作用：一方面，都同样处在美国西化分化的国际大背景下。另一方面，与中东这些国家相比，我们也存在贫富差距扩大，腐败大案频发，群体性事件增多等问题，也同样面临互联网新兴媒体带来的挑战，尽管二者是不同质也不等量的矛盾，但值得我们深长思之，因为中国也正步入风险社会，结构变革不仅释放巨大能量，也会带来震荡和麻烦。由于阶层、利益分化引起的疏离和摩擦，而文化整合又相对滞后，易于形成社会失衡、失调、失序，使得利益被剥夺者的极端化情绪潜滋暗长，一些地方政府片面追求政绩的价值取向又与公众对"不公""不均"现象的不满形成激烈碰撞。这些矛盾冲突，若缺乏制度性的安排与回应，就会以非常态的途径宣泄出来。这就是为什么一方面我们的社会高歌猛进，群众却牢骚怨气不断；综合实力日益强大，公众的信任感却逐渐疏远；我们一直强调为民惠民，可局部问题和舆论危机事件还时有出现。特别是在网络汇聚扩大、交叉叠加的作用下，一般事件可以迅速升级为网上群体事件，局地事件可以裂变为影响稳定的社会事件。在这一过程中，不乏境内外敌对势力借机操纵舆论，推波助澜，使社会阴暗面被放大，社会关系被撕裂，政府形象被丑化，社会离心倾向加剧，形成主流意识形态逐渐被消解甚至边缘化的危险，使社会发展付出巨大的治理成本和高昂的代价。

维护社会秩序的根基在于信任，而支撑信任的最高价值是公平正义，实现公平正义就必须对现存的机制体制革故鼎新，而真正的变革又势必打破表面的稳定。但阵痛过后，我们会赢得长久而深层次的稳定，因为真正的稳定，在于发自每个人内心的价值认同，是对命运共同体的坚定共识。只有当这个社会与每个人休戚相关、血肉相连、成风化人、聚力凝心，人们才会从心底产生对国家的敬仰与尊奉。

在广西容县，坐落着闻名遐迩的我国古代建筑史上罕见的一颗明珠——真武阁，它历经 400 余年风雨沧桑仍岿然屹立，相比其他已重修多次的名楼，其建筑的奥秘在于：它的根基坐落在沙基的软地上，有缓冲余地；楼阁内榫卯结构间留有缝隙保持晃动中的张力；还有多根内柱，竟然悬空于柱础寸余，靠塔翼飞檐的重重牵引，在互抵相持的微动中巧妙达到了平衡。因而被梁思成称为建筑史上"利用两种推力相互对抗保持平衡"的例证。

这种动平衡的现象启示我们，在各种矛盾的交织碰撞中，通过不断微调和导控，避免刚性的挤压，实现动态中的平衡，是一种最稳定的状态。

要实现动态平衡，就需要透视社会病灶，兼顾各阶层利益，公正在先，科学发展。

应当看到，党中央正在采取一系列的方针政策，在坚持改革方向、问题导向中不断用公平正义化解历史与现实的各类矛盾。因而，稳定是中国社会的主流，是常态的、全局性的；但正由于发展的不平衡和干部实现政绩的偏好，忽视和侵占了公众的利益，加之施政不公开，诉求不通畅，酿成怀

疑、逆反和对立。因此，不稳定是局部的、个别的、相对的
和可逆的，通过真诚沟通、说服引导、平衡权益是完全可以
解决的。

基于动态稳定的需要，就要充分发挥和运用媒体和舆论
的压舱石作用。因为传媒是社会的传感器、气象台和气压
表，可以观测风雨云晴。它同时又是润滑剂、泄洪闸和减震
器。"物不平则鸣"，"鹤鸣九皋，声闻于天"，创造公平的话
语空间，进行透明语境下的话语沟通，让利益攸关者参与利
益决策，让服务对象充分享有知情、表达的权利。让人们在
获取信息中充分考虑他人的利益，使社会利益在公平中合理
转换，从而赋予政府决策理政的合法性与权威性。

动态稳定的核心是公正，而公正源于公开。因为公开才
是公信力的基础，向公众权力公开、责任公开、个人事项公
开。公开的越多，不公正的空间就越小，见不得光的事情就
会越少，权力就越值得信任。公开还是监督的前提，权力运
作只有在公开中才有边界，为所欲为者则会在阳光下显形，
权力的专横才会止步于制度的门槛。公开还是自我革命的良
药，敢于无情揭露自身问题，自觉纠正发生的失误教训，是
马克思主义政党的重要标志。马克思说："要对付这一切阴
谋诡计，只有一个办法，然而是具有毁灭性力量的办法，这
就是把它彻底公开。"⑭列宁指出："应当开诚布公，应当有
勇气说出实际情况"⑮，"公开揭穿是一把利剑，它自己可
以治疗它所带来的创伤。"⑯有了错误敢于正视，出了坏事
自己说，也不怕人家说。孰不知公众心理承受力远比我们的
想象大得多。负面事件越公开，公众就越放心，因为看到了
政府的态度，更具有了向心力和自信心。公开更是制度创新
和提高社会治理能力的应有之意。政府信息公开，施政透
明，必将给社会注入源源不断的民主增量剂。党的十八届三

中全会提出，"更加注重健全民主制度、丰富民主形式，从各层次各领域扩大公民有序政治参与"。民主参与越广泛，表达就越充分，信任感就越强，政权才越有力量。要坚信群众大多数是通情达理的，只要带着感情用知识启迪、道理说服、科学证明、法律为据做群众工作，以兼顾各方利益关系的胸怀引领全社会达成共识，就能在动态有序的过程中，缓解矛盾分歧，形成推动、促进和保持社会稳定发展的合力，抵御西化分化的风险。

有利于突发事件的处置——公信至高

何为突发公共事件，根据 2007 年 8 月 30 日通过的《中华人民共和国突发事件应对法》规定，指"突然发生，造成或者可能造成严重社会危害，需要采取应急处置措施予以应对的自然灾害、事故灾难、公共卫生事件和社会安全事件"。突发事件一旦发生，如何做好应急处置，有效控制事态发展，怎样进行舆论引导，使负面影响降到最小化。首先取决于看待突发事件的态度，其次是方法与机制。突发事件有时无法抉择，但态度可以选择，而只有正确的态度，才有科学的方法。天灾人祸突然降临，是人们最不愿看到的事情，出了坏事就会打破平静，造成危害损失，引起公众恐慌。于是，负有维护社会安全之责的政府自然不希望此类事件的发生，但现代社会不仅带来繁荣，也带来风险和麻烦。中国本身就是地震旱涝灾害频发的国家，卫生疫情的出现也往往不以人的意志为转移，经济高速运转生产生活领域急剧扩张，增加了各类事故灾难的几率。特别是由于社会矛盾凸显，利益诉求激化引起的社会安全事件也时有发生。这种现象与计

段l

划经济超稳定时期的状态大相径庭，若以昨日静如止水的标准衡量现代社会，定显偏颇与谬误。按此逻辑就会提出"不出事"、甚至"小事也不准出"的刚性标准。这种静态的稳定观将直接导致两种恶果：一是出了事人为掩盖真相，以控制信息的手段遏制负面影响使之最小化；二是过度反应，以强制手段打压控制事态，致使负面事件激化、蔓延和扩大。两种做法往往造成事发后严重的次生灾害。

贵州瓮安事件，源于该县三中初二年级女学生李某某自行溺水，死者家属向其他三名一起玩耍的学生家长索要50万元赔偿遭拒，加之警方调解工作方法简单粗暴，家属产生"警方偏袒嫌犯"的错觉，将李某某尸体放置河边拒葬。整整六天六夜的停尸，引发大量群众围观，2008年6月28日已聚集近万人，但无人告知公众死者自杀的真相。于是，"真相不出现，谣言就扩散"。谣传之一，李某某是被奸杀后投入河中，她成绩优秀，中考时拒绝给朋友王某抄袭，王某唆使另外两个男孩将其奸杀，投尸河中；谣传之二，与李某某在西门河桥现场的三名男女，一名为公安厅某领导的亲戚，一女为县委书记的亲生独女，背景特殊，故不立案；谣传之三，李某某家属拒绝与警方配合，警察硬拖尸体，凶手与公安机关试图焚尸灭迹；谣传之四，李某某遇害，其爷爷奶奶被打住院，母亲被打伤，叔叔李某某被活活打死在刑警队。这些谣言迅速传遍这座只有八万人居住的县城，使长期积蓄的不满情绪集中爆发，数万人冲击县委、政府和公安机关，在持续7个小时的打砸抢烧过程中，县委办公楼被烧成废墟，42辆车辆被烧，39名民警和80多名群众受伤。就在烈焰滚滚、警民对峙的紧急状态中，赶到现场的省政法委书记要求当地县委书记王某发表电视讲话，告知群众真相。这位书记却12个小时未能面对镜头，失去了最后疏解民怨的机会，酿成震惊国内外的突发事件。事后调查，打砸抢烧涉案的 266 人中，130 名都是中学生，其他人中有房地产开发中的被拆迁户、水库移民、矿产开采污染的上访户以及无业游民，常年积累的怨气与诉求，借偶发事件宣泄爆发。

无独有偶，2009 年 6 月 17 日晚 8 时许，24 岁的酒店厨师涂某某突然从湖北省石首市永隆大酒店高楼坠下，警方鉴定为跳楼自杀，家属提出疑义，因为事前无任何自杀迹象。而警方提供了涂本人的遗书，认定是厌世轻生，法医鉴定需要从酒店运走尸体解剖，又遭家属拒绝，此时，"年轻厨师跳楼自杀"的消息不胫而走，得到各种传闻的市民不断向永隆大酒店聚集，并在一些路段设置路障。为阻止警察"抢尸与强行火化"，群众用椅子将酒店大门堵上。当地镇政府与派出所出面与涂家谈判未果，事态升级，赶来增援的警察遭到群众砖头、啤酒瓶的袭击，到 20 日下午，数万人聚集，有人在永隆大酒店纵火，警车被掀翻，火势迅速向高层蔓延，局面彻底失去控制，直到 20 日晚间，大批警力赶到，强力驱散人群，事件方初步得到遏制。

事件爆发的过程中，不仅警方沉默，当地主流媒体也缺位失语，直到 6 月 19 日，当地政府网站才发出题为《我市发生一起非正常死亡事件》的简短消息；直到 6 月 20 日，才发表《致全市人民的公开信》，呼吁广大市民保持冷静，不信谣、不传谣。但政府的公信力已经大打折扣。6 月 22 日，有人在酒店背后沙堆上发现使用过的注射器及包装纸，被怀疑是酒店内吸毒用具。同时，"酒店又挖出两具尸体""下水道看到骷髅"的谣言在石首广为流传，使人联想逍遥法外的酒店背后必有黑幕。于是再度形成数百人的聚集，直到政府部门组织了部分群众代表进入酒店详细勘察，人们这才在谣言证实之后逐渐散去。

6 月 25 日，石首市政府方才做出经权威部门及专家认定的尸检报告，确认死者系高坠自杀身亡。迟来的结论驱散了石首上空的阴霾，自事件发生的整整 80 小时中，石首"失守"，几乎淹没了政府的声音，群众获取信息多来自网络或传言。在这 80 小时中，政府断续发出了三篇新闻稿，而仅在一个网站的贴吧中就出现了 500 个相关内容的发帖，还有多段手机拍摄的视频现身播客网站，起着推波助澜的作用。

透明度决定公信度，公信度决定稳定度，真正的稳定在于人心。

笔者曾在瓮安调查，一位 82 岁的离休干部、共产党员陈文清介绍说："干部对人民群众的感情太淡漠了，革命传统丢的差不多了。"95 岁的老红军罗明贞说："历朝历代土匪不敢烧衙，可见怨气太大，他们不是推翻政权，而是对剥夺了利益的不满。"与瓮安相邻数百千米的四川省汉源县，2004 年爆发了瀑布沟事件，由于当地水库移民的补偿不合理，反映诉求的代表又被拘押，数万名愤怒的群众将大型机具推入江底，抬尸游行，并冲击包围了前去做工作的省委主要领导及工作组，迫使工作组在夜色掩护下撤离。距这里 4 千米之外，正是波涛奔涌的大渡河。石达开在此兵败身亡、而红军 22 勇士则在百姓助力下在此飞夺泸定桥，粉碎蒋介石歼灭红军于大渡河以南的企图。历史的偶然中透着必然，教训中含着隐喻。当群众有理找不到说理的地方，有怨气找不到宣泄之所，出了事情又不告知真相，于是再度验证了古训："防民之口，甚于防川，川壅而溃，伤人必多"的道理，"上帝之口"就可能变成"上帝之手"，当年可以使舍生忘死的红军绝地逢生，今天可以用愤怒的火焰点燃起突发事件。

近 40 年来改革开放的急行军，经济高速发展，社会矛盾逐渐堆积，城市化将城镇人口由 17.9％剧烈增加到

45.7%，近 4000 万农民离土进城，城市 2800 万国企职工下岗再就业，数千万退伍军人返乡，2.6 亿流动人口从穷乡僻壤走进大小城镇，每年数百万大学生需要就业，每年法院受理民事诉讼案件达 1000 万起……市场经济的深入发展与利益格局的深刻调整，带来了群众维权意识的空前高涨，表现在知情范围不断扩大，表达空间不断拓展，监督权利日益增强，参与程度不断提升。这些充满生机与活力的变化，与政府职能转变的滞后形成强烈的反差。加之两极分化贫富不均形成的被剥夺感，由于部分干部的官僚腐败之风导致公信力的流失，不满与怀疑的情绪十分易于转化为非理性的宣泄，在新媒体作用下，又十分易于演变为向管理主体发难的动员力量，而矛盾爆发，又十分易于将管理者推向对立面，由于处置失当，又十分易于酿成对社会秩序造成重创的群体性事件。为避免冲突和风险，就必须树立现代社会的治理理念，由官治民从，转变为官民共治，使公民直接参与公共协商，通过民主法治途径化解矛盾、舒缓社会情绪，畅通诉求通道，俯身倾听民声，坦诚面对公众，在告知人民真相中重获公信力。新华社原总编辑南振中曾尖锐指出："突发事件只有不发布或者迟发布而造成被动局面的典型案例，没有因为及时发布而造成不良影响的典型案例。"美国社会学家奥尔波顿和波斯特曼提出关于谣言产生的一个著名公式，即谣言＝事件的重要性 × 暧昧性。他指的暧昧性就是政府在真相面前有意掩盖，等于生产谣言，并让谣言挟裹公众，造成更大范围的恐慌。不仅如此，这种愚蠢的做法，还会给本已十分脆弱的政府公信力雪上加霜。

如前所例，2005 年 11 月 13 日，发生在吉林省吉林市吉林石化分公司双苯厂苯胺车间的爆炸，使 100 吨苯类有毒物质造成松花江流域水污染。吉林市环保局谎称水质未变

化，现场及周边无有毒气体，黑龙江省哈尔滨市继续编织
"市政供水管网设施进行检修，并停止供水"的谎言，突如
其来的政府公告让哈尔滨市民惊慌失措，一时谣言四起、人
心惶惶，甚至讹传哈尔滨要发生地震。恐慌中的人们纷纷奔
往超市抢水，纯净水从每箱9元涨到30元。仅一天一夜，
哈尔滨市民就购买了1.6万吨纯净水，谣言愈演愈烈，不少
哈尔滨市民甚至举家逃离哈尔滨市，该市50多架次的航班
机票，一天之内涨至全价。如果不是俄罗斯边境城市发现水
污染照会我外交部门，这种隐瞒还远不会终结。

　　2010年1月6日至13日，山西地震局对全省地震应急
预案专项检查，许多部门进行了应急演练。此后，陆续出现
了"山西境内将要发生大地震"的谣传，省地震局发布200
余条辟谣声明，称"专家未作出任何山西境内近期发生破坏
性地震的预测意见"，当地媒体跟进辟谣，但收效甚微。2
月20日，人们疯传一条短信："家人们，明天早上六点以前
太原地区有地震，请大家一定要注意，并转告身边的朋友，
切记!!!"2月21日凌晨，太原、晋中、长治、晋城、吕梁、
阳泉六地几十个县市出现奇观：成千上万人扶老携幼冒着严
寒来到公园街道等空旷地带"等地震"，一时间人头攒动犹
如盛大集会，在寒风中等了5个小时之后，直到早上6点多，
地震部门反复澄清谣言，人们才慢慢撤离。政府的公信力不
足，加上辟谣信息与谣传严重不对称，导致了大面积人员的
惶恐。

　　同年的河南省杞县发生了"钴60"事件，对一起本无
危害的机械性故障，由于当地政府未能及时发布信息，致使
"钴60要爆炸"。"原子辐射"使人不孕的谣言引发了县城及
城关镇近20万人大逃亡，纷纷涌至邻县市避难。

　　谣传江苏省响水县陈家港化工园区大和化工企业2011

年 2 月 10 日要发生爆炸，导致陈家港、双苍等镇区群众在惶恐中离家出走，上万名群众出逃，并引起车祸，造成 3 人死伤。

日本福岛 2012 年发生七级地震，海啸引发核泄漏导致中国谣传食盐紧缺，不少大中城市再度爆发抢盐风波……

人类的恐慌，来自于个体对自己生存环境、生存状态乃至生命的不确定性，包括对灾难的未知和不可抗拒性。因此，当风险降临时，人们急迫需要知道自己所处的真实状况，期盼"抱团取暖"，以获得相互心理的慰藉和依赖，疏缓和抗御内心深处的无助感。同时还会衍生出对真相的焦渴与探求，如果得不到满足便会转化为非理性的猜测、夸大与愤慨，继而投射为谣言，谣言有时也是一种排解恐惧的消极反应。

政府是为公众守夜的更夫，是公众安全的信托人。在突发事件面前的职能是释放真实信息、组织救援、安抚慰问，通过不断公布大量可靠信息满足人们对真相的获知欲，从而进行理性的判断，焕发出积极的集体意识，才能重建安全。因此，任何怯懦、逃避、推脱不仅于事无补，还会因蒙受更大危害而承担更大责任，因为掩盖真相并不能减少恐慌，沉默与暧昧反而是恐慌的催化剂，有第一个谎言，就会接着第二个、第三个，公众一旦感到自己受了愚弄，政府的信誉就会土崩瓦解。

从表面看，突发公共事件的罪魁祸首是谣言，但从深层机理分析，为何信谣不信官，仍是政府公信力的缺失。

2012 年 6 月 29 日，在四川什邡市，由一企业投资 137 亿元的钼铜项目剪彩，据悉这项工程可以产生 104.8 亿的经济效益，给地方财政带来 500 亿的红利，同时解决什邡市的经济转型，满足 3000 人就业，并为地方提供 1.5 万个从业岗位。如此利好项目，已被列入省"十二五"规划，通过了国家环评。不料就在 7 月 1 日，大批什邡群众突然在市内广场聚集，公然反对项目开工，直到子夜时分才被劝离散去。7 月 2 日，大规模的群众又聚集在市委门口，抗议阻止项目上马，并进行了严重打砸抢烧。政府慌忙中组织微博发声，但马上被成千上万的网民和大 V 的议论所淹没。在冲突激化和舆论压力下，当地党委政府表态："绝大多数人反对，项目就不上。"

什邡的钼铜项目不同于 PX 项目，但同属时下一些大型项目"一建就闹""一闹就停"的典型，也是该类事件症结的缩影。其原因之一是行政傲慢，政府沿袭旧制。事前环保局仅一般性向涉及的局部地区发放了 1500 份调查问卷，简单统计归纳为只有 19 人反对、而支持率高达 98% 的结论，其间虽然也通过网络、报纸刊登相关信息，履行了 10 天公布期的形式，但知情面仍然有限，绝大多数公众是开工剪彩仪式时方知如此大规模项目上马。利益攸关者的利益抉择权被拒之门外，担心工程既成事实的群众终以极端方式抗争。原因之二是忽视引导，未尽教育之责，使谣言质疑挟裹了群众。面对公众日益高涨的环保意识，政府除公开不到位，公众参与不充分之外，就是前期知识引导、科学引导缺位。早前就有网民提出对环境污染的担忧，政府象征性地组织了一些座谈会和参观考察，却未能深入到基层、企业、市场晓谕群众。按照常规，钼铜矿的开采生产若严格进行硫化处理，不会影响环保，且据专家提供，什邡项目环保措施处在世界先进水平。但公众对此一无所知，由于事关重大又被置身事外，加上信息滞塞使谣传四起，诸如：会造成方圆百里无人烟，地下水不能吃，寸草不生，成为鬼城……原因之三是政府公信力缺失，导致为环保欠账背书。什邡市长期为磷化工基地，污染严重，如双盛镇就有多达几十处的"天灯"，不断排出五颜六色气体，工业废料磷石膏堆积如山难以转化。政府对此采取"上大关小"的措施收效甚微，面临关停的"五小"企业人心惶惶，公众对政府治污的承诺失去信任，意见建议又缺乏可供沟通的平台，怨愤亦无正常的渠道沟通，于是酿成群体事件。

此后，政府汲取前车之鉴，积极"补课"。一边在建立透明的环保执法措施中取信于民，一边启动包括组织持反对意见的代表到外地参观并进行"四个交代"活动（向上级、群众、媒体和市场交代），由 1021 个宣讲小分队到基层广泛宣讲。

突发公共事件的应急管理经验告诉我们，政府必须将舆情纳入常态的社会管理，将敏感热点问题作为重要信息进行风险评估，将媒体及网络意见建议作为依法行政的资源，将舆论引导作为新型群众工作方式精心耕耘。这是因为政府部门的利益及特殊群体的利益并不必然一致。由于公众与政府间制度化协商的利益表达机制尚未建立，就可能激化为冲突事件。对此党的十八届四中全会明确提出，"健全依法决策机制。把公众参与、专家论证、风险评估、合法性审查、集体讨论决定确定为重大行政决策法定程序"。这就需要我们转变思维方式。变命令为提供，变控制为引领，变封堵为疏导，变删帖为回应，变屏蔽为透明，遇谣言快澄清。因为在突发事件面前，沉默——往往给人以巨大想象空间，等于拱手将谣言请进家门；堵塞——不可能将不良影响降到最低，反而使质疑堆积，导向惊慌扩散；控制——往往加剧危机向不可控的方向发展，控制点将是引爆点；谎言——将对政府的公信力造成巨大透支，代价会超过危机本身。

由危机转化为机遇的关键在于态度——不要将突发公共事件一概看成是绝对的负面事件，有时恰是对旧有病灶的暴露，催生出机体免疫系统的建立；有时它会倒置过来成为制度创新的先声，因为新生事物经常以个案的形式萌发，逐步获得社会民意的基础，而后在政治权威承认下推向全局。

诚然，灾难性突发事件的新闻也必须限定报道的边界，无须每闻必录，有录必发，而是进行科学的议题设置，即按照上述"五个有利于"的原则，以党的大局、国家利益为重，重点发布有利于依法治国，有利于事件处理，有利于人心稳定的信息，尽量减少那些会引起公众恐慌、为暴力行径张目或有违公序良俗的信息扩散。把握事件的轻重缓急，知晓传播规律的阶段特征，懂得先说什么，后说什么，再说什么。"真话可不全说"，但必须做到"假话全不说"。

在突发公共事件面前，只要我们勇于担当、科学处置、正视问题、澄清谬误、直面错误、善用媒体，让公众参与，明辨是非，我们就会让人们看到信心。让我们进一步敞开政务公开的大门，让社会公众广泛地参与进来，在更为广阔的公共空间中平等协商对话。在众说纷纭中赢得公信力，释放正能量。公共价值优先，即全局为重、法律至尊、国家利益至上、公正在先、公信至高，就可以使政府在多元声音、多元利益博弈中获得公众最大限度的拥护与支持，就可以占据舆论制高点，掌握事件定义权，在经济社会统筹发展中最大限度降低和减少冲突和风险。

注　释

① 魏巍从朝鲜战场归来后所著的报告文学，刊登于 1951 年 4 月 11 日《人民日报》。自此，解放军被人民亲切地称为"最可爱的人"。

② 王石、房树民两位记者合写，是 1960 年代著名的通讯报道，刊登于 1960 年 2 月 28 日《中国青年报》。这篇通讯是新闻写作的范文，影响了几代人。

③ 穆青、冯健、周原三位记者合写，刊登于 1966 年 2 月 7 日《人民日报》。该文震动了亿万群众，感动了广大干部，使焦裕禄的形象走进了人民的心中。

④ 陆斗细、杨小云：《近几年来网络围观议政现象研究的回顾与思考》，《湖南师范大学社会科学学报》2013 年第 3 期，第 34 页。

⑤ 引自张国庆《话语权——美国为什么总是赢得主动》一书中引用《北京共识》作者乔舒亚·雷默语。江苏人民出版社·凤凰出版传媒集团 2011 年版，第 270 页。

⑥ ［美］克里斯汀·罗思–艾：《莫斯科的黄金时代——苏联建立的传媒帝国如何在文化冷战中落败》，蓝胤淇、陈霞译，商务印书馆 2016 年版，第 27 页。

⑦ 引自张国庆《话语权——美国为什么总是赢得主动》一书中引用《北京共识》作者乔舒亚·雷默语。江苏人民出版社·凤凰出版传媒集团 2011 年版，第 239—246 页。

⑧ "The U.S -Warts and All" a proceeding of a commemorative symposium on Edward Murrow（Washington.D.C.,October 16,1991），The U.S.Information Agency Alumni Association and The Public Diplomacy Foundation,1992 年，以及 Cliff Forster,The United States Information Agency. 转引自［日］渡边靖：《美国文化中心——美国的国际文化战略》，金琮轩译，商务印书馆 2013 年版，第 60 页。

⑨ ［日］渡边靖：《美国文化中心——美国的国际文化战略》，金琮轩译，商务印书馆 2013 年版，第 26 页。

⑩ ［法］雷吉斯·迪布瓦：《好莱坞——电影与意识形态》，李丹丹、李昕晖译，商务印书馆 2014 年版，第 21 页。

⑪ ［法］雷吉斯·迪布瓦：《好莱坞——电影与意识形态》，李丹丹、李昕晖译，商务印书馆 2014 年版，第 22 页。

⑫ 习近平在 2013 年 8 月全国宣传思想工作会议上的讲话。

⑬ 托马斯·爱德华·劳伦斯，毕业于牛津大学，精通阿拉伯语。1916 年至 1918 年阿拉伯大起义期间，作为英国陆军驻中东情报官前往阿拉伯半岛，协助阿拉伯民族主义力量摆脱奥斯曼土耳其统治，配合英军作战，为阿拉伯国家赢得独立作出了重要贡献，因而被称为"阿拉伯

的劳伦斯"。英国 1961 年曾拍摄同名影片，1962 年上映时引起轰动。

⑭　《马克思恩格斯全集》第 18 卷，人民出版社 1964 年版，第 372 页。

⑮　《列宁全集》第 20 卷，人民出版社 1989 年版，第 35 页。

⑯　《列宁全集》第 23 卷，人民出版社 1990 年版，第 53 页。

06

六个关键环节

如果说，在以上章节，我们研究的是有关突发公共事件的"认识论"，即面临新的舆论环境，我们为什么"有话必须好好说"，重在解决"怎么看"的问题。那么，在解决"怎么看"之后，随之而来就必须解决"怎么干"的"方法论"问题。因为"怎么干"中不仅包含着"怎么看"的观念，还是实现"怎么看"的手段，是完成"怎么看"的桥和船。理念的清醒才能有行动的坚定，才会产生正确有效的方法、规则和机制，才能在突发公共事件的处置与舆论引导中采取"精准操作"和"高效动作"，这是我们以下要探求的重要核心。

2016 年 2 月 17 日中共中央办公厅、国务院办公厅公布《关于全面推进政务公开工作的意见》，明确要求各级政府确定一位政府领导分管政务公开，各级政府及其工作部门办公厅（室）作为政务公开工作的主管部门，要把政务公开工作纳入绩效考核体系，加大分值权重。对涉及本地区本部门的重要政务舆情、媒体关切、突发事件等热点问题，《意见》指出要按程序及时发布权威信息，讲清事实真相、政策措施以及处置结果等，认真回应关切。另外，遇重大突发事件、重要社会关切等，政府主要负责人要带头接受媒体采访，表明立场态度，发出权威声音，当好"第一新闻发言人"。按照这个精神，通过对多起突发公共事件的梳理和反思，我们不难看到，这些事件一旦爆发，就像江涛奔涌，带有巨大的势能，绝不能"兵来将挡""水来土掩"，只能因势利导，顺势而为，才能够挽狂澜于既倒。这其中不仅需要我们的胆略和勇气，更需要遵循科学传播规律，犹如江河的治理，既需要上游的筑坝、拦坝与泄洪，又需要下游的"修渠放水""分段灌溉"，方可化害为益。基于此，须将复杂问题简单化、将抽象理念具体化，使舆论危机化解成为每个政府官员、企业主管和基层干部都能掌握的操作方法。以下便以"六个环节""七种方法""八种方式""九种技巧""演讲十策"分别进行解析和探讨。

首先让我们关注突发公共事件处置的六个环节。

临界 ➤ 爆发 ➤ 扩散 ➤ 反复 ➤ 转机 ➤ 消解

突发公共事件可分为突发型和聚积型两种：前者猝然而发，带有难以预防和不可抗拒性，如自然灾害；后者则有一个矛盾酝酿、发酵和蔓延的过程，如卫生疫情和社会安全事件。下边，我们就一例公共卫生事件进行剖析，从中发现其内在规律和关键环节的演化。

例：8·10 湖南湘潭产妇死亡事件

2014 年 8 月 10 日

12：05 湖南一孕妇在湘潭县妇幼保健院经剖宫产，生下婴儿后，随即出现产后大出血，初诊为羊水栓塞，遂请上级医院会诊，建议切除子宫。经患方同意切下子宫后紧急施救仍未成功，于 21 时许产妇死亡。

2014 年 8 月 11 日

10：26 微博开始出现零星声音，而后在微信圈流传。

2014 年 8 月 12 日

16：15 华声在线湘潭频道报道：产妇惨死手术台，医生护士跑路，医院称已尽力。

17：23 华声在线：湘潭产妇死于手术台，医生护士不知去向，医院称已尽力，并配以视频。

21：29@ 新京报以"产妇死在手术台，医生护士全失踪"为标题转发华声在线的报道，并称：湖南一产妇在湘潭县妇幼保健医院做完剖腹产手术后被院方数次通知家属情况紧急，丈夫等待多时却无人回应妻子状况，当冲入手术室看到妻子赤身裸体躺在手术台，满口鲜血、眼含泪水没了呼吸。而本应该在抢救的医生护士，却全体失踪了。

截至 2014 年 8 月 13 日，此报道被转发 1865 次，评论 2323 次，迅速发酵升级为医患纠纷舆论危机。短短一天半时间，其间舆论演进为：

01：19 产妇裸死手术台，医生护士全失踪，医院避谈详情。

14：14 湘潭妇幼保健院医生谈产妇死亡事件经过。

14：48 湘潭县卫生局回应产妇死亡事件。

15：00 湖南产妇陈尸手术台续：院方否认医护人员失踪。

15：40 湖南湘潭官方否认"产妇死亡，医护人员失踪"介入调查。

18：06 产妇家属索赔 120 万，四次调解均无果。

19：04 产妇死亡事件追踪：院方为避免冲突安排医护人员等待。

危机发酵在一天半之内，而院方的回应则在事发两天半后，官方的调查也在两天半启动，失去了宝贵的第一时间，使事件的报道在传播中严重扭曲，致使一起操作正常难以避免死亡的病例裂变为舆论危机，其真实情况完全被掩盖，经湖南日报报业集团网站华声在线的后续报道，其过程为：

1. 一患者 8 月 10 日上午 11 时许进入手术室进行剖宫产，12：05 产下婴儿，随即出现产后大出血，13 时检验科电话报告：凝血功能异常，纤维蛋白原检测不出，初诊为羊水栓塞；

2. 14:20 患者心跳骤停，经积极抢救，5 分钟恢复心跳；

3. 县院请上级医院会诊，15 时左右，市中心医院会诊专家达该院，认同会诊，建议切除子宫（患者家属希望生二胎起初不同意）；

4. 副院长与患方交待病情并签字后，17：15 切下子宫；

5. 21 时左右，术切后仍未抢救成功，院方宣布患者死亡；

6. 患者死亡之后，副院长与患方在手术室门口沟通，被围攻；

7. 23 时患方强行破门，冲入手术室，此时院方已完成尸体护理，人员撤出。

纵观整个工作流程，院方一直积极施救，多次进行病情告知与沟通。患者死亡后，家属聚集数十人，在医院门口摆灵堂、拉条幅、围攻医院，索要高达 120 万元的赔偿金。

而媒体的第一时间报道，将这部分过程全然隐去，只渲染"死亡惨状"的结果，对患者的死因只字未提，这种选择式的失衡报道，很快点燃了公众对医患事件的敏感与激愤，并迅速演变为谴责院方的舆论风暴，使本来已十分紧张的医患矛盾雪上加霜。

在舆论危机后的 8 月 14 日，湘潭卫生局副局长齐先强宣布：卫生、司法部门介入调查，按法定程序由第三方机构鉴定。经医疗纠纷技术鉴定组与死者家属沟通，20 时左右家属同意解剖并履行了法定程序。8 月 15 日尸体标本被送往广州中山医科大学鉴定，确认患者属羊水栓塞，院方施救中病历皆有记载，整个过程均履行了告知、沟通、下达病危通知等程序，并启动了绿色通道，相关专家到现场抢救。但羊水栓塞属高死亡率的病例（发生率约二万分之一，尚无可靠预测预防手段，一旦发生，孕妇及胎儿死亡率高达 80%），经鉴定，不属于医疗事故。

反思事件全过程，暴露出媒体报道与院方回应的双重缺失：媒体在缺乏专业知识的前提下片面失衡报道，显失公正与建设性；院方及当地卫生部门危机管理机制缺位，未能在舆情爆发的第一时间回应社会质疑，而是拒绝采访，缄默失语。加之医务人员由于惧怕被打，未能安排家属在死者弥留之际再见一面，没有简单整理仪容，未与患者家属充分沟通，而是躲在值班室等候，致使这些不足之处被渲染扩大。

通过剖析事件全貌，我们不难发现，事件由常态激变为非常态，再由危机逐渐化解，有一个发展变化的规律，存在着矛盾双方舆论博弈的阶段性特征，研究其阶段性的变化规律，对我们主动引导舆论，把握话语权有着重要裨益。

从"8·10"事件舆论危机演变的图示，我们可以清晰看到其间的阶段性转化过程，就突发公共事件一般规律而

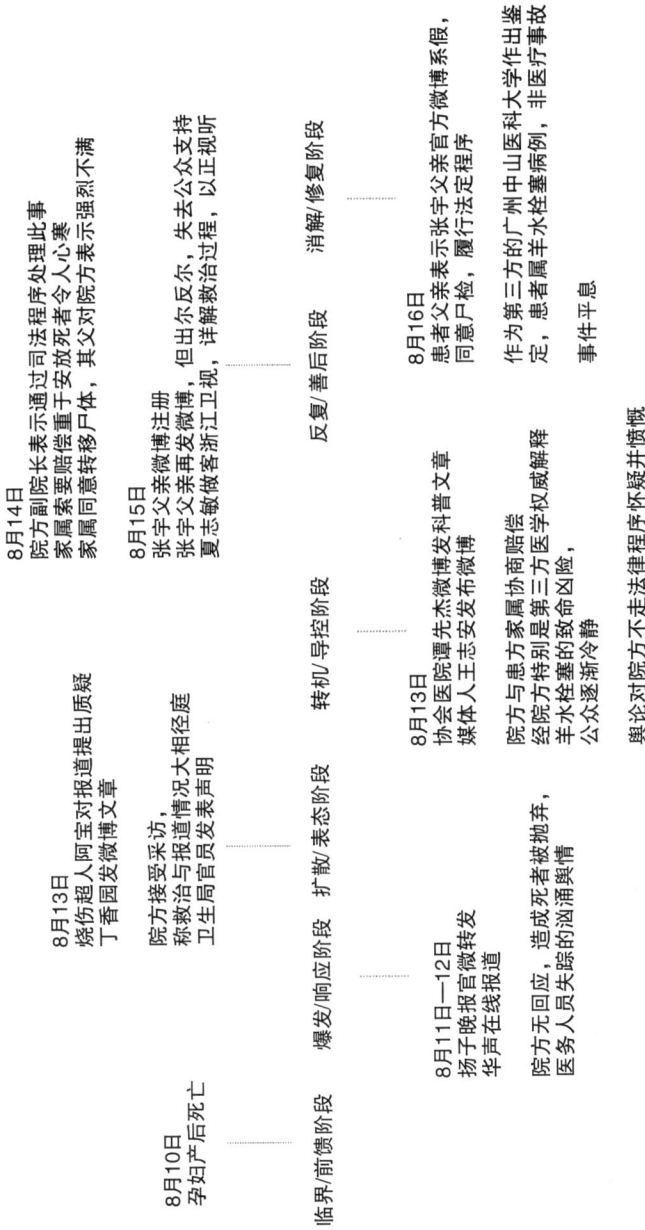

临界/前馈阶段
8月10日
孕妇产后死亡

爆发/响应阶段
8月11日—12日
扬子晚报官微转发
华声在线报道
院方无回应，造成死者被抛弃，医务人员失踪的汹涌舆情

扩散/表态阶段
8月13日
烧伤超人阿宝对报道提出质疑
丁香园发微博文章
院方接受采访，称救治与报道情况大相径庭
卫生局官员发表声明

转机/导控阶段
8月13日
协会医院谭先杰微博发布科普文章
媒体人王志安发布微博
院方与患方家属协商赔偿
经院方特别是第三方权威解释
羊水栓塞是第三方的致命凶险
公众逐渐冷静
舆论对院方不走法律程序怀疑并愤慨

反复善后阶段
8月14日
院方副院长表示通过司法程序处理此事
家属索要赔偿重于安放死者令人心寒
家属同意转移尸体，其父对院方表示强烈不满
8月15日
张宇父亲微博注册
张宇父亲再发微博，但出尔反尔，失去公众支持
复志敏做客浙江卫视，详解救治过程，以正视听

消解/修复阶段
8月16日
患者父亲表示张宇父亲官方微博系假，同意尸检，履行法定程序
作为第三方的广州中山医科大学作出鉴定，患者属羊水栓塞病例，非医疗事故
事件平息

言，均有潜伏期和临界状态，我们可称之为前馈阶段。当
事件由隐性变为显性爆发，随着时间的延续和空间的继起，
一般可分为临界、爆发、扩散、反复、转机、消解六个阶
段，相应的危机干预也应分为前馈、响应、表态、导控、善
后、修复六个环节。在事件的发生、发展过程中，媒体的报
道与公众的舆论参与也往往如影随形、与之对应，诸如密集
报道、质疑发难、围观谴责，甚至形成焦点，而后随着真相
出现，舆论下行，开始关注反思、热点移转，随后平复为常
态。据此规律，公共突发事件处置主体须将舆论引导和处置
工作同步实施、同频操作、主动回应，不可顾此失彼。

　　为此，且将突发公共事件的处置与舆论引导的相应关系
从时间上按以下六个环节列表如下：

事件状态	处置流程	舆情走向	引导干预
临界（潜在时间）	前馈阶段	记者采访、相关调查	风险预判
爆发（第一时间）	应急处置	媒体曝光、网民发难	即时响应
扩散（第二时间）	针对举措	谴责抨击、舆论围观	权威回应
反复（第三时间）	核查定性	突增爆料、质疑再起	舆论导控
转机（第四时间）	追责处过	理性反思、关注转移	释疑善后
消解（第五时间）	制度建设	引领公意、安抚创伤	形象修复

　　上述六个阶段为一般规律，其间不可截然割裂，因个案
情况千差万别，难免在空间上出现交叉叠压，也并非需要刻
板地划分六个阶段，只是作为一种模式便于叙述说明。对应
六种状态我们列出舆论引导的以下六组操作动作：

前馈预判阶段

何为前馈？相对于反馈而言，在系统发生偏差之前能够及早发现、敏锐捕捉到事件的先兆信号，并能预测评估危机风险，迅速采取相应举措，尽力避免或缓解冲突。突发社会安全事件往往有酝酿期，多有苗头与发酵过程。如不少地方发生的PX项目抗议事件，多属政府决策将利益攸关方排除在外。事前的环保评价、项目论证阶段缺乏公众参与，仅一般走过场或只说好处、不说风险，不解释污染可控程度，致使公众对科学知识不了解，对政府的监管能力不信任，对决策风险的不确定，加之缺乏畅通的表达和协商渠道，终以激烈的冲突形式爆发，迫使政府事后施以弥补性的"公众参与"。其教训就在于未对前馈现象作出主动及时的回应，缺乏重大事项决策的风险评估，缺少必要的对话机制和正确的舆论疏导。因此，作为责任政府和服务政府，必须将舆论引导纳入现代社会治理体系，建立完善的信息前馈机制。在政府、企业设有日常舆情研判、信息发布和危机管理系统。一旦事发，立即启动危机干预预案，首先进行风险研判，在当今大数据时代，要尽可能全面、客观、快速搜索获取各类相关信息，并注意内容的真实性和来源的广泛性，理性判断谁在释放相关信息，他们代表何方利益。是利益受损方，还是情绪宣泄者；是具有专业知识的关注群体，还是一味偏激炒作的围观者。在信息的来源、走向与相关利益方明确后，去伪存真，去粗取精，筛取敏感信息进行趋势分析。要特别注意，舆论最初并非都是"公意"，甚至有非理性的成分，如公众的从众心理、商企的保利动机、众声喧哗中的偏激和冲动、以道德和朴素的正义观评判等，都可能影响我们对舆情的客观判断。因此，在定性分析的同时，也要定量进行数据模块分析，来确定是否启动干预预案。如下图：

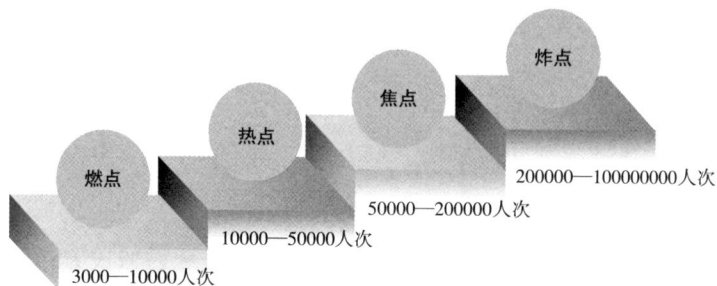

等级	燃点	热点	焦点	炸点
状况	舆论初起的萌芽阶段，关注度不高，多在不知名网站出现。此时，应迅速查明来源，将矛盾化解于萌芽阶段。	开始受到商业媒体网站关注，并出现跟帖、评论，但尚无多名博主现身论坛，且在二三级页面上。此时矛盾凸显，最利于化解，也最易于发酵、升级和激化。	受到网络与传统媒体高度关注，成为论坛舆论焦点，各大网站信息置顶，意见领袖、名博广发评论，网民蜂拥跟进、围观、点击、声援，聚合为舆论风暴的前期，是最后的引导时机。	舆论危机全面爆发，评论铺天盖地，势如排山倒海，陷入灭顶之灾：不仅使个人身败名裂，部门也形象扫地。引起上级过问，以追责处过平息舆论。造成系统元气大伤，公信力严重受损。

　　根据我国《突发公共事件应对法》共列举了四类突发事件即：自然灾害、事故灾难、公共卫生事件和社会安全事件，这些事件并非都会演化成舆论危机事件，关键在于舆论引导的得当与否。但是，需要特别注意的是，这四类事件中含有的四种"易燃易爆"因素是我们应当高度敏感、密切关注的。实践经验告诉我们，突发公共事件中一旦具备其中一

种或多种因素，引爆燃点的几率就会随之升高。

这四种因素为：

利益攸关事因（巨大灾难、惨烈事故、恶性案件和环境生态事件）

冲突性角色（官民矛盾、贫富之争、官腐富奢等不公、不均事件）

戏剧性情节（离奇故事、荒谬细节、巨大悬疑引发的爆料空间）

强烈的反差（政府及组织态度、行为前后自相矛盾、谎言掩盖真相、言而无信）

以上每种因素都像一根导火索，具备一种就是"燃点"；具备两种就成"热点"；具备三种无疑成为"焦点"，也是舆论引导的最后契机；四种因素具备，就像集束导火索被引爆，成为"炸点"，将会形成铺天盖地的舆论狂潮，使你陷入严重危机。

根据以上舆情的数据模型和量化分析，加上各类诱发因素，先作出事实判断，继而进行风险等级的预判，并评估干预效果，作出价值判断，而后以专报形式提出处理建议，上报决策层：如达到风险等级，则由决策层紧急组织相关部门提出干预预案。相关部门包括：业务负责人、应急专家、计算机信息部门、法律咨询和舆论引导工作团队。经过联席会商，提出应急意见，力求在事件的前馈阶段将其化解于萌芽状态。阻燃的方法是抓紧启动内部核查机制，化解现实矛盾，将潜在危机解决在初始之时。同时与媒体开设直通车，搭建交流沟通平台，听取建议，说明意图，商榷报道基调和内容，释放善意态度，缓解消除误解，进一步拆除导火装置。这也是成本最低的危机管理之举。但有时事件的复杂性不以人的主观意志为转移，一旦变异升级，则继续通过网络"晴雨表"，迅速作出事态变化的趋势分析，转入应急处置阶段。

应急处置阶段

即事件爆发的第一时间，要根据预案启动程序，快速反应，实行扁平化的指挥、一步到位的决策，以层级的减少换取时间，避免无休止的请示、消耗式的推诿扯皮，形成迅疾决断，系统回应。必须明确，这种反应的间隙时间越短，控制事态、化解危机的契机就越多，越主动。这是因为现代传播语境具有"裂变"和"首因"两个效应。

首先是裂变效应。在网络作用下，公众处在情绪"沸点"的状态中，每个人都是"信息传递者"和"信息裂变者"，谣言一经与极化情绪结合，人们可以不辨真伪，迅速交付其信任，在相互感染中聚合为巨大的传播力量，形成带有强烈倾向的舆境生态，其可以将所有的假设合理化、极端化，对任何质疑和理性的声音予以盲目的排斥、对立甚至反抗。在雪崩式裂变的过程中，每个人都深陷其中不可自拔，直至演变成为带有破坏性的物质力量，将巨大的能量释放净尽。

大量实例证明，突发公共事件猝然而发，"第一信息"往往不在政府和社会组织手中，因而从始至终处在被动状态。这是由于我们尚不了解信息传播的"首因效应"，即最先出现的信息最具含金量和说服力，先入为主，先发为上，第一个填入空格的答案往往不易替代。因为人们总是格外关注最早出现的事物，若是在脑海中占据了优先位置，后边类似甚至相反的观点就会被轻易排斥和过滤掉。人们这种心理定式一旦植入，则不易再移。因为多数人建立的逻辑体系，总是按前信息顺向解释后信息，即使不一致，也往往屈从前信息进而将其固化。

基于此，我们就容易理解，丧失了"第一时间"就等于拱手让出了"空椅子"让别人坐，移交了"麦克风"让他人掌握定义权。而突发公共事件的沉重教训一次次提示我们，信息的传播往往快如闪电，势如疾风。政府和企业的处置反应总是与舆论形成"时空差"，即危机在先，反应在后，舆论潮起，回应迟滞，不能在最短时间、最大空间调动信息资源，组织舆论引导。大量事实说明，事件爆发第一天及第一天的前4小时至关重要，被称为舆论引导的"黄金第一时间"，否则就会在危机舆论的发酵扩散中"一步跟不上，步步跟不上"，背蒿撑船，陷入被动。尽量缩短这种"时空差"的有效之举，就是前馈阶段的准备与应急处置阶段的衔接，其间衔接的时间越短，则处置引导的余地越大，越能够挤压流言、谣言的空间。当然，因事件情况的千差万别，引导发声也并非越快越好，不宜机械规定第一时间为几个小时之内，应以"及时"为妥。因为事件处在混沌状态时，一时难以确定舆论导向，因此应一边原则表态，一边快速核查，一些敏感特殊事件可急速组织专家团队直达现场指导工作，避免信息失真和推诿扯皮，以保证快速准确发布权威信息。

欲要实现"黄金第一时间"的衔接，就必须有一个高效的工作团队，有一整套顺畅的日常管理运行体系。如全国公安系统，在公安部设立新闻中心，分设舆情研判、政府网站、新闻讯息、警务发布四个职能部门，与横向的每个业务局，纵向的各省、区、市公安机关的相关部门对应，构成了上情下达、下情上报，全时空覆盖的核查报送、舆情研判与快速回应的整体机制。日常这些职能部门大量搜集舆情，分类建立预案和口径库，每日例行召开联席会议，将当天舆情划分不同等级，以《要情摘报》形式报行政领导批示各有关部门办理。待突发公共事件一旦发生，这一机制就会打破常规，将日常管理转化为应急指挥，以新闻中心为轴心，统一协调，集中办公，24 小时日夜值守，通过联席会议，与各职能单位形成化解危机的闭合体制，加速了工作无间隙地运转，并将预案化为行动，将口径信息库中的"冷信息"化为"热信息"，大大缩短"衔接"反应时间，为舆论引导提供最大空间和高效平台。

事实上，危机一旦爆发，很少有时间坐下来系统研究工作流程。大量纷乱庞杂的信息很难保证科学准确的决策，蜂拥而至的媒体造成的舆论压力常使人在举足无措中发生失误，应使系统"早有准备"，用既定程序避免失语沉默或忙中出错。因此要向应急预案常态化要时间，向前馈阶段要时间。前馈工作与"黄金第一时间"的衔接事关成败，其间耗费的时间越短，引导越有效，负面影响就越小，危机持续期就越短，且更易于消极因素向积极因素转化。特别是在事发的第一时间，政府和企业应做的事情尤为重要。由于"裂变""首因"效应，危机发生数分钟就开始传播信息，如果媒体的信息源自政府，那么一开始就会向有利于政府对事态掌控的方向发展，否则就会让谣言、流言成为消息来源。因此在核准事实、控制事态的同时，要立即在最短时间发声，占据制高点，先声夺人，不求修辞周全，只要快速准确。需知速度即信息，速度即引导，哪怕是很简单的几句话，被称作第一时间走出的"快三步"：态度、措施、速度。表示应急主体在危急中已到位，行动措施已展开，并表达对事态的严重关切与救援的决心。此时事件现场要迅速建立"一个中心，两处现场"，"一个中心"指处置指挥中心，"两处现场"指事发现场与舆论引导"场"，并设立警戒线，对事件核心现场进行严格管理，疏散无关人员。同时将新闻记者引导到临时采访区域或新闻发布场所，统一组织，有序为其"供料"，并在指定地域组织采访拍摄和应急报道。

在应急管理的第一时间，即应急响应阶段。要做的首先是救人和控制事态，避免新的人员伤亡。在人身安全前提下尽量减少财产损失，同时核查事实确定口径。为确保抢险施救与法定勘查的进行，此时应按"两场分离"的原则，将记者和公众与正在施救、被抢救人员区隔开来，包括与罹难者亲属的隔离，防止妇女、儿童及涉事人员个人隐私权受到侵害，防止不实消息和血腥场面的传播报道干扰处置工作。新闻中心在核查事实的基础上，确定首发口径，明确由谁发言。确定由谁来说十分重要，应按事件应急等级确定相关负责人发言，新闻发言人担任助手和主持。第一次发布会公布信息回答问题要重点突出：第一位是抢险救人，第二位是应急措施，第三位是初核事实（并非最终结论）。此时人命关天，抢险压倒一切。其他诸如领导重视、事态控制、情绪稳定尽量少说或放在随后的阶段说，首要强调的是以人为本、生命至尊。随着现场处置工作的进展，可酌情组织记者在指定区域内采访、拍摄，并共享视频资源。

2003年3月12日，北京市盛福大厦6层英国路透社北京办事处闯入一名怀揣炸药包的年轻人，并以炸毁大楼相威胁，索要巨额赎金，还要向记者倾诉与他人的矛盾。其右手拎黑色提包，左手握引爆器，皮包外露出一截电线，情况千钧一发，万分危急。北京警方接到报案，现场实行双线管制，用"回"字形警戒线封锁大厦现场，迅速疏散楼内人员。同时在300米外一处平房内设立新闻发布会场，并有序引导中外媒体进入。警方新闻发言人刘蔚，从上午10时开始不间断向记者介绍核心现场处置事件的过程，直到14时20分，作案人束手就擒，危机解除，国际上没有发出一条不利于中国形象的报道。

相反，发生在2010年3月23日福建省南平市郑民生持刀杀害8名小学生案件，由于现场管理混乱，舆论引导失序，口径出于多门，一些媒体为制造轰动效应，渲染残忍暴力手段，自然主义地描述血腥场景，有的还将血案图片化，精确绘出血迹斑驳的作案杀人路线。同时挖掘作案背景，将罪因归咎于社会。如此无序报道，引发了在之后七个月中，广西合浦、广东雷州、江苏泰兴、山东潍坊、湖南邵东等多地连续发生同类血案，共造成小学生及幼童19死92伤。对恶性杀人案件不加选择地集中披露，不仅造成群众心理恐慌，而且对犯罪起到暗示诱导作用。

对灾难性事件第一时间信息披露的内容亦要妥善把握，主要是态度表达与应急举措，要注意轻重缓急，力避套话官话，特别是切忌对领导干部过分的美誉性表述。

2015年1月2日哈尔滨一仓库发生火灾，5名消防员在灭火中牺牲，该地官方微博发布585字的消息，其中领导"高度重视""紧急部署""正确指挥"部分占了258个字，

多名领导的名字和职务都在文中出现，而牺牲消防员的名字
却只字未提。此事引起舆论非议，形象遭受负面影响。

蔓延扩散阶段

即舆论蔓延扩散的第二时间，又称舆论峰值期，也是权
威回应阶段。面临铺天盖地的舆论狂潮，媒体尖锐抨击的压
力，要理性沉着，找准矛盾爆发点，站对立足点，从五个
有利于的原则出发，以公众的认知水准和角度有针对性地
设置"引导框架"，以我为主释放导控信息。不是被舆论引
导，而是引导舆论。所谓找准爆发点，就是迅速找准矛盾症
结所在，查清事实真相。不管这真相多么沉重丑陋，也要
敢于面对，勇于承担。因为主动展示缺陷，自曝"不完美"
形象，反而让人感到值得信任，赢得理解；所谓"站对立足
点"，就是站在记者和公众的角度反观自我，说公共价值的
话，而不是自我辩护，文过饰非。因为站在对方的视角回应
问题，会令人认可你的客观态度，从而获得更强说服力，就
易于引导舆论向你期待的趋势发展；所谓"引导框架"的设
置，即把这一阶段的舆论引导当作治水的"龙脖子"，如何
把握水势，引领水头，排沙清淤，做到有方向有目的地引
流。采取"简说事实，诠释政策，欢迎质疑，提供依据"的
原则。要特别注意不要人为封堵舆论，勿将质疑当可疑，勿
将舆情当敌情，给民意宣泄留出一个窗口期。勿遮掩、勿避
责、勿冷漠、勿顶牛，主动与媒体互动，强化权威发布，注
意在与媒体互动中进行议题设置，知道突出强调什么，重点
导控什么，引领公众进行正确的信息选择。还要做好活血化
瘀、舒筋通气、理顺情绪的工作。通过不间断的信息增量，

冲刷顾虑，澄清事实，剥离谣言，并在舆情动态消长中掌握主导权。

2009年5月7日，杭州发生一起交通事故，肇事者胡斌驾驶三菱跑车撞压走在斑马线上的谭卓并致其死亡。警方发言人仅凭肇事者本人口述，即贸然回应当时的车行速度为"70码"，遂引起"欺实马"的公共舆论危机。杭州警方迅速组织肇事现场的核查，委托第三方作出科学鉴定，将肇事方每小时84.1千米至101.2千米的车速调查结果向媒体公布，并诚恳向公众致歉。与此同时，以民意为导向，在本地区开展了针对飙车酒驾的专项治理，再经上级公安机关的深入调研，找出交通事故多发系违法成本过低的背后原因，遂向立法机关建议，设立"危险驾驶罪"，最终将"酒驾入刑"，使此类交通事故死亡比率大幅下降。

舆论导控阶段

即核查定性的第三时间，往往会出现爆料突增，质疑再起的舆论反弹状态，一时流言四起，压力骤然加剧。此刻正是舆论导控成败的分水岭，也是舆论向好转折的"拐点"。要进行审慎而冷静分析，做到明确质疑点，把握导控点，坚持"边做边说，公布进度，科学为据，解疑释惑"，防止冲突激化，避免"添乱加料"，造成二次舆论风暴。所谓导控点，包含两个侧面：一是情感导控；二是逻辑导控。情感导控给接受者以积极坦诚的信号，因为人们习惯于左脑接受语言，右脑产生画面，中脑赋予情感。谦抑的态度、真诚的感情和负责的言行会很快确立正面思维的主导地位。而逻辑导控，是指通过提供真实的信息、强有力的论据进行符合逻辑的说服，增强受众理性思考分析能力，在不断地"信息——舆论——论据——结果"的接受过程中"被引导"。实质上，舆论导控的成功，毋宁说是对逻辑信任的"被引领的思考"。因而，面对公众对立的情绪、质疑的追问，要以诚恳耐心的态度，用知识引导、政策引导、事实引导填平认知上的鸿沟。亦可借用第三方或专家的解读，让媒体通过与专家沟通交流，成为对事件背景有充分了解的知情者，以便通过准确的依据，科学的鉴定，以理服人，在解决信息对称的前提下达成共识。为此这一阶段要注意较高的发布频率，对热点诉求必须快速回应，并掌握恰当的时机，由权威人士主动亮相，表明态度。须知"真相一出现，流言就消散"。如果舆情涉及的是法律和原则问题，而且出现极化的戾气、语言的暴力，那就必须"坚持底线，捍卫真理，据法力争，引领提升"，包括对传播谣言者的依法打击，绝不能以法律和政策为妥协换取一时之安，不能被非理性的情绪裹挟，被虚假的民意绑架，放弃国之纲常与公平正义的尊严。须知国家的民主法治文明不可能自发产生，不仅要通过一个个公正的法律判决来实现，而且更要靠执法机关及法律专家法治文化的教化与普及。从这个意义上说，传媒不仅是政府危机公关的桥梁，还是社会法治教育的课堂，政府和社会组织应依靠和通过媒体，不仅可以全方位答疑解惑，而且还应进行法律政策的深度解读，通过循循善诱，使激情回归理性，民粹变为民主，形成全社会政治文明素质的提升，推进法治政府和法治社会的同步建设。

例："成都"6·5"公交车爆炸燃烧案

2009年6月5日8时2分，四川成都一辆公交车发生燃烧，事故造成乘客25人当场死亡，76人受伤。面对舆论的震惊和质疑，省市政府不停顿地加大信息发布频率，在抢险救治的第一时间即 9 时 30 分，四川新闻网就公布了收治的 42 名伤员中，暂无死亡人员的消息。

紧随其后的 10 时 14 分，成都市政府召开第一场新闻发布会，初核有 20 人遇难，省政府已成立由副省长担任组长的调查组，可排除是恐怖袭击行为。当日 14 时 50 分，第二次新闻发布会公布的遇难人数增至 25 人，受伤 76 人。23 时 20 分，第三次新闻发布会举行，介绍已有 3 名轻伤员出院，73 名伤员留院治疗，省市组成强有力的医疗救治队伍，每两小时对危重伤者进行一次会诊。事件的原因从油箱中剩余柴油没有燃烧、发动机传输带完好，证明无柴油燃烧，无燃油泄漏，引发爆炸的汽油有待进一步调查。

6 月 6 日 16 时 30 分，第四次新闻发布会通报住院人数增至 74 人，危重人员由 4 名增至 6 名。事件原因可排除车辆机械故障和自燃的原因。

6 月 7 日 15 时 30 分，第五次新闻发布会，通报死亡人数达 27 人，后上升为 28 人。事件调查有了新进展：有人携带易燃物品上车，不排除过失或故意引发燃烧，但可以排除爆炸引发燃烧。在连续三天五场密集的发布会上，针对舆情中各种猜测和传闻，诸如司机临阵脱逃、公交车上没有安全锤灭火器、车辆超载、超期服役……对此政府新闻发言人一一予以澄清，以负责任的态度止慌止恐，将各种传言消解在萌芽阶段。

在事件调查证实为张云良报复社会人为纵火后，政府同时出台了《关于进一步加强公交营运安全管理　加快公交事业发展的通知》，提出保障市民安全出行的 20 条措施，首批 30 辆空调车于 6 月 13 日增设活动侧窗及应急开关的改造，并于 9 月底前完成了千辆新型公交车的生产。

舆论转机阶段

即事件善后查处的第四时间，要注意"措施效果，追责处过，举一反三，善后整合"，应继续调动各种媒体资源，扩大主阵地，掌握主导权。这一阶段，舆情可能出现波动甚至居高不下，但实质上已转入对事件处理结果的关注，需要政府及社会组织痛下刮骨疗毒的决心，不仅表态言说，还要拿出看得见的针对性举措，对事件的责任者依法依规作出严肃追究，做到"坦承失误，检查错误，朝闻夕改"，则会被"高看一步"。在这一过程中，应放缓信息发布的频率和节奏，避免舆情"弯道"转折过陡的风险，须加大全面而有深度的评论力度，不失时机地将公众的注意力转移到恢复社会正常生产、生活秩序上来。加大报道如何采取积极措施，尽量弥补危机事件造成损失的报道，增强公众的信心。从亡羊补牢、立足建设的角度公布查处结果。同时面向社会普及各类危机管理和救援防护知识，增强防侵害的安全意识。因为社会公众不仅是突发事件的承受者，也是处置突发事件的主体和参与者。理性成熟的公民素质，是危机管理中坚实的社会基础。

2010 年 11 月 15 日，上海胶州路一栋高楼发生特大火灾，导致 58 人遇难。随着火势控制，政府及时发布受灾情况，四名涉嫌犯罪的电焊工被拘留，静安区建设总公司及分包商问题相继被揭露，在追责处过的过程中，消防部门对超高建筑救援灭火面临的难点给予如实客观介绍，并广为宣传安全防火和火灾逃生的措施方法。市政府及时在全市组织了严格的防火安全大检查，限令 4600 个在建工地停工，进一步明确《消防法》各部门应承担的管理责任。在整个事件处置过程中，上海市党政主要负责人与公众情感互动，并于"头七"向罹难者献花祭奠，同时不断采取善后措施，新闻报道的基调转为"大火无情人有情"，呼吁人们"从精神走出创伤"，使舆情逐渐归于平复。

形象重塑阶段

在事件消解平复的第五时间，要注意释放正能量，创制新话语。主要是"立足建设，凝聚共识，化害为利，革除积弊"，随着事件处置接近尾声，舆论在引领公意、安抚创伤的同时，要认真总结经验教训，将危机中舆论批评的压力转化为革故鼎新、改进工作的"倒逼"机制；将突发事件暴露出的病灶沉疴作为完善工作制度的"透视镜"；将危机事件作为勇于自我反省、纠正偏差的"矫治器"；标本兼治，举一反三，将事件教训作为解决深层次问题的"助推器"。善于反弹琵琶，化消极因素为积极因素，善于利用社会矛盾释放的能量引领公众走向更高的公共价值追求，使负面事件经过议题设置释放正能量，善纳民意，导向公意，引向法意，推进中国民主法治和政治文明的进程。

曾经发生在云南省晋宁县看守所"躲猫猫"事件的曝光，公安机关经整改建制，极大提高了监所的文明管理和执法者的人权意识；广州孙志刚被殴打致死事件在举国关注下，使收容遣送制度得以取消；湖北佘祥林冤案后，司法部门建立"非法证据排除制度"，《刑诉法》得以重新修订；湖南唐某被错误劳教的纠正，使施行半个多世纪的《关于劳动教养问题的决定》寿终正寝。

河南发生赵作海冤案，被错判死缓的赵作海获释出狱，河南省高级人民法院做到了纠错迅速，态度诚恳，整改措施到位。当得知冤案信息后，商丘市中级人民法院院长宋海萍将国家赔偿和生活困难补助共计 65 万余元亲手交付给了赵作海。省高级人民法院院长张立勇立即提出：不能让无辜的赵作海在监狱多待一天。于当日组织会议纠正错案。2010 年 6 月 21 日，张立勇又率领省高院和商丘市中院两级法院领导班子到赵作海家，向赵作海鞠躬致歉，并向媒体公众宣布：以赵作海出狱的 5 月 9 日，定为河南各级人民法院的"错案警示日"，同时针对这起冤案的教训，河南各级法院已全部建立了"错案终身追究制"，以坚决避免此类案件的重演。"错案追究制"现已推及全国政法部门的执法人员。张立勇告诉笔者赵作海冤狱 11 年，妻子改嫁，四个孩子交人代养，全成了文盲，这都是我们的失责。由此连带的另一个被害人的父母，因由赵作海顶罪，误以为儿子失踪，两个老人拉棍要饭苦苦找寻了二十几个省，不也是我们的责任吗？凭什么不该抱愧向他们深鞠一躬呢？

综上所述的六个关键环节，主要是针对突发公共事件舆情前兆、发酵、爆发、扩散、转机、平复的一般规律而言，没有必要机械刻板地划分。因为突发事件情况复杂，类型各异，因而舆论引导方式不可简单划一，但正由于突发事件的发生、发展有其内在规律可循，舆论引导就必须注意引导流程的阶段性特征，顺势而为、因情疏导。必须把握所提供信息内容的时空次序规律，符合媒体、公众接受信息和认知事物的心理状态，就必须掌握好引导的时、效、度，做到既不一蹴而就，也不一览无余；既不滞后延迟，又不超前跨越，保障信息流由少到多、由简入繁地提供，并且在信息释放的过程中不断去伪存真、去粗取精，经过持续不断地充实和完善，最终达到符合事实真相，力求实现政治效果、社会效果和舆论效果的有机统一。

众多事例表明：前馈阶段至关重要，客观准确的分析研判，方能确定危机管理机制的启动，才能做到一旦事发后"一个预案、一个声音、一个态度、一套举措"的整体合力，使舆论引导同步高效地配合事件的处置，才不会因举措失当造成次生灾害，形成舆论危机。

在突发事件的爆发期，如果急于平息事态，盲目求快，为减缓压力避重就轻，甚至第一时间草率抛出定性结论，与公众掌握的"事实"大相径庭，或与最终调查结果不符，都将付出惨重代价，使信息提供者沦为舆论的"被审判者"。

在舆论蜂起的宣泄期，合理的质疑与负面的情绪尚未完全释放，政府和社会组织就草草收场，断然缄口，甚至陷入集体静默，这种信息"梗阻"立即会引发巨大的舆论狂潮，被怀疑为隐瞒了不可告人的秘密，并且使你前期所做的一切前功尽弃。

在舆论的高潮与缓解期，要不断根据处置工作的进度为媒体"供料"，并且注意频率节奏和议题设置的科学性：突出强调什么，淡化或导控什么，一定要心中有数，有序有度回应，不宜因新曝"猛药"再次引爆。应将舆论引导作为事件处置的安全坝，在不同环节发挥拦坝、蓄水、分洪、泄洪、导流的功能，最终安然"度汛"。

引导舆论并非简单说明事实，澄清误解，纠正偏差，而是勇于反省自我，举一反三，敢于除旧布新，善于用更高的公共价值追求引领公众的"关注力"，将突发公共事件的舆论引导作为释放正能量、引领提升公民意识的载体，使政府和企业在自身的完善中与公众共同提高，这也正是法治政府在现代社会治理中应履行的职责。

为更能说明舆论危机爆发与化解的阶段性特征，以下以2015年天津港"8·12"瑞海公司危险品仓库特别重大火灾爆炸事故为例，进行危机过程的再现，并将六个环节舆情对策模拟重建。①

如果危机再来，如何化危为机

——以天津港"8·12"瑞海公司危险品仓库

特别重大火灾爆炸事故为例

2015年8月12日22时50分许，天津港瑞海公司危险品化学仓库发生火灾，天津市公安局110指挥中心接警后，派出113名专职消防员和公安民警16分钟抵达火场投入灭火，23时34分06秒现场发生爆炸，30秒后发生强烈的再次爆炸。据国家地震台网官方微博"中国地震台网速报"48分钟后显示：第一次爆炸近震震级约2.3级，第二次爆炸近震震级约2.9级，相当于21吨TNT——接近于46枚战斧式导弹爆炸，已经达到一枚微型战术核武器的爆炸当量，"河北河间、肃宁、晋州、藁城等地均有震感。"爆炸核心区爆炸面积5300平方米，过火面积约2万平方米，造成重大人员伤亡和财产损失。截至9月12日统计：事故中抢险救援牺牲110人，另有55人遇难，8人失联，218人住院治疗，累计出院580人。

在党中央坚强领导和国务院工作组的指导下，天津市会同解放军、武警部队和有关单位大力进行人员搜救、伤员救治、环境监测、现场清理与受灾群众安置、善后处理等项工作。

在整个抢险救援过程中，由于舆论引导脱节、回应迟缓，未能与抢险救援同步安排，导致舆情迅速发酵，由燃点升温为炸点，最终酿成舆论危机，致使事故现场之火在48小时扑灭，而舆论爆炸在人们心头腾起的蘑菇云却久聚不散，遮蔽了大量卓有成效的施救工作，并给政府的公信力蒙上了巨大阴影。直到天津市党政主要领导与媒体面对面，才转折了危局，使舆论渐归平复。对这场危机从临界、爆发、扩散、反复、转机到消解的过程进行认真反思，重建预判、响应、回应、导控、化解与修复六阶段的对策模型，以便提供操作层面的借鉴。

危机潜在时间　前馈预判阶段

8月12日22时50分事故爆发，48分钟后中国地震网即预警，1小时07分后微博微信和新闻客户端蜂拥围观，网民上传秒拍视频，3小时后天津消防官微、4小时后天津市公安局官微正式发出灭火救援及政府应急处置信息，5小时后天津市政府新闻办官微通报现场部分人员被困，初核7人死亡。天津代理市委书记黄兴国已于第一时间赶赴现场指挥救援。

敏感的媒体此时从网上"巨响、浓烟、蘑菇云"中预感到事故的严重程度，捷足先登的《人民日报》于事故4小时后发出首篇评论《守住脚下的安全防线》；《新京报》20分钟后抵达现场并于10小时后发出评论《八问天津滨海大爆炸：为何救援人员失联受伤》；《中国青年报》也推出《四问天津港8·12特大爆炸事故》；新华社也派出了无人机……紧随其后，美国有线电视新闻网（CNN）、英国广播公司（BBC）、路透社、英国《卫报》《纽约时报》《华尔街日报》、彭博社、《洛杉矶时报》、日本NHK等亦做跟紧报道，CNN等还进行了现场直播，事故迅速成为国际要闻，升温为全球热点，并且将议题设置在"发展模式"和"工业安全风险"上。

此时山雨欲来风满楼，公众的急切需求与官方有限的信息之间形成巨大反差，各类媒体的深度开掘又与当地官方的反常沉默成了冰火两重天，尤其是在爆炸 10 多个小时之后，天津卫视还在播出韩剧，除了早间有对事故进行一分钟的报道外，其他各套节目仍在播放着生活娱乐内容，于是社会情绪终于由愤怒到燃烧，一场与事故相伴的媒体遭遇战终于不可避免，天津登时被推至舆论风暴的核心。

天津地处京畿，惊天动地的爆炸又发生在中国人民抗日战争暨世界反法西斯战争胜利 70 周年阅兵庆典之前，无论事实判断还是价值判断，都应当在 4 个小时内随救援抢险启动舆论危机预案，并将舆情研判与危机干预的方案直送指挥部决策，第一时间掌握爆发点、站稳立足点、把握导控点，针对特别重大灾害事故的非常态状况，提出打破常规的建议，请总指挥长立即发表简短的电视讲话，号召全市广大党员和人民群众与党委政府共克时艰，专业队伍要不惜代价抢救伤员……电视画面与大屏幕中出现的是指挥部紧张忙碌的背景，消防队伍正跑步集结增援，搜救人员正登上直升机。字幕不断滚动播出安全提示，所有的电视娱乐节目全部停播，代之以主要领导坚强有力的讲话。

第一时间　应急处置阶段

黎明前的黑暗散去，焦急难耐的媒体终于等到了事故 17 小时之后的首场新闻发布会。令人遗憾的是，新闻发言人并未介入救援核心层，所知信息极其有限，而主发布人为滨海新区区长，在与记者们就环境污染、危险品与居民区间距、重症伤员状况、起火原因、是否存放大量高毒性氰化物以及天津消防的失联人数的答问中，天津卫视突然切断了对现场的直播，又开始播放歌曲和连续剧。致使这场发布会不仅没有缓释汹涌的追问，反而引起了更为强烈的质疑：为什么安监部门不出席发布会，为什么主管副市长不露面，为什么面对记者的提问，官员们闪烁其词极不自信，谁又该为这场事故埋单……更多的怀疑转化为激忿和不信任，使舆情骤然升温。

作为特别重大事故的首场新闻发布会至关重要，其负有向国内外媒体和公众表明态度、介绍事态状况和救援举措的使命，并在很大程度上决定着今后的议题导向。因此需要认真研究说什么、谁来说的问题：前者可从舆情搜集，包括媒体的"四问""八问"中作为备答内容，由指挥部指令各专业部门提供救援的初步进展，草拟并确定应答口径；后者根据事故规模及危害程度，决定主发布人的规格和发布阵容。针对这起事故事权划分的规定，宜由主管副市长担任发布主体，各业务部门和涉事地方负责人协同，这样既体现了发布的权威性和重视程度，又具有统览全局的优势，能够为记者提供更多迫切需要的施救信息，也是一种积极的态度引导。

第二时间　蔓延扩散阶段

从 8 月 14 日到 8 月 16 日，救援指挥部又连续召开了五场新闻发布会，由于有效信息的匮乏和急于撇清条块交叉之间的责任，特别是继续中断直播的做法，如同火上浇油，更加剧了媒体的质疑和猜测。在记者步步紧逼的 50 个提问过程中，管理中的漏洞一个个露出水面，幕后的主角一个个被逼上前台，近乎质证式的追问考验着官员的媒介素养。先后六场发布会的时长，最多 1 小时，最少 12 分 33 秒。给记者提问时间大部分在 8 分钟以下，最短不足 5 分钟，最长也仅有 20 分钟。搪塞、躲闪和推诿或"不清楚""不掌握"使发布会上风波不断。其中原委除了情况不明之外，条块交叉管理的难言之隐导致态度上的暧昧，发言人竟说不出事故救援"哪位领导牵头、如何组织指挥"，众多的疑团由于得不到权威的纾解，致使网上网下舆论场上风暴再起，并给谣言提供了扩散空间："700 吨氰化钠泄漏毒死全中国人""爆炸产生了剧毒""方圆一公里无活口""有毒气体已向北京方向扩散""天津社会秩序已失控，商场超市被抢"。国家互联网信息办公室 8 月 14 日称："已严肃查处了 360 多个传播谣言信息的微博、微信账号，查删有害信息 160 万条。"

惨痛事故一旦发生，公众天然认为政府难逃其咎，因而义愤多于容忍、质疑多于信任，不可避免地存在一个窗口宣泄期，对此宜疏不宜堵。且记者代表公众意见，往往有备而来，积郁的问题总比发布准备的内容多，如何应对这种由于信息供求倒挂形成的压力和挑战，恐怕老是"主说措施、慎说原因、缓说结论"已满足不了公众的信息饥渴，应力避"空口白话"。首先是态度坦诚，直面质疑，明确表示绝不遮掩问题的立场。其次是不坐等最终结果，采取边做边说，持续公布进度的方式，已知多少，先说多少。再就是采用层层剥笋的"排除法"，对拿得准的情况先期披露，对核准的局部问题先行公布。由少到多，由简入繁，体现信息公开、透明。除此而外，要多平台、多渠道释放信息，缓冲单一召开新闻发布会的压力：可组织记者采访，提供新闻稿，在网上答疑，亦可邀记者个别沟通，征询了解记者的需求，以便在发布会上集中解答，从主动提供信息服务的角度缓解短兵相接的冲撞，逐渐增信释疑。

第三时间　舆论导控阶段

随着事故信息的裂变和扩散，舆论关注度也飙升至峰值，截至 8 月 19 日有关部门统计，涉及此次特别重大事故的信息先后由 50 家网站转发了 750 万条评论，共有 55 亿人次阅读或参与微博讨论，远超此前"6·3 东方之星"翻沉事故的 100 万条评论及 2 亿人次的微博阅读量。舆论的高点也恰是导控的节点，8·12 特别重大事故抢险救援指挥部终于将舆论高压转化为主动发布的动力。从第七场发布会到第十场发布会，以天津市主管安全工作的副市长何树山与代书记、市长黄兴国出面答疑为标志，一改既往"一问三不知"的窘局，做到了有问必答，并且答问时间延长，不再切断直播，不仅接受了记者专访，而且还组织中外记者进入事故核心区拍摄采访。特别是黄兴国市长出席的第十场发布会，不但就 14 家媒体提出的 35 个问题均作出正面回应，而且勇于承担责任，对公众关注的调查追责等问题表达了坚决明确的态度。发布会的权威性和终局性使舆论场的"火势"终于在事发 161 个小时后扑灭。

实践证明，特别重大的突发公共事件舆论引导，由于事关全局，应有相当级别的负责同志出面表明态度，并且时间越早，效果越好。当然不是每场必出，而是在事态发展的关键节点上出现，起到组织动员、凝聚人心、稳定大局的作用，展示在事故灾难面前党委政府临危不惧的决策力度和处置能力，使人们树立起转危为机的信念。

第四时间　舆论转机阶段

8 月 16 日，李克强总理赴现场看望救援官兵，慰问群众，部署救援及善后工作。习近平总书记于 8 月 20 日主持召开中央政治局常委会，作出七项工作指示，强调要加强信息发布和舆论工作，要按照及时、准确、公开、透明的原则，主动发布事故及其处置准确权威信息，积极回应群众关切。此间抢险救援指挥部又连续召开了四场新闻发布会，通报救援进展情况。其间记者提问明显减少，平均每场仅 4.7 次，最后一场发布会竟不再有人提问。可见随着救援工作的有效展开，事故真相愈加公开，信息不对称的状况得到平衡，公众也就复归了理性。

此时舆论场中尚积蓄着相当大的潜能尚未释放，遇有新的燃点仍有反弹的可能，因而须将沧海横流的信息导引入渠，凝聚共识，走向善后与矫治。其议题设置一是为避免类似悲剧的重演，如何以壮士断腕的决心革除管理积弊，依法严管；二是在物质和精神双重创伤中抚慰心灵，重建信任，释放正能量。如此大规模危化品的爆炸事故，没有造成次生灾害，没有新的人员伤亡，未形成对生态环境的破坏，未发生不可控的群体性事件，充分体现了国家强大的组织动员力量和强有力的处置能力。危机中要树起信心的旗帜，危机后要使公众从伤痛中走向昂扬。在舆论导控和转机的衔接阶段，宜主动释放积极信息，诸如救援中军地联合施救，15 支专业队伍和各领域 900 多位专家合成作战，其间采用移动红外探测、无人机勘查指挥等高科技手段的运用，对 700 吨氰化钠筑起"围堰"的成功封闭以及不畏艰险的志愿者的无私奉献，特别是李克强总理关于牺牲消防人员抚恤问题"英雄无编外"的表态，充分体现了国家对逝者的人文关怀，在事故废墟上不仅只有悲情，更要唱正气歌，实现主旋律＋正能量，这才是科学导向。

第五时间　形象重塑阶段

随着善后工作的推进，舆论转向汲取教训、深刻反思和提高社会事故风险预防能力的议程，结合事故责任的调查和依法处置，体现责任政府的法治权威，清算管理的弊端和漏洞。9月7日，天津市政府常务会议通过了《危险化学品企业安全治理规定》和《危险化学品企业安全整治实施方案》。9月13日，天津召开了弘扬烈士精神、建设美丽天津大会，对48名烈士颁发金质奖章。9月22日，李克强总理在听取事故调查进展汇报时强调"血不能白流，代价不能白付"，要求彻查并追究事故责任者，要求各地完善相关法律法规，切实改进和加强安全生产工作。

"8·12"特别重大火灾爆炸事故的舆论危机虽尘埃落定，但危机发生的病灶机理尚须深入解剖，我们总是习惯在灾难后总结成绩而耻于铭记失误和教训，更不善于使教训转化为经验和财富。应当指出，我们在危机管理领域存在着"一长"和"一短"的问题：前者指在危机处置中，国家巨大的动员组织能力和资源实力形成的独特优势；后者指危机传播管理中的短板，一直属于薄弱环节。如果说2003年的"非典"催生了国家政务公开和新闻发布制度，2011年"7·23"动车特别重大交通事故则是助推了新闻发布必须解决敢说和善说的关系问题，而"8·12"瑞海公司危险品特别重大火灾爆炸事故更是对干部队伍整体媒介素养的全方位"体检"，倒逼突发公共事件舆论引导从理念、方法和机制上的转变与完善。因为只有理念的更新才有行动上的自觉和方法上的成熟，只有机制、制度上的保障，才能以科学的传播方式引导舆论。从这个意义上说，我们亟待将近年来行之有效的机制上升固化为制度，作出刚性规定，细化到每个环节步骤，落实到具体措施上来。

注　释

① 此为笔者2015年11月18日参加国家行政学院应急管理培训中心组织的省部级领导干部重特大安全事故预防、处置和舆情应对研究班的课评内容。

七种主要信息发布方式

如何开好新闻发布会

如何发表声明、谈话

如何开好背景吹风会

提供新闻稿或书面采访的口径答复

接受记者采访和专访

统一组织记者采访或组织系列新闻发布会

网上发布和在线交流

如果将突发公共事件的舆论引导从时间的递进发展来看，分成六个环节，那么在每个阶段的具体空间上，信息发布的方式则可以根据事件不同的性质、规模及形态特征采取灵活多样的形式，畅通采访渠道，发挥新闻网站、商业网站以及微博微信、移动客户端等新媒体的网络传播力和社会影响力，使不同的媒介平台与多种发布沟通渠道实现多媒体的综合运用，最终达到信息传播效益的最大化，具有更强的针对性、有效性。在传播手段日益丰富多元多样的今天，从横向可供选择的发布方式主要有以下七种：

1.举行新闻发布会（包括事件现场新闻发布）；

2.发表声明、谈话（包括书面发表的新闻发言人答记者问）；

3.记者吹风会或沟通会（介绍相关背景，征求意见建议）；

4.提供新闻稿；

5.接受采访和组织专访；

6.统一组织记者采访或召开系列新闻发布会；

7.网上新闻发布和在线交流。

上述这些任务，由谁来负责实施呢？当然是新闻发言人及其团队，特别是在他（她）身后的整个系统的工作机制。新闻发言人不应是单个人，而是一种制度，这种制度为各级党委、政府及社会组织党务公开、政务公开而设，是政治文明的有机组成。新闻发言人绝非本部门利益的代言人，也不是选来专以三寸不烂之舌对付记者的善辩者，而是"全面、准确、主动、及时"向国内外公众介绍我国改革开放、经济建设发展的重大方针政策及成效者。其主要职责是：

"介绍事实、诠释政策、增信释疑、赢得支持"，即传递政府声音，提供服务资讯，回应社会关切，有效引导舆论。

由此可见，新闻发言人不仅是党委、政府和社会组织重要信息的发布者，也是党的各项方针、政策的解读者；不仅是党委、政府与媒体、公众之间的桥梁和窗口，是满足人民知情、表达、参与和监督权利的服务者，还是事关国计民生、回应公众关注期待的答疑者，是赢得社会理解并参与其中的引领者；不仅是党委、政府在重大决策重要事项面前态度表达的代言人，是维护国家利益和国家形象的塑造师，还是突发公共事件中政府或部门的耳目和喉舌。新闻发言人为部门管理者授权，以法定责任履职，实质上是单位最高领导人的话语代表，从法定职责上讲，单位一把手是当然的第一新闻发言人，只不过日常将这项职责委托新闻发言人代为行使。从这个职责关系的定位上，新闻发言人既是本部门行政首长和领导集体的代言人，又是满足和保障公民权益的维护者，他不代表个人，因此不能将个人的观点和态度与政府组织的意志混为一谈，必须服从组织的意志；但他代表的也不仅仅是本部门的局部利益，而是法治政府依法履职的诠释者，因而必须秉持公共价值的信仰，必须保持对上级负责和对人民负责的一致性，必须把握部门权益和公众权利间的平衡点，必须兼顾公众认知和国家长远利益的结合点。在自身组织出现问题时，应从"五个有利于"的高度表明态度，做到真实原则下不遮掩、不护短、不讲假话，并且敢于坦陈不足；新闻发言人不仅能够正确理解和贯彻领导意图，还应当当好领导者观念转变的助手和参谋，当领导的意志在舆论引导上出现偏差时，要提出正确意见说服上级，而不是充当部门利益的代表和掩盖真相的辩护士，更不能将部门及个人利益置于国家利益之上。2012 年 12 月 6 日，《财经》杂志副主编罗昌平在微博向中纪委实名举报时任国家能源局局长刘铁男学历造假和巨额骗贷、对他人恐吓威胁等问题。该局新闻办公室负责人对此称："纯属污蔑造谣"并表示"正在联系网络管理部门和公安部门，将采取正式法律手段处理此事"。这实属不当作为和越权之举。①

那么，如何切实保障新闻发言人正确的履职呢？

2016 年 2 月 17 日，中共中央办公厅、国务院办公厅公布《关于全面推进政务公开工作的意见》，明确提出：进一步理顺机制，明确工作机构，配齐配强专职工作人员。遵循并落实上述意见，宜做到以下四点：

一是新闻发言人的背后，需要整个系统的支持。不仅需要工作条件的保证，而且要有一整套内部闭合运行的机制所支撑。这个机制需要具备四个方面的保障和支持，首先需要领导授权与系统内重要信息的及时获取。为做到信息灵通快速反应，新闻发言人应能随"长"作战，参与本部门重大业务和重要事项的决策会议，一遇突发事件，则能依据日常掌握的信息，第一时间拟出准确口径，第一时间授权发布。可以说，领导的思路，决定着新闻发言人水准的高度。观念决定机制，机制决定方法，方法决定话语。想得好才能做得对，做得对才能说得好。不是出了事再发言，而是日常不断发布。因为政府和社会组织说得越多，公众的质疑就会越少；说得越主动，积累的问题就越少，诱发突发公共事件的机率就会越小。

二是新闻发言人需要有一个精干高效的工作团队，能够承担起日常 24 小时舆情研判、网站发布、媒体沟通和信息发布等多项任务。这个团队责权明晰，能够在突发事件中迅速核查事实真相，提出危机化解方案，构建多媒体发布平台，有效引导舆论。

三是新闻发言人需要有一个顺畅的内部工作制度，保障系统内形成自上而下、纵横贯通、快速反应的运行规范，做到日常部门间信息互通共享，危急时刻联席会商，打破部门壁垒，集思广益，提供口径，做到整体联动，系统响应。系统响应能力决定舆论危机化解的成效，而系统内包括奖罚评估规定的刚性制度决定着舆论引导的成败。此外，系统干部整体的媒介素养和工作配合程度也决定着新闻发布的质量和效果。

四是新闻发言人由于职责所在需要专职化。新闻发言人是一项挑战性极强的特殊专业岗位，不是简单的受访应答，而是告诉公众你所代表的部门在做什么，应向公众讲什么，向国际社会说明什么。因此首先必须熟知本部门的事务，随时掌握本领域工作的进展和最新成果，了解并回应公众乃至国际对这些问题的关切。这些都要求发言人具有勇于担当的责任意识，良好的心理素质，较强的逻辑思维，敏锐的反应能力，以及出色的表达能力和危机公关能力。唯此，才能够以科学的新闻观念统领新闻发言人工作；以成熟开放的心态面对媒体；以政策法律作为应答之本；以娴熟的专业技能实现发言意图。就这些需求而言，新闻发言工作不仅需要专门机构，还要逐步走上专业化、专职化的道路。所谓专业化，即对资格准入和任职条件均应作出明确规定；所谓专职化，即为保证信息的全面掌握和体现决策者意图，发言人宜配备能够进入决策层面的专门岗位，以便赋权工作。

一个优秀的新闻发言人还应当是复合型人才，是善于学习的"通才"。需要拥有较为丰富的阅历与知识，对政治、经济和社会生活有整体的把握和洞察，具有较高的政治素养。这就需要不断学习和自我完善，方能做到一流的思考、实现一流的表达。善思者未必善言，但善言者必须善思。只有后天自觉训练和积累才可"厚积薄发"，"腹有诗书气自华，心底无碍格自高"，即是这个道理。新闻发言人不仅要有机智敏捷的表达口才，还要具有渊博的知识储备，做到"胸有大江流，方持一瓢饮"。所谓"渊"，指从事行业领域的专业知识，包括相关的法律、政策及法规能做到了如指掌，顺手拈来；所谓"博"，指文史哲的基础知识积淀以及语言学、逻辑学的基本功，能做到存贮于心，旁征博引；不仅在日常工作中"处处留心皆学问"，对大政方针、时政要闻、网络热点做到心中有数，并且每次新闻发布会前要做足"功课"——广泛涉猎背景资讯，精心推敲备答口径，才能做到"有问必答""从容自如"。新闻发言人的职业要求，就是掌握说服人的艺术。欲要"台上一分钟"，就须"台下十年功"。新闻发言人可以说是随时要进行新闻发布和接受采访的人，因此除了说话之外，都是在为"说话"做准备。而检验发言人水平最好的老师就是记者，因为没有高水平的提问，就不会有高水平的回答。那么，这种准备犹如战前储存了充足的弹药及辎重，一旦开战，究竟使用何种武器才能精准命中目标，采用何种战策战术才能获取最大战果？下边将就不同的信息发布方式进行分别叙述。

如何开好新闻发布会

新闻发布会是舆论引导中"金字塔"的塔顶，属于政府及社会组织最正式、最直接、最权威的信息公开形式，兼有对重要事件、重大方针政策及举措实施的解读，往往受国内外各种媒体关注。尤其是发布内容的时效性和发布形式的互动性，使得发布场所成为记者与新闻发言人博弈的舞台，充满挑战与智斗的角力场。对于新闻发言人一方，多数情况下要唱"独角戏"，以一挡百，舌战群儒。他此时不再是一个自然人，而是国家社会组织的人格形象，身系重大责任，可谓一言九鼎；他面对的机遇与风险同在，也是对新闻发言人整体素质的全面考验：讲得好，使信息获得最广泛、最有效的传播；讲不好，影响的不仅是个人，而是涉及系统乃至国家的形象。因此，努力掌握发布主导权，驾驭发布会现场局面，以稳健、包容、理性的方式实现发布意图，就要精心准备。这个准备犹如用兵，首先做到知己知彼，立足媒体需求，分析可预见的提问，做到胸有成竹。最好的办法是事先梳理出舆情分析报告，撰写出问题"菜单"，同时调动相关信息与口径储备和背景资料，以回应不可预见的问题。只有如此，在上阵应答时，方能"兵精粮足"，做到"运用之妙""存乎一心"，成功胜算就有了一半。那么，如何获得新闻发布会成功的另一半呢？我们用"三字要诀"来简化几个规定动作：

一是会前策划的"三点一线"：成功的发布会在于精心策划，成功的策划要做到将上级意图、媒体兴趣和公众关注这三个要素有机结合，形成一个价值指向。这犹如射击中的手枪扳机、准星和靶心，三点成一线的击发，就会命中目标。要达到这个效果，就需在策划中将三方面应答内容提炼出信息发布的关键词，又称"戏眼"和"标题金句"，就像皇冠上的那颗钻石，让熠熠发光的关键词不断被重复强调，最终成为记者的标题，你就大获成功了。

二是开好新闻发布会的"一、二、三"："一"是新闻发布会的长度，一般不超过一个小时；"二"是前后须分两个阶段，新闻发言人惜时如金、只用十分钟的时间发布信息，其余时间留给记者提问；"三"是发布内容一般不要超过三个，保证重点突出；回答一个问题掌握三分钟之内，做到言简意赅。每个提问可分为三段预判：即事实判断（所说真伪）、价值判断（结论对错）和回应判断（引导效果）。答问可分三个逻辑层次：是什么，为什么，怎么办或发生了什么，正在干什么，态度是什么。每个问题的回答还要注意过渡、阐释、结语的措辞。因为"老三点"是人们记忆逻辑的优势，"三段式"往往条理清晰，不会自乱阵脚，一般情况下不要过多解释细节。此外，要掌握过渡短语的使用：

我没有权利评价一个还未判决的诉讼，但我可以告诉诸位记者朋友的是……

我们在讨论这个话题前，我想补充的是……

对这件事还有可以探讨的地方，特别是……

最后还应注意提炼过渡的话语：

这就是我们为什么认为……

很高兴你能问这个问题。不少人有类似的误解，但真相却是……

正是基于上述考虑，才是我以下要强调的……

三是准备好新闻发布会的"三张纸"和"三件宝"："三张纸"即新闻通稿（发给记者，1500 字左右）、发布稿（自用，文字接近口语，文字稍多于新闻稿）、备答提纲（或称发布要点提示，拟答口径 30 条左右，每条不超过 300 字，最好列出标题句，便于自我提示并强调）；"三件宝"是提供给媒体的核心信息（客观准确的事实）、典型事例（生动的图片视频资料）、有效数据（科学为据的数字图表）。新闻发布台上人数 3 人左右（一人主持，其他人辅助，亦可一人单独发布），主持人开明宗义介绍发布主题，把握和调控发布走向，确定提问者与答复者，与发言人紧密配合，不宜喧宾夺主。

四是善用"第三方"：注意邀请事件的无利害方作为释疑解惑的第三方参与新闻发布会，发布成员结构一般由三部分组成：即政府或职能部门负责人；涉事单位代表；第三方权威部门专家。在各方职能任务明确的前提下，对复杂敏感事件最好在正式发布前召开一次碰头会，让各方人员帮助策划，提供科学依据和智力支持。并立足于"我是记者"和"我是公众"的角度，进行各类风险评估，模拟最尖刻的提问，而后协商各方请示上级拟出备答口径，以确保新闻发布会上能够步调统一、协同回应，配合新闻发言人的发布主旨，实现发布意图。对发布内容及应答口径准备得越充分、对记者提问的"猜题"准确率越高，新闻发布的效果就越显著。因为这不仅保障了发言人的"有问必答"，一语中的，还由于有第三方的解读，增强了新闻发布的权威性和可信度。

原国务院新闻办公室主任、全国政协新闻发言人赵启正在回答记者关于自己是否做发布准备时说："今年发布会有人统计我回答了 19 个问题，像高考一样，为了这些问题，我至少要准备 200 个问题。这些问题来源于我平时的积累，还有跟国内外主流媒体的接触和各大部委的调研。"②"除了平时用功以外，到了临近发布会时，如同考大学那样，时间至少是三个星期……还有一个小组帮助我……相当于预演，可以说过脑的有二、三百个问题。"③

五是"答客难"中的"三要"与"三不要"：即要从容自信，有立场、讲包容；要诚意担当，有责任、不回避；要主动回应，有信息、不空洞。还要特别注意，新闻发布会是新闻发言人的"主场"，绝不能成为供人踢射的"球门"；是"以我为主"的引导，不是小学生回答老师考问的背书；不是老想着你要问我什么，而是我今天要告诉你什么；不是在做填空题，而是借你的提问做我的论述题，诠释我的主张。因此要掌握"三不要"原则：不要横生枝节（不要接记者道听途说带给你的问题）；不要授人以柄（警惕落入法律政策及公理原则的陷阱）；不要强词夺理（对刁难问题勿怒形于色的辩驳，而要理性智对）。

六是答问环节的"三大忌"和"三句底线"：新闻发布会最忌诘问未被授权回答的问题；最忌尚不知悉的内容（记者知而你不知）；最忌没有既定的答疑口径。在回答此类问题时注意缓冲过渡的三步曲：确认问题，表示关注；坦率说明，事后答复；转移锋芒，留有余地。最后落在三句底线上：会说"据我所知"，将个人与组织分隔，自担风险；会说"截至目前"，阶段性消息提供允许变更，信息总是由表及里，由简入繁；会说"公共价值优先"的话语，以原则表态回应敏感棘手问题。

新闻发布会入场前和结束后都要保持谨言慎行，因为新闻发言人随时处在镜头和录像之中，你的每句话都可能成为记者报道的内容，越是在非正式场合处于松弛的状态下，往往不经意间的谈笑流露，反而会成为记者笔下的爆料、炒作的由头，因此要时常处在"发言状态"，因为你的每句话都将成为"白纸黑字"。

新闻发布会的形式并非单一，还包括了事件现场发布和系列发布等。

重大突发公共事件发生后，现场会涌现大批记者。在这种情况下，要因势利导，在组织抢险救援和紧急处置的过程中，采取符合国际惯例的管理方式，有序组织信息发布或接受记者采访，其方式为如前所说的迅速建立"一个中心，两处现场"，在应急处置中心领导下，组织现场新闻发布。

一是设立新闻场所，迅捷建立由相关部门组成的信息协调管理机构，在现场附近物色一处能够组织新闻发布的场地，并提供电话、传真、上网及电视信号传输等项服务，为记者采访创造条件。

二是建立应急处置现场管理区域，并与采访区域明确分隔开来，考虑事件核心区的紧急处置、法定现场勘查及人身安全因素，设定警戒标线（一般为双层"回"字形），核心现场为禁止区，警戒线外围可允许记者拍摄照片及视频，亦可借助现场为背景进行解说或采访。

三是组织新闻发布，提供权威信息。通过周到具体的服务，尽可能地将前来采访的记者纳入管理范围，同时尽快组织现场新闻发布会，主动"供料"，寓管理于服务之中，寓引导于有序的信息释放过程之中，避免根据猜测和传闻作报道，使谬误流传蔓延。须谨记，把记者推出去，等于把谣言请进来。第一时间的新闻发布是拦截谣言的有效手段，而封堵和沉默意味着让谣言拦截真相。

2009 年 7 月 5 日，新疆乌鲁木齐市发生打砸抢烧严重暴力犯罪事件。当日20时事发，7月6日10时，国务院新闻办公室即通知在华外国记者，可于7月6日下午到乌鲁木齐人民广场海德大酒店设立的新闻中心报到。为有序管理，对报道的百余名记者发放临时采访证，7月7日举行新闻发布会后，接着组织记者到现场采访，并赴医院采访受伤人员。此后记者要求采访哪个部门或哪位对象，新闻中心即主动帮助联系，并提供工作便利。现场访问时，百余名记者乘坐十多辆考斯特面包车由警车护送。新闻中心还通过电信部门专门为外国记者开通了极速网络和国际长途，且免费使用。在不到半个月时间里，新闻中心连续召开多次新闻发布会，滚动公布事实真相，驳斥不实传言，有力揭露了恐怖主义、分裂主义和宗教极端主义"三股势力"的罪行，掌握了舆论的主动权。

如何发表声明、谈话

声明、谈话是政府组织在特别重大事件发生时正式对外表明国家立场及态度的信息发布形式，多用于在国内外具有重大影响事件对国际舆论的表态，其中包括涉外突发事件，其方式严肃庄重，有严格的会商、请示及报批程序。发布规格等级较高，一般以国务院新闻办公室组织发布或发表，也可授权由国务院职能部门以国家的名义发布，亦可以书面形式在媒体上公布。

例：中国公安机关破获一起重大恐怖组织案件

2009年12月20日，20名中国籍人员以非法入境他国被驱逐出境。中国公安机关在依法对涉案嫌疑人审查时发现，其中多名是在新疆策划实施"7·5"事件等多起恐怖案件且被警方通缉在逃的犯罪嫌疑人，主犯系境外"东伊运"恐怖组织骨干。为增强广大群众和有关部门的反恐意识，表明我国政府的反恐决心，打击、震慑分裂势力、恐怖势力的嚣张气焰，进一步加强有关国家与我国的反恐合作，由公安机关提议，经与国家有关部、委、办和新疆维吾尔自治区政法委等部门研究并报上级批准，责成公安部新闻发言人对外发布，席间展示部分罪证图片，不回答记者提问。

这场新闻发布会于 2010 年 6 月 24 日 10 时召开，与会中外记者 60 余名，会后信息获得广泛传播，其通稿如下：

中国公安机关破获一起重大恐怖组织案件

最近，中国公安机关破获了一起重大恐怖组织案件，抓获以阿不都热西提·阿不来提、依明·色买尔为首的 10 余名恐怖组织头目、骨干及成员，缴获了一批自制爆炸爆燃装置等作案工具，有力挫败了恐怖分子的破坏图谋，及时消除了社会安全隐患。

这起重大恐怖组织案件的线索发现于 2009 年的一起非法越境案件。2009 年 12 月 20 日，20 名中国籍人员因非法入境他国被驱逐出境，中国警方按惯例接收了上述人员。随后，中国警方本着人道主义，及时将裹挟其中的 1 名妇女和 2 名儿童释放并进行了妥善安置。公安机关依法对其余 17 人审查时发现，其中有 3 名是被警方通缉的在逃恐怖犯罪嫌疑人。

公安机关现已查明，该恐怖组织头目阿不都热西提·阿不来提系境外"东伊运"恐怖组织派遣入境人员，依明·色买尔系"东突"恐怖势力骨干。2008 年以来，该恐怖组织在新疆策划和实施了多起恐怖案件，其中北京奥运会期间发生在新疆喀什的驾车袭击公安边防官兵案和库车县恐怖爆炸袭击案均系该恐怖组织成员所为。

阿不都热西提·阿不来提、依明·色买尔等人在审讯中供认，案发前，他们流窜于新疆、河南、广东、云南等多个省区，暗中从事宗教极端活动，发展培训成员，建立恐怖组织，并积极筹措资金，四处寻购制爆原料，多次进行制爆试爆，为实施恐怖破坏活动做准备。为制造更大影响，2009年7月至10月，他们准备了数十枚自制炸弹、燃烧瓶以及刀斧等一批作案工具，预谋在新疆喀什、和田、阿克苏等地实施大规模、连环恐怖袭击。在其恐怖犯罪图谋被公安机关及时侦获并挫败后，该恐怖组织少数骨干成员潜逃至广东、云南等地，纠集部分人员分批从我国西南边境地区偷渡出境。这些人员在外逃期间，集体宣誓加入"东伊运"恐怖组织，并向"东伊运"恐怖组织头目的互联网邮箱发送照片等人员信息，索要具体出逃路线图，企图转道参加境外"东伊运"恐怖组织。公安机关现已掌握，这些人员在外逃过程中还得到了境外"东突"组织派人接应和资助。

这一重大恐怖组织的破获再次证明，"东伊运"等恐怖组织是当前和今后一段时期我国面临的最主要恐怖威胁。中国公安机关将坚决支持并履行联合国大会和安理会的决议，依法严厉打击各种恐怖主义活动，切实维护社会稳定。

声明、谈话的内容重要，要措辞严谨、准确，具有强烈的逻辑说服力，行文一般有起承转合的内在递进关系。

例：公安部就京沪等地发生涉日游行示威活动表态

2005年，我国一些地方包括广州相继发生部分群众和学生自发举行的涉日游行示威活动，对此，公安部新闻发言人发表了谈话。

【事出有因，稳定情绪】公安部新闻发言人表示，近期在北京、上海等地先后发生了部分群众和学生自发举行的涉日游行示威活动。这是由于日方在历史等一系列问题上的错误态度并不断采取伤害中华民族感情的错误行为引发的。对于广大群众和学生的这种爱国热情，我们是充分理解的。我们希望日方认真对待中国人民的关切，妥善处理有关问题，不要再做伤害中国人民感情的事情。

【坚持原则，指出问题】在部分地区近期发生的涉日游行示威活动中，各有关部门特别是公安机关为维护正常的社会秩序，保护日本在华机构和人员的安全，采取了严密的措施，做了大量工作。广大群众和学生是理智的，但也有极少数闲杂人员借机进行打砸公私财物、扰乱社会秩序等违法活动，损害了我国形象，是法律所不允许的。

【点明危害，提出正告】公安部提醒，根据《中华人民共和国集会游行示威法》及有关法规，凡举行游行示威活动的，必须依法向公安机关申请，并在获得公安机关依法许可后，依法举行。未经公安机关批准或未按照公安机关许可的目的、方式、标语、口号、起止时间、地点、路线等进行的，在进行中出现危害公共安全或严重破坏社会秩序情况的，均是违法行为。未经公安机关批准，通过互联网和手机短信发起组织游行示威的，也是违法行为。希望广大群众和学生依法办事，不要参加未经批准的游行示威活动，也不要利用互联网和手机短信传播鼓动游行示威的信息。对于借机进行打砸等违法行为的，公安机关将坚决依法查处。

【正面引导，稳定大局】当前我国正在全面建设社会主义和谐社会，和谐与稳定符合国家和人民的根本利益，促进和谐与维护稳定是每一个公民的责任。希望广大群众和学生相信党和政府一定能够从国家、民族的长远和根本利益出发，正确处理好中日关系，以大局为重，冷静理智、合法有序地表达自己的情感，自觉维护社会秩序，不信谣，不传谣，防止被别有用心的人利用，用实际行动来维护来之不易的安定团结的大好局面，把强烈的爱国热情转化为做好本职工作和刻苦学习的实际行动，为实现中华民族的伟大复兴贡献力量。

如何开好背景吹风会

为便于与媒体沟通，有利于媒体对重要题材的深度报道，可通过吹风会将某些即将出台的政策或举措，提前进行通报和交流，征求报道的意见和建议，使其报道更贴近政府组织的意图，更具正能量和准确性。吹风的内容可要求不作来源说明或直接引用，并讲明哪些能报，哪些不能报。背景信息可介绍更具体、更细化、更深入一些，便于媒体对新闻社会效果的把控。吹风会可根据需要有计划性地邀请包括境外媒体在内的各方记者，便于他们通过不同媒介方式、不同报道角度使信息传播的效果最大化。

吹风会还具有与相关媒体负责人就共同关心的话题进行报道策划的作用。一般由政府组织邀约彼此信任度较高的媒体，就某一重要敏感事件的新闻报道事前交流沟通，并根据社会舆情动态和公众的认知程度，研究议题设置和报道方式，使媒体有针对性地配合政府组织的施政，创造良好的舆论环境，通过官媒之间的这种默契互动，实现新闻效果与社会效果的统一。

例：关于"打击拐卖儿童妇女犯罪专项行动"

的背景吹风会

2009 年 4 月，公安部为组织打击拐卖儿童妇女犯罪专项行动，进一步赢得媒体的舆论支持，邀请新华社、人民日报、中央人民广播电台、法制日报、农民日报、中国妇女报、北京电视台、北京晚报等媒体十余名记者召开吹风会。将专项行动的布置、目的提前告知，并把其中涉及的法律界限和诸如"买方市场"等敏感问题进行了解读和诠释，使记者明确了报道的着眼点和切入点，包括其中法律的热点和执法中的难点。吹风会后，主流媒体配合公安机关的专项行动以不同形式的报道见诸报端和网站，并配以专家评论，形成了对执法活动持续报道的有力呼应，达到了预期的传播效果。

提供新闻稿或书面采访的口径答复

对涉及敏感问题或不需要深度解读的内容报道，可采取这种简单的书面回复方式披露。一种情况是由权威部门向媒体提供一个书面新闻通稿，简要介绍事实；另一种情况是应媒体要求有针对性地就某些问题采取答问形式进行书面回复，既可以提供书面采访稿，也可以提供答复口径，就不再以新闻发布会的方式予以公布。

当然，提供新闻稿或答复口径的文字要字斟句酌，避免歧义理解形成炒作空间。

例：遣返台湾涉嫌刑事犯罪人员新闻稿

广东省公安机关协助台湾警方成功
侦破一起跨境特大绑架勒索案

（内容略）……此次跨境特大绑架勒索案的侦破表明，大陆公安机关为推动两岸共同打击犯罪，有效维护台湾同胞的生命财产安全和正当的权益，采取了切实有效的措施并作出了积极不懈的努力。案件的侦破也再次说明，两岸有关方面共同打击刑事犯罪活动，有利于维护两岸人民的正当权益，有利于维护大陆和台湾社会治安秩序的稳定，有利于保障两岸人民群众的生命财产安全。

针对舆情复杂、社会关注、公众质疑的突发公共事件，要持续不断地提供新闻信息，公布真相，澄清谣言，以正视听。2013 年 5 月 3 日发生在北京丰台区京温服装城袁某坠楼事件。北京警方与查处事件同步，从 5 月 8 日到 21 日先后连续发出五篇新闻稿，有效引导了舆论，使事件很快得以平复。

例：北京"5·3"京温商城女子坠亡事件的五篇新闻稿

新闻稿之一

2013 年 5 月 8 日上午 10 时许，近百名外地来京人员在丰台区京温商场门前聚集。市公安局迅速调集相关部门警力前往处置。经初步了解，本月 3 日凌晨，一名安徽籍女青年在京温商城内坠楼身亡，今日部分同乡相互邀集到京温商城门前反映问题。目前，警方正对现场秩序进行维护。

新闻稿之二

2013 年 5 月 3 日 5 时许，丰台分局接群众报警，在京温服装商城地下车库出口处发现一女性死者。接警后，属地派出所、刑侦、治安及法医技术人员迅速到达现场开展工作。经核实，死者为袁某，22岁，安徽省巢湖市庐江县人，生前在京温服装商城务工。经调查走访并调取现场及周边监控录像，反映该人于5月2日晚单独进入商城内，次日5时许坠楼，未发现与其他人员接触；现场勘查、尸体检验亦未发现可疑情况。目前，警方正在进一步工作中。

新闻稿之三

针对安徽女青年袁某坠楼死亡及社会反映，市公安局及时组织侦查、技术专家对现场勘查、尸体检验进行了认真复核，并再次梳理商城全部监控录像、走访调查当晚京温服装商城内人员。综合上述工作，袁某死因排除中毒、性侵害及他杀可能，系自主高坠死亡。警方已将核查详细情况及相关证据通报家属，家属无异议。

新闻稿之四

网上编造安徽女青年坠楼死亡原因谣言
北京警方已抓获一名嫌疑人

5月3日，安徽省庐江县女青年袁某在京温商城坠楼身亡。网上出现袁某系被商城保安强奸后跳楼的谣言，引发群众关注。5月9日，经警方工作，已将在互联网上散布谣言的一名犯罪嫌疑人马某（女，28岁，本市丰台区人）抓获。经审查，马某供认：其听到有人议论京温商城坠楼安徽女青年是被人强奸后跳楼，便在其微博上自行编写发布内容为"京温女孩被七名保安强奸，警察拒不立案"等博文。

经教育，马某对自己的行为引发的不良效应深感痛悔。目前，警方正在进一步审查，将依法进行处理。

新闻稿之五

网络社会也是法治社会 造谣传谣应负法律责任

网上造谣及扰乱秩序嫌疑人被依法逮捕

记者从丰台警方获悉：日前，利用互联网散布、传播京温商城安徽女青年"离奇"死亡谣言引发严重后果，妨害社会管理秩序的彭某等13名犯罪嫌疑人经检察机关批准，被依法执行逮捕。

5月3日，安徽省庐江县女青年袁某在京温商城坠楼身亡。经丰台公安分局迅速开展工作，查明袁某排除被侵害，系自主高坠死亡，依法将查证结果通报死者家属，并提供相关视频资料。期间，互联网上出现"女青年离奇死亡""被保安先奸后杀"等大量谣言及煽动帮助死者亲友"讨说法"的言论，导致5月8日一些不明真相群众在京温商城门口聚集，部分不法人员扰乱公共场所秩序。北京警方迅速开展工作恢复现场秩序，并对在网上造谣煽动及现场扰乱秩序的违法犯罪行为开展侦查。经工作，彭某等13名犯罪嫌疑人先后被警方抓获。

经公安机关调查，犯罪嫌疑人彭某（系死者袁某男友，网店经营者）在袁某自杀后，因对京温商城善后处置不满，利用互联网散布袁某"离奇"死亡信息，煽动同乡帮助向商城"讨说法"，导致袁某死因谣言在网上持续发酵，迅速蔓延。彭某制作了"父亲病重无主持，女儿惨死"等内容的横幅，组织策划老乡到商城门前聚集，实施扰乱公共场所秩序行为。犯罪嫌疑人耿某（系袁某同学）积极协助彭某并利用互联网煽动组织聚集滋事，在现场呼喊口号、制造影响。犯罪嫌疑人马某（系袁某同乡，网店经营者）为制造事端，在互联网上组建近千人的QQ群，发表不实言论，煽动呼喊口号堵塞交通，扰乱社会秩序。犯罪嫌疑人汪某、胡某、万某

（均系袁某同乡）等人利用互联网串联煽动、捏造事实、起哄闹事、扩大事端。

目前，彭某等 13 名犯罪嫌疑人对各自违法犯罪行为供认不讳，现分别因涉嫌聚众扰乱公共场所秩序罪、寻衅滋事罪，经检察机关批准，被依法执行逮捕。此案还在进一步工作中。

警方负责人表示，对于利用互联网实施违法犯罪的行为，公安机关将依法予以惩处。

接受记者采访和专访

接受记者采访分为集体采访或独家专访，前者可就一个事件或一个专题组织不同媒体记者统一采访，即"一对多"的形式。由领导或新闻发言人出面介绍情况，接受提问，诠释主张。与正式发布会相比，集体采访氛围轻松，答问具体，记者享有多次提问机会，传播影响面会比较广泛。但"一对一"的独家专访往往是记者更乐意接受的，因为专访媒体可以获取其他媒体得不到的独家新闻，更由于专访是独家的，媒体就会更精准地策划，报道就会更全面、深入和充分，受众影响面会更大，也易成为报道的"重头戏"和拳头产品。

正是由于这种采访对象与记者的"短兵相接"，会极大增加被采访者的心理压力，许多初次登场者往往患上"恐媒症"：与常态下判若两人，变得目光呆滞、神情僵硬、语无伦次、如临大敌。仿佛镜头成了枪口，灯光成了喷射器，现场成了"地雷阵"，有人甚至会呈现"晕机"状态，心脏、脉搏加快，两股颤颤，浑身发汗，紧张得说不出话来。其主要的原因是缺乏必要的受访训练，日常工作多为"书面语言文件脸，等因奉此照稿念"，缺少与媒体面对面的机会。

基于此，接受采访或专访前要有必要的准备，并和记者作访前"预热"。一是要"问明来意，做好功课"。采访前可请对方发来采访提纲，了解采访意图和节目形态，尽可能掌握其对所采访事件的态度：包括是否别人亦被采访及其主要观点、记者对问题掌握到何种程度，媒体身后是何方受众，以便理出接受采访回答的内容。与此同时，还要与对方确认以何形式传播：包括采访时长、是否录音、是直播还是录播，是电话采访还是远程连线，是以何媒体为载体，是出版物还是视频，如何最终审看。如在演播室采访，须了解嘉宾立场，受众群体观点，是否有相关视频资料插入节目，能否先观看其内容。访谈中出于慎重考虑，必要时你还可以留存录音备份，便于报告上级或勘误。二是"重点突出，紧扣话题"。为在答问中掌控局面，要谨防话题细碎，自乱阵脚，须事先拟出答问核心，所强调的内容尽量不超过三个方面，并围绕话题准备好背景资料，特别是事例、数据、视频图像。最优的"功课"是将每个话题提炼出精准形象的"标题句"，以便在不断的使用中嵌入采访者的脑海。若能在他文章的标题、导语、同期声、微博标签、网络"粉丝"中被加以引用，则属于你的成功。三是"推测难点，预留话题"。须知"没有不好的问题，只有无准备的回答"。对敏感话题、争议热点应有备答口径，推测预判记者可能提出的尖刻问题是十分必要的，对可能被问到的最有争议的敏感问题，一是以托词缓冲，如"你提到的是个新问题，我随后会进行了解再答复你。"二是你还可以预留几个新话题，以便对棘手问题简短回应后，抛出"新料"，以掌控采访局面。

在面对记者回答具体问题时，要掌握首先使用关键词的方法，而后围绕关键词作说明。通常一个问题的回答不要超过 30 秒，言简意赅、简洁明白，使其编辑时别无选择，更不便断章取义、借题发挥。在采访中不要跟着记者的思路和对方的语速节奏走，不要刻意追求"对答如流"，因为这样容易使自己紧张。要尽量保持自己特有的节奏，给自己赢得思考时间，而不是留给提问者大量的时间，让你去填空白。要知进知止，因为言多必散，散则易弛，要知道你时刻都处在被摄录的状态，因此既要会放开，又要随时收拢，就像国画一样要留白，给人以品味思考的余地。

要特别注意，采访内容应以你为主，而不是被记者牵着走，记者最希望你说题外话，以便他选取最需要的东西。你要特别注意不要偏离自己准备的内容。其方法是，首先将对方的提问与你的准备相衔接，将核心内容传递出去，让提问尽可能纳入自己讲述的故事之中。在叙述时始终树立"主场"意识，抓住主纲，从容交流。要不断将对方的问题与你的轨道"并轨"，力避各行其道。不要怕重复，要反复说明你的观点，在与对方存异求同中归纳你的观点，但不要重复对方负面的说法，而要强调其中的相同点。要自始至终保持坦诚热情、乐意沟通的态度，切忌闪烁其词。如对某个问题不掌握，就据实以告，或表示事后再给出确切的答案。

从本质上说，采访者与被采访者之间是一种控制与反控制的博弈关系。其中有风轻云淡的促膝交谈，也有对某个问题的分歧与质疑，甚至出现交锋与争辩，这都需要被采访者稳住阵脚，坚守底线。因此，不要怕记者尖刻甚至挑衅式提问，这是他的职责，记者可以怀疑一切，打破砂锅问到底，为的是得出与众不同的见解，挖到别人得不到的新闻爆料。对此，他已经精心打造了采访提纲，设置了种种悬疑，为击破你的"防御"，他会对你连珠炮地发问，并且咄咄逼人打断你的话，将失实的信息说成事实。有时甚至张冠李戴、指鹿为马要你解答无法回答的问题。此时，你作为被采访人，应尊重他的权利，你的包容也可能恰会造成他的无理，但你不能怒形于色，因为你面对的不是他个人，而是在与观众的交流，开罪他就是开罪受众。但在你说话的时候，逻辑思路不要错乱，切记主题不要游离，他姑妄说之，你姑妄听之，要善于"迅速接茬"，扳回"原点"，将他的质疑变成你的阐述。在他无礼时，你更加坚定而不失礼貌地坚持自己的原则，要做到理直气婉、刚柔相济。

对你没听懂的问话，千万不要让它蒙混过去，要请对方重复，也使你有了思考的空间，在简单回应后，迅速回到预先准备的核心重点。对其错误的提法和误读要及时纠正澄清，不能使之在你的默许下令谬解流传。一般不要直接回应记者封闭式"是"或"否"的提问，那样十分容易滑入语言陷阱。尽量不要让记者对你的说法进行引申解释，因为他有可能误会你的原意，从而断章取义，移花接木。

采访中还要注意慎说、禁说的话，如不说抱怨他人的话，迁怒下级的话，特别是对新闻界指责的话。因为情绪化的表达，哪怕是片言只语，也可能被"夸大"。未经授权不便答复的问题，可以使用新闻辞令，就某一问题谢绝采访或推迟回答，亦可说明自己"不是回答此问题的合适人选"。

一定注意自己是借记者之"题"，在做自己的文章，决非被动的答客难，你是导演编剧，他是你的助手和广告经理，用好了对方，他就会充任你的美容师，用不好他就会成为矮化你的丑容师。如何善用，不仅需要包容和尊重，还需要遵循采访规律和艺术，在融洽自然的氛围中实现被访意图。因此，不要老想着他将问你什么，而要想你今天提供给他什么，要说的是否表达得充分，不顺畅、不满意的地方还可以相商重来。一旦遇到棘手敏感问题，你可以使用过渡性短语或转折介词"扳道岔"，将对方的问题最终引导到你要表达的内容上："我不了解具体情况，但可以告诉诸位（你）的是：……"；"除此而外，特别值得强调的是……"；"但更为重要的是……"；"关于这类问题，我经常被问及的另一个问题是……"；"不对，请容许我澄清一下……"；等等。

记者不是导师，你也无需像作论文一样面面俱到。可择其要义予以回应，但也不能忽略他迫切要了解的内容。只是时刻注意，一遇机会，就要返回到你要强调的信息中。要切记，你不是全才和万事通，只了解与你有关的领域，对采访者的题外问题，你可以"有所不为"，婉拒评价，因为接受采访绝不是显示博学与雄辩的时候，那样你会为自己的虚荣付出代价，为了自圆其说与补拙，你的回答就容易出现破绽，记者会乘机撕开缺口，步步追问，你将步步退却，陷入被动，如果追问超过五个以上，你将显得十分尴尬，使辛苦营造的采访效果大打折扣。

由于采访是一种封闭环境中的人际传播方式，带有很强的仪式感，更加上电视镜头的放大效应，可以将你平日忽略的表情习惯和微不足道的小动作凸显。因此，除了上述采访内容的把控之外，还要特别注意非语言符号的表达，即采访形象的管理和塑造。

为避免采访中造成对你形象的损害，要十分注意自己的形体语言和着装。如果采访是面对面的，要保持对视采访者，而不是去看镜头，采访者在哪里，你就看哪里，谁提问你，你注视谁，不是老去找摄像机，那样不仅显得你目光缥缈不够庄重，而且不能与采访者身后的观众作平视交流。面对采访者也不要瞄准式死盯，可以大致把握对方面部相对的注视区。要注意自己的坐姿，体位略微前倾，做倾听状。两手自然握拳置于膝上，不要紧并两脚，可稍微前后错开，会显得落落大方，赢得观众良好印象。如果采访是远程的，就需要面向镜头，将镜头变为说话对象，这也是在面向公众的交谈。总之，在众目睽睽下不要过多即兴发挥，不要俯视镜头，或忽看镜头，忽看记者，手势不要过分夸张，两手的动作不宜超过两肩，更不要单指对人比划，那样会被视作不文明的表现。不要过分松弛放松肢体，斜靠椅背，翘二郎腿，转动椅子，作无意识的小动作，这将会令你失分不少。

访谈中的服饰着装应淡浅色或中间色，不要穿褐色、格子花呢、有条纹或颜色刺眼的衣服，特别是鲜艳而质地反光的服装。女性勿佩戴太多的饰物，男性不穿比领带更深颜色的衬衣。

最后是关于采访中的情绪管理。因采访镜头多集中在面部，要特别注意神态表情与表达内容的协调一致，一般叙述做到从容亲和，谈及灾难和不幸，要严肃低沉，诠释政策法律，则要庄重精准。回应问题，必须把握态度分寸，既不巧言令色，又避免意气用事。

还有一种电话采访方式要特别注意，一般在突发事件或敏感问题出现之初，记者会多路打进电话，对此不要冷漠回复或拒绝接听，这样做很容易被认为有意遮盖真相，但亦不可贸然回答。因为对方真实身份、所在的状态和此时的真实目的你全然不知，而且往往处在被录音状态，搞不好正在连线直播。此时，你在明处，他在暗处，稍有不慎的失态妄语，就可能成为记者们的饕餮大餐。比较稳妥的做法是：先问清对方身份，再摸清采访意图，然后按照程序用语答复采访人。

具体操作可先请对方发来传真，说明采访要求。在此过程中请示上级作出婉拒或答复的决定。授权接受采访后给自己预留出口径拟定和报审的空间，并用得体的理由礼貌告诉对方，"好，你稍等一会儿，我会很快打给你。""真对不起，我正在开会，待一刻钟以后你再打来好吗？""不凑巧，掌握你所要情况的先生要半个小时才能赶回来，等他一到，我们立即给你回话。"

统一组织记者采访或组织系列新闻发布会

重大突发事件发生后，会有大批记者赶到现场，此时要组织开放有序的新闻发布，依前所述，其措施为"两场分设，同步操作"：即一方面对正在处置的现场设立警戒线，以利事件应急处置和控制事态。与此同步在另处设置采访区域或新闻发布场所，有序公布官方权威信息。对于规模较大或事态延续发展的突发事件，可根据事件处置进展的情况，组织不间断的系列新闻发布会，分阶段、滚动式不停顿地提供信息，使媒体获得源源不断的新闻资源，疏缓公众情绪，挤压谣言流布的空间，营造出有助于矛盾冲突化解的舆论环境。

面对蜂拥而至的新闻记者，要由现场指挥者依法发布采访规范，迅速确认记者身份，以便在有效的服务中融入管理，同时在划定的采访区域内，在不影响抢险救援和记者安全的前提下，统一组织记者拍摄和采访，并尽快组织召开新闻发布会。

例：新疆库车"8·10"暴力恐怖事件的现场采访

2008 年 8 月 10 日凌晨，新疆库车发生暴力恐怖事件。

当日下午，时任中央外宣办副主任王国庆、国务院新闻办公室一局局长郭卫民（现为中央外宣办副主任、国务院新闻办副主任）与公安部副部长孟宏伟一行即赶到新疆库车县，迅速启动突发事件舆论引导和媒体管理应急预案，按照"既要开放，又要有序"的原则，由当地地委宣传部牵头，公安机关提供情况，于事发第二天下午即安排阿克苏地区专员出席新闻发布会，回答记者关注的问题并传递三个信息，即"新疆大局是稳定的、库车对媒体是开放的、恐怖暴力活动是不得人心的"。14家境外媒体的40名记者出席了发布会。他们提问的问题主要是：爆炸事件的性质、是否由民族矛盾引发、是否与境外恐怖组织有联系、是否有组织有计划、作案人员的性别、是否能保证记者在当地进行自由采访。政府官员按事先商议的口径给予明确回答。8月12日上午，安排库车县长会见记者，介绍库车情况，并邀请境外记者采访当地的开发区、学校、抗震安居工程和宗教场所等。通过主动"供料"和提供采访线索，帮助记者完成"采访任务"，最大限度地减少了境外记者自行"找米下锅"，从而达到影响和引导记者报道、转移记者关注点的目的。11日、12日的两场发布会和主动安排境外记者采访爆炸现场群众，记者们普遍表示新闻中心的安排"基本满足了采访需求"。有三分之二的记者表示将马上离开库车，12日上午匆匆赶到临时新闻中心的美国全国广播公司记者在参加发布会和爆炸现场采访后，当晚即离开库车。

这样，被西方媒体称之为"该地区自上世纪90年代以来最大规模的暴力行为"，并未引起大面积的负面炒作，闻讯聚集到库车的20多家境外媒体的48名记者在不到48小时便自行离去，暴力恐怖事件发生后极易酿成的影响北京奥运会成功举办的负面舆论炒作被有效避免。

对特别重大突发公共事件的系列新闻发布。

例：2008 年南方雨雪灾害救灾系列信息发布

2008 年初，南方部分省市发生持续雨雪冰冻灾害后，公安部新闻发言人每日两次参与部属有关单位信息会商会，收集最新信息，并坚持在每天下午会商会结束一小时内，即在部指挥中心进行一次信息发布。不仅向中央主流媒体，而且向新浪、搜狐等商业网站通报最新道路通信情况，提醒群众合理安排出行路线，并随时作出安全提示。在抗击雨雪灾害任务最紧迫的 9 天时间里，公安部新闻发言人共举行新闻发布会和信息发布会 10 场，接受网站在线访谈 4 次，发布信息近 500 条。公安部发布的权威信息成为抗击雨雪灾害期间社会各界广泛关注、广大群众十分倚重的重要信息。据不完全统计，在实时信息发布会持续举行期间，仅中国网开设的专题网页相关信息点击量就达 487.7 万余次，网页浏览量达 1193.2 万余次。

例：2008 年汶川抗震救灾系列信息发布

2008 年 5 月 12 日，汶川发生特大地震，全国公安机关立即启动了应急预案。笔者作为公安部新闻发言人赶赴一线，于 5 月 15 日凌晨抵达重灾区青川县。5 月 16 日，在重灾区北川中学现场举行新闻发布会，向中外记者通报全国公安机关全警动员、全力投入抗震救灾工作的情况。5 月 15 日至 29 日，先后接受中央电视台、中央人民广播台电话连线采访 11 次，接受新华网、中国网、搜狐网访谈 4 次，持续不断地释放大量信息。通过身临其境的现场信息发布，全方位、多角度展示了公安机关人民警察将人民利益置于首位，积极投身抗震救灾的英勇行为和奉献精神，大量鲜活感人的典型事例赢得了全社会的广泛赞誉和高度评价。

网上发布和在线交流

将网上发布和在线交流方式放在最后，意在说明其后来居上的强大功能及其作用。在新媒体环境下，舆论生态、受众对象、传播技术都在发生深刻的变化，互联网以其互通互联的巨大优势，将新老传媒"一网打尽"，成为新闻传播的制高点，舆论引导的主阵地。新闻发布和舆论引导须臾离不开互联网，必须与其实行耦合和对接，而不是被其淹没。

互联网是一把双刃剑，只有了解它才能得心应手的驾驭它。首先我们说互联网是个好东西。

说它好，它是新兴工具和新的生产力，是传播最快、覆盖最广、影响最大、作用最强的通讯工具，理所当然成为党和政府的重要资源，事实上，互联网这个新兴媒体也正在改变着党的执政模式和施政方式。

说它好，它改变了社会政治生态，它从传统新闻单向度线性传播转向多向度循环传播，极大促进了信息自由流动和自由表达，激活了每个人的政治参与愿望和潜能，也使世界上凡有人群的地方发生的任何事情都无法人为遮蔽。于是新闻主导权发生了位移，由官方的居高临下转向了官民平视交流，成为了"一切人向一切人传播"，为言论自由和"人人说话"的法治民主提供了强有力的基础条件。

说它好，它使社会阶层的壁垒被信息所打破，网络成了大众评论的巨型议事厅，是政府面对面联系群众的大广场，是化解矛盾、疏解民怨、解决难题的泄洪闸。不是互联网带来了社会问题，而是社会问题凭借互联网凸显发酵，网上问题多可以通过网下解决。包括对待刺耳的批评乃至骂声，首先看是不是政府没做好，再看是不是信息不对称造成了误判误读。只要真诚面对，骂声就会消退；要敢于在骂声中听诤言，板砖中提高公信力。纵观网络事件，渲染泄愤在真相面前多归于理性，大是大非中，公众多会站在真理一边。

说它好，它是国家治理体系现代化的助推器，具有修复、动员和引领的强大调节功能，公民参政、议政的积极性通过网上聚合成为与国家实力相匹配的强大政治力量，为政府开展工作提供了广泛的社会基础和丰厚的智力资源，成为举国办大事的动员器。同时，对振兴党风、转变作风、改变文风起着重要辅助作用。它可以使政府的公务人员面对公众和舆论成为常态，理性平和对待众声喧哗，以公开示公正，以坦诚纳良言，以真情抒民怨，以公理抚民安。少一些行政命令，少一些高谈阔论的文件，少一些套话空话连篇的会议，逐渐形成官员敢言、党内畅言、公众直言，充满生机与活力的政治局面。

新媒体带来了全新的舆论生态，也带来众声喧哗、鱼龙混杂。它突破了画地为牢的信息藩篱，把原本分散的社会资源重组、开发、动员、聚合，释放排山倒海的能量；也可以反向设置议程，分化、撕裂、消解、破坏，使谣言风行，特别是对涉及官民矛盾、贫富差异的敏感事件，往往易于激发人们心理的共鸣，可以迅速从现实到虚拟，再由网上到网下，由心态失衡导致舆论失衡，演化为群体极化的风险，给政府及社会组织带来空前的舆论压力。网络的非理性来自其工具化的局限性：它对信息重扩散传播而忽视过滤甄别，判断新闻价值往往在事前而非在事后，主观性判断多而理性论据缺乏，维权意识强烈而法律意识淡薄，过分强调权利而轻视义务与责任。听凭这种无羁的冲动不可能自发地走向有序，反而会解构主流价值，助长消极戾气，必须在建构中治理，在运用中规范。因此，坚持网络治理，对主体行为和发布内容设定"斑马线"以营造清朗健康的网络空间，同时设置法律的堤坝，引导理性有序的表达，方能更好地将网络信息作为执政的辅助资源：把风险苗头作为重要信号评估，将网络意见作为面对面的群众工作，并且主动借助网络组织公众参与公共事务与公共决策，对政府工作进行"全天候"的透明监督，从而给权力戴上紧箍咒、刹车片，安装驱动器，涂上防腐剂。

从这个意义上说，互联网是双向培育法治政府和法治社会的大课堂，是资政维稳的协商平台，也是突发公共事件舆论危机化解的缓释器。政府在其中善用多媒体整合资讯，对事件发生过程进行延递性公布，整合"断点"，揭示"盲点"，冰释"疑点"，疏导"淤点"，以真相终结谣言，做事件的最终定义者和解决者。这就能够促进信息自由流动和顺畅表达，激活每个人的政治参与愿望和潜能，形成国家治理能力现代化的合力，使互联网真正成为党和政府与群众之间的连心桥、民意窗、服务台，开启移动互联服务型政府的新时代。

为此，国务院就政务信息公开向各级政府提出了运用网络新闻发布的新要求，④强调要充分发挥政府网站在信息公开中的平台作用，要求各级政府及职能部门，将政府网站打造成及时、准确、公开透明的政府信息发布平台，在网络领域传播主流声音，涉及群众切身利益的重要决策，要在政府网站公开征求意见，重要政策法规出台后，要针对公众关切，及时通过政府网站发布权威信息，讲清事实真相，有关政策措施以及处理结果等。地方政府和部门负责人应主动到政府网站接受在线访谈。同时还要求建设基于新媒体的政务信息发布和与公众互动交流的新渠道，积极探索利用政务微博、微信等新媒体，及时发布各类权威政务信息，与公众进行互动交流。

"春江潮水连海平"，党的十八大以来，政府政务公开的大门越开越大，2016 年 2 月 17 日，中共中央办公厅、国务院办公厅印发《关于全面推进政务公开工作的意见》，旗帜鲜明地提出推进决策公开、执行公开、管理公开、服务公开、结果公开、重点领域信息公开、政府数据开放共七项公开，堪称高屋建瓴，果断坚决。

我们还高兴地看到，随着中央网络安全与信息化领导小组的建立，国家实现了互联网的顶层设计，在新老媒体的融合过程中，新型主流媒体正在被打造成国家级的传媒"航母"。传统媒体单向传输的"首播效应"与新兴媒体的"互动传播效应"正在紧密对接；官方话语与个性碎片化传播并举、由政府独家叙事模式转向由发言人与记者、公众的"对话模式"正风生水起。

政府的政务公开、新闻发布，要理所当然地乘上这台与公众实时互动的"时代高铁"，充分发挥多媒体各方优势，将"三微一端"作先锋（微博、微信、微视频及手机客户端），政府网站冲在前；报评网论作总汇，三网发力齐动员（广播、电视、手机网）；开好新闻发布会，信息覆盖全社会。实行各类媒介多领域立体交集，移动化、矩阵化混成作战。在互联网的舞台上多路并进，密集回应，使用政府网络、商业网站、自媒体、手机短信、布告标语等多种手段，最大限度组成全景式、大规模、立体化的传播战役，形成多媒体、多文本、多维度的集束文宣，"十八般兵器，样样俱全""拳打脚踢，南拳北腿并用"，不同引导阶段使用不同传播武器：首先是"微博""微信"及微视频的捷足先登，快人快语，犹如先遣兵侦察火力；接着是电视采访，像突击队占领制高点，不断跟进视觉画面；广播电台则向更广阔的纵深挺进，反复评说。报刊发表权威评论，深度解读；网络则将报纸、电视、广播、手机信息利用互联网强大的复制、回溯、裂变的功能，造成超强的视觉、听觉、画面、文字的冲击。通过预热、供料、搅拌、发酵，生产出源源不断的"武器弹药"，编织成密集火力的信息网，犹如地面有千军万马的方阵，天空有雄壮的多声部交响，"大弦嘈嘈如急雨，小弦窃窃如私语"，既有引吭高歌，又有浅吟低唱；既像山呼海啸，无坚不摧；又有水银泻地，无处不在的渗透浸润。这种网上网下的互动大传播格局，使传统的新闻发布从大厅走向天地广阔的时空，将口头发布化为"指尖上的发布"，使直接传播与代言传播、主动传播与移动传播、定时传播与移动传播、创意传播与情感传播紧密合为一体，服务于新闻框架的总体议程设置。这样就会由于科学配置了多媒体的资源，将极大释放各类媒体的潜能，形成集束效应和"新闻流"。更由于广大公众的互动参与，不仅造成持久的舆论氛围，还能将概念、意识轻而易举地植入人的脑海，引领社会整体意识，转化为强大的正能量。

例：八名中国维和人员海地地震遇难

2010 年元月 12 日海地时间 16 时 53 分，当地发生里氏 7.3 级强烈地震。联合国海地稳定特派团总部大楼倒塌，正在楼内与联合国官员举行会谈的公安部朱晓平局长率领的四名工作组成员与驻海地维和警察共 8 人罹难。

面对猝然而发继而举国关注的不幸事件，公安部第一时间确定"履大国之责，扬维和精神"的报道原则。首先使主流媒体占据制高点，由央视新闻频道进驻公安部指挥中心，通过远在海地的卫星通讯直播前方抢救情况，从发现的一位维和人员遗体到八位烈士全都找到的整个过程，在指挥中心大厅现场组织新闻发布，向新华社、人民日报等国内主流媒体实时披露信息。同时连线中央人民广播电台，并由时任公安部部长孟建柱接受记者集体采访。在最短的时间内又借助新媒体快速覆盖传播的功能，不失时机由中国新闻网发布《公安部证实 8 名维和人员被埋　其余人员安全》的消息。从元月 14 日至 26 日 12 时，500 余条陆续释放的有关"维和警察遇难"的信息报道，在网上获 141 万条留言。"我被埋人员名单公布"，获 147 万条留言。此间，公安部官方网站大口径提供收集的有关国家维和工作历程及贡献的图片、视频 300 余条（张），遂产生了强大的视觉传播冲击力，专题点击量达 9000 余万人次，130 万网民通过网上灵堂献花、寄语。各大中央新闻网站的相关专题访问总量约 2.1 亿，四大商业网站访问总量突破十亿人次。维和英雄的行为与党和国家倡导的核心价值观相吻合，党中央以最隆重的仪式与首都各界群众在北京八宝山公墓悼念英灵。

一起灾难不幸事件通过多媒体多角度、多层次的深度传播，获得了广大受众的主动参与，在人际互动中由"弘扬精神"转向"缅怀英烈，情动国人"，将维和队伍十年的光荣业绩进行回顾式报道，信息经过不断复制形成了全时空的覆盖，成为一时间国家政治生活的话题。在英烈遗体告别阶段，再次运用媒体激扬国情，以"缅怀继承，至伟评价"为核心，从英烈灵柩回国到遗体告别仪式的每个环节，精心报道，中央电视台在长安街就设立了 4 个直播点和 7 个流动机位，体现了国家、人民对维和精神的崇高评价，使新闻报道基调由悲痛引向了昂扬。

一旦发生的舆论危机事件，使用网络平台更能够迅速释放真相，影响突发事件的走向。因为最大的危机不在危机本身，而在于对于危机的态度和做法，越是封堵，越会激化；越是打压，越易极化。相反，越是开放透明、坦荡真诚，越能获得支持，赢得信任。

实践证明，在信息传播日趋点对点的碎片化、互动化的今天，传统的新闻发布会往往滞后于微博、微信这些"飞毛腿"。因此，在室内大厅里召开的新闻发布会，需要借助新媒体作翅膀，与新闻发布会形成"一体两翼"，通过新闻网络、政府网站和政务微博、政务微信等各个新媒体构成信息链条，不间断向媒体和公众披露事实真相，成为"24小时不谢幕"的新闻发布会，实现"指尖上的政民对话"。

正基于此，政务微博方兴未艾，政务微信又如雨后春笋。

截至2015年12月底，新浪微博认证的媒体微博总数达15.24万个，其中政务机构官方微博114706个，公务人员微博37684个，发博量2.5亿，阅读量1117亿。以北京市为例，政府建立起多平台、集群化的"微博"发布厅，一级部门成员单位78个，二级成员单位2000余个，总粉丝量高达6600万人。承担着直播、政务、引导、辟谣、督办、答疑、建言、化解和互动等九大功能。再以与民生关系最为密切的公安系统为例，各地政务微博"忽如一夜春风来，千树万树梨花开"，北京、江苏、河北、广东先后建立"平安微博"。仅2012年就增加官方微博17000个，个人微博4000个，粉丝过亿。与此同时，公安政务微信也蓬勃发展，现以总量1094个占比全国政务微信平台30.30%的阵容，居全国政务微信首位，它紧跟热点话题、发布权威信息、亲民互动和人性化服务方面显现出较高的专业精神，其作用日益凸显。

一、微时代处理，多媒体合力化危机。

"平安北京"自 2010 年 8 月 1 日开通以来，推出集微博、微信、微视、博客、新闻客户端等 10 个子平台的移动新媒体服务平台，共发布各类资讯 9 万件，收到网民各类评论留言 160 万余条，解答网民咨询 5 万余次，总粉丝量超过 1500 万，位居全国最具影响力政务微博的前列。在回应社会关切、解决网民反映突出问题的同时，还有效疏导化解了"地铁国贸站人流逆行引发恐慌事件"、辟除"地铁迷药""刀片划脸"等多起网络谣言。被网民称为"群众网上贴心人""网络谣言粉碎机"。

如前例北京"5·3"京温商城女子坠亡事件，针对谣言引起大规模群体聚集，北京警方在有效控制事态扩大的同时，将新闻通稿的内容经"平安北京"新浪官方微博在更大范围传播，事发一小时后，"平安中国"简要发布了初核事实，针对社会关注度升温，于当日下午公布调查结果，确认袁某为自主高坠死亡。针对舆论质疑，于 5 月 9 日早晨再次公布权威信息并强调："警方将核查详细情况及相关证据通报家属，家属无异议。"截至当日 15 时 30 分，"平安北京"微博平台被转发 28775 次，共收到评论 8009 件。紧随其后，《人民日报》头版刊登《自媒体有传播就有责任》的评论文章，央视《晚间新闻》《共同关注》《东方时空》专题报道，让办案民警接受采访，公布现场录像。5 月 21 日将 13 名网上造谣及扰乱秩序嫌疑人依法逮捕的新闻稿通过主流媒体、官方网站广泛播发。《法制晚报》发表快评《网络社会也是法治社会》，中央电视台《新闻1+1》以"谣言制造者"为题展开评论，《焦点访谈》梳理事件始末，鞭辟时弊，《北京晨报》刊发《虚拟世界不是虚假世界》，《京华时报》刊发《有效追责也能培育理性网民》，《中国青年报》《法制日报》等相继组织有力度的评论文章。在整个舆论引导过程中，北京警方运用网络率先发布、社会媒体衔接、主流媒体跟进的"组合拳"，营造起"网络社会也是法治社会，网上造谣必将受到法律严惩"的舆论氛围，不仅有效遏止了矛盾激化，而且净化了网络空间。

例：广西柳城发生邮包连环爆炸案

2015年9月30日15时50分，广西柳城县及周边范围内发生17起邮包爆炸事件，共造成7人死亡，51人受伤，两人失联。事件引起当地群众恐慌。当地警方提示：广大群众要加强防范，不要随意接受陌生人委托转递的物品。当地警方与各地警方联动后，不断发出正确讯息，引导公众。谣言并没有终结，相反围绕"包裹"谣言四起。广州公安指挥中心通过微信公众号发出，"近日一条虚假信息在社交媒体流传，称所谓'广西柳州爆炸案的嫌疑人已被抓获并供述做了61个炸药包并寄出去，目前已爆炸18个，还有43个没炸'，经小编核实，新华社于2015年10月2日发布权威信息指该爆炸案嫌疑人韦银勇已在案发现场被炸身亡，并不存在嫌疑人韦银勇被抓获并供述制作61个炸药包的情况。"

二、微互动，开创服务新平台。

当前在互联网＋的大环境下，各地公安机关纷纷与微信合作，开展警务服务。

全国公安交通系统政府微信已达703个，覆盖31个省区市，"武汉交警"与阿里巴巴、腾讯等服务商深度合作，在微博、淘宝、支付宝和微信上线交通违法查询业务。"武汉交警"微信不断拓展便民项目，目前已实现 18 种自助服务功能。其中，交通违法信息同步推送、微信交通事故快速处理，微信支付交纳罚款等多项功能属全国首创，正在筹建远程定责、路段限行等交通信息提醒及车管业务搬入服务号等场景，推动管理创新。目前，"武汉交警"微信已被 60 万驾驶员密切关注，微信发布信息的点击量和阅读量平均都在 2 万次，单条最高点击量达 14 万次。

福建厦门交警用微信为近百万机动车提供"5 秒钟查违章"和"微信自助移车服务"，被 13 万"微友"赞为"掌上交警"。

2012 年 10 月 17 日 19 时许，6 名游客被困广东肇庆将军山山腰 20 米高的悬崖上，肇庆公安派出 8 名民警前往解救，官方微博对此过程利用图文链接、现场视频进行全国政务微信首例发布，经过两个多小时的艰辛救援，被困人员转危为安，有力释放了警察解民于倒悬的正能量。

三、快速回应释疑，稳定社会秩序。

2010 年 11 月 6 日凌晨 4 点，广东肇庆端州岩前村（风景名胜七星岩前）一台摩托车发生爆炸，车损人亡，人心惶惶。肇庆警方在 9 点 23 分、9 点 24 分、9 点 25 分连发三条微博：经现场勘查施救，男子李某等刑释人员，摆弄烟花火药被炸死，动机正在调查中，很快平息了蜂起的舆论。

2013 年 4 月 20 日上午 8 点 02 分，四川雅安发生 7.0 级地震，在手机电话失常的情况下，"四川雅安"微信大显神通，发挥了"一呼百应"的抢险救灾信息推送作用，4 小时内关注量突破 15 万，已拥有 13 万听众关注的"微成都"则在雅安地震波击成都时发布权威信息，使惶恐失措的市民恢复了心理稳定。

四、接受群众举报，打击违法犯罪。

针对手机拍拐卖儿童和乞讨儿童等线索，公安部刑侦局打拐办陈士渠的微博，高居榜首，他每日及时回复举报线索，抓紧协调查办，被评为2011年中国正义人物。他不断回应的内容不仅有打拐的战果，还有善意的提示："请核实报案真实性，不要发布道听途说内容"。同时还通过碎片式发布解疑释惑：3月22日21:25腾讯："接涉案地公安机关报告，孩子遇害，并非拐卖，案件正在侦办中"。4月28日15：44海口公园走失的小轩轩已找到，家人领回。5月1日13：08已接当地公安机关报告，孩子系溺水死亡，传言不实。6月21日13：44"这条信息不是乞讨，是孩子去餐厅吃饭，有家人陪同，请博主删帖"。

福建厦门思明区梧村派出所官方微信"守护梧村"发布图文专题资讯《警方大喇叭》："闺蜜逛街型盗窃团伙预警"，当日中午13时许，当该犯罪团伙刚进入当地罗宾森广场5分钟即被群众准确识别及时报警，很快一网打尽。

浙江玉环县公安微信则通过一名"信使"，成功劝返国外在逃犯罪嫌疑人投案自首，类似的"在线自首"者一个月内多达3人。

五、查处害群之马，维护执法形象。

对微博举报涉嫌民警违法犯罪的问题，公安督查部门迅速查究，严肃处理，有效防止了"一马害群"，并且"接受监督，朝闻夕改"，推动警务公开，提高执法透明度。类似山西太原公安局长李某之子被纠章殴打交警事件、四川合江县交警副大队长与女下属"开房丢枪"事件，一经微博发现，立即从严依法惩处。同时，对谣言诽谤者及时澄清，以正视听。

2012年2月13日，广西都安县公安局长任中伦被名为何姿姿的本县高二女生举报，称被任强奸并怀孕，父亲在告发过程中被打残。网上舆论骤起，当地公安机关立即核查，任中伦本人亦实名发出微博，表示在接受组织调查的同时欢迎举报监督。水落石出后，原来系被打击对象的诬陷报复，在驳斥谣传做出处理的同时，维护了警方声誉。

六、虚心听诤言，在拍砖中提高公信力。

江苏苏州、浙江湖州警方利用微博，在网上召开警民恳谈会，虚心纳谏，通过"派出所的一天"，听取网民改进创新公安工作的建议与批评。按照"民意领跑警务"的理念，每年据公众意见列出十项工作目标，向社会兑现承诺。"平安肇庆"负责人陈永博的心得是，再尖锐、再偏激的声音也要敢于面对，善于倾听，真诚回答。用"有错就认，笑对批评"的态度与网民互动。他说："正是警察一改居高临下的面孔，放下身段真诚为百姓服务，骂声自然减少。"他介绍说，开办微博之初每天有5—7条的骂声，后来减到1—2条，现在归零。陈永博认为，网络生态宽松，带来嬉笑怒骂皆成文章的现象，正是这些刺耳不敬的话语才使得官方舆论场与民间舆论场互通。对此心态要放平和，理性分析，客观对待。至于散布谣言，煽动危险行动，危及公众利益，触动"高压线"，就一定要依法管理和处置。

注　释

① 刘铁男已于2014年12月10日被一审判处无期徒刑，剥夺政治权利终身。人民日报为此发表微博评论：新闻发言人本是公职，怎会沦为"家奴"，为个人背书？

② 赵启正：《直面媒体20年：赵启正答中外记者问》，新世界出版社2015年版，第338页。

③ 赵启正:《直面媒体 20 年:赵启正答中外记者问》,新世界出版社 2015 年版,第 343 页。

④ 国务院办公厅国办发〔2013〕100 号文件《关于进一步加强政府信息公开　回应社会关切　提高政府公信力的意见》。

八种引导舆论方式

主导法

阻燃法

抽薪法

切割法

转移法

化解法

缓释法

构建法

　　毋庸置疑，如何与媒体打交道，已成为现代领导干部、社会组织管理人员必备的能力。这种能力又被称为媒介素养。什么是媒介素养，我们现在已有了更具体的认识，即了解媒体的地位作用，掌握舆论的形成规律，善于识别信息的真伪，熟悉不同的传媒特征，在运用传播知识及有效方法的基础上勇于发声、敢于亮剑，成功实现舆论引导，从而拥有决策处理复杂问题的能力。

　　由此而论，作为现代领导干部，不仅会讲工作，也应会讲道理；不仅会按工作规律办事，也应会按传播规律办事。不仅知媒，还善用媒。即按照习近平同志在党的新闻舆论工作座谈会上所要求的：引导广大新闻舆论工作者做党的政策主张的传播者、时代风云的记录者、社会进步的推动者、公開正義的守望者。遵循傳播規律，建立和諧政媒關係，科學進行輿論引導。

国画大师笔下的牧牛图，常是小牧童骑于牛背，悠闲吹着笛子驾牛而行，而不是叱牛推牛，更不是拽牛拖牛。引导舆论犹如牧童放牛，有嫩草鲜料，有鼻绳在手，庞然大物自然会乖乖跟上你走。是牧童牵牛，而非牛牵牧童，政府及社会组织就应是这个牧童。但现在却出现了一个习以为常的误读，即"舆论引导"，不少地方或部门每天被舆论引导着，哪里出现舆情，马上去应对，舆论指向哪里，就扑向哪里"救火""灭火"，整日疲于奔命，焦头烂额。

正确的方式是为舆论引导的概念正名：是舆论的引导，而非被舆论引导，政府和社会组织应当好牧童，主动"供料"，让舆论跟着你的笛音走，你是主体，舆论是客体。最好的方式是：变监控为预测，变封堵为善用，变辩解为求证，变屏蔽为透明，顺应传播规律。只要掌握了规律，舆论是可以驾驭的，危机是可以转化的，信任是可以修复的，形象也是可以重塑的。而导控舆论的杠杆就叫议题设置。

如前所说，我们将对舆论的引导从时间上分为六个环节，从空间上应用七种传播载体，如同宴会要有供餐的流程一样。而舆论引导的核心则是为整个盛宴提供引人食欲大开的精美菜单——按着菜单端上餐桌的美味佳酿，才能使顾客大快朵颐，顺心遂愿。而这张菜单，应当称之为"议题设置"。

何为议题设置？简而言之，即新闻媒介对形成的公众意见的焦点施加的影响。[1] 议题设置的这种"影响"不仅能让人们去"想什么"，还让你"怎么想"，并在无形之中实现了对公众的引导。

具体而言，媒体是怎样用无形之手左右人们的思想和行为呢？这在于媒体拥有得心应手的武器——设置新闻报道框架，对公共事件进行有目的的选择、强调、排列和组合，选取有利于观点的论据，从而突出事件某一方面意义的报道策略。这个框架内是一种拟态的新闻事实，即被加工了的事实，是被赋予了情绪和观点的事实。更由于其反复强调的定义或议题，形成了"舆论流"，也称"制造同意""定义新闻"，让你不知不觉参与其中被牵引。媒体这一特有的强大功能，笔者称之为"被舆论引导"，即社会舆论为媒体所引导。而我们今天研究解决的恰是"引导舆论"，即以政府为主导，如何善于运用媒体实现自身的议题设置。这是因为政府及社会组织在社会生活中掌握着大量信息，须履职依法公开，是引导舆论的主体，而媒体只是传导中介，客体则是广大受众。由此而言，政府既是信息源，又是影响源，作为信息的第一提供者，理应在突发事件的第一时间就主动设置议题影响媒体，再由媒体设置议题影响受众。这才堪称是"引导舆论"，而非被"舆论引导"。

那么，如何坚持主体地位，主动设置议题呢？首先是"怎么看"，即政府组织对突发事件要有准确客观的分析判断，有鲜明的主张和观点，然后决定怎么说，即对事件评价站在什么角度说，说什么，怎么说，要导向何方，对此需有定见。其出发点必须是不断满足公众日益增长的知情权，最大限度向人民群众提供国内外重大事件的真实信息，从而不断增强政府组织在人民群众心目中的地位和声望。但是，这也不意味着有闻必录，将所有信息毫无选择地和盘托出。在事实真相公开透明的前提下，要确定说什么，不说什么（底线原则：如国家秘密、商业秘密、个人隐私等均不宜公开）；先说什么，后说什么（根据轻重缓急排序，符合传播与认知规律）；多说什么，少说什么（强调突出或者弱化淡化某些信息，以利矛盾化解），赋予事件以新的叙事框架，而非自然主义、"原生态"的实录或直播，特别是对恐怖袭击和恶性刑事案件，那些令人发指的残暴手段和血腥场面必须严格控制。

其次，议题设置不是一锤子买卖，也绝非一厢情愿，更不能强迫命令，必须遵循传播规律，符合社会学、心理学的要求，审时度势，把握好时、效、度，讲求细节的精准，像外科手术那样将每根神经、每个毛细血管接好，才能将政府的意图、媒体的关注、受众的关心有机统一起来，构成箭、弓和靶心的关系，才能达到"一箭中的"的目的。因而应先由政府组织将主导意象转换为议题，再通过媒体转化为新闻话语，这种转化需要在博弈中调整、在变化中引导，并通过新闻内容源源不断地传递，实现政府信息导向与媒体新闻导向的统一。切忌向媒体发号施令，议题生硬直白，而是真诚与媒体合作，尊重新闻传播规律，创新方法手段，寓政府导向于生动新颖的新闻话语中，注重实证以及人性化的话语方式，将政府主张潜移默化为媒体的传播取向，使人们在接受新闻资讯和观点时，不知不觉认同支持政府的决策和意向。

最终，议题设置必须以社会主义核心价值观为最高准则，将公共价值作为议题的灵魂。据此公布真相、判断是非、讲清大局、揭示本质，这才是议题设置的最高原则。围绕这个核心，坚信舆论是可以引导的，社会的认知和态度是可塑的，从而积极有所作为。须知，在公众知情范围不断扩大、表达空间不断拓展、监督权力日益加强、参与程度不断提高的今天，政府不仅提供信息，还要提供服务；不仅提供事实，还要提供引领和解读；不仅描述新闻，还要肩负法治社会建设之责，作用于人们的思想和行为。

更为重要的是，这种引领和解读的方式，不是命令公

208

众，而是真诚与之交流沟通，是平等对话，不是居高临下的讲话。殊知，欲要让公众成为倾听者，首先要让其成为表达者，成为公共价值议题的共同参与者，构建起新型的"说"与"听"的关系。特别是对于突发事件的诉求者，更应纳入对话沟通的范畴，将对立方变为当事方，纳入体制内对话协商。拥护与支持会由参与而自然产生，化解和服从因平等讨论而感召。即使对话未能解决具体问题或全部问题，公众也会因发自内心的理解而接受你。这种议题设置模式正可借助新兴媒体成为得力载体，利用网络互联互通的作用，第一时间占领信息高地，倾听意见呼声，发现不足，纠正偏差，化解矛盾，完善制度；第一时间担负起法治政府引领"影响流"的责任，对占有的信息进行科学分析，以法治思维澄清是非，不仅让人们"睁大眼睛"看清真相，还要引导人们"开动脑筋"理性思考，更要启发人们"张开嘴巴"，形成有序表达、求同存异的和声，从而疏导焦虑情绪，排除误解偏见，驱散传言谣诼，用更高的价值追求释放善政的能量，是教育、引领、沟通、说服、倡导、化解和培育，而不是退让、妥协，被舆论挟裹，当公众的尾巴，甚至牺牲原则换取一时之安。

　　了解了议题设置的功能和作用，我们就找到了化解舆论危机的钥匙。长期以来，人们对风险管理的误读是：只要在突发事件中能够控制或缩小危机的信源、范围及影响，通过不说、少说的"减法"，就能缓解乃至消除负面效应。事实与教训反复证明其大谬不然，成功的案例一再说明上乘之法只能是正视危机，迎难而上，因势而导，运用议题设置的方式，通过提供、回应、解读、修复的方法，才能最大限度降低事件的负效应，维护自身的权益和品牌形象。

　　一言以蔽之，危机公关有技巧、有方法，这就是议题设置的运用，而议题设置的成败，核心在态度。一个负面事件之所以具有"墨点"效应，迅速得以扩散传播，焦点往往不在事件本身，而在于事件折射的社会问题和情绪反应。因此要善于跳出事件，找准问题，针对问题采用正确的态度和诚垦处理方法，万勿陷入事件的旋涡而不能自拔。在舆论危机中，处置态度决定思路，思路决定方法，最终决定着舆论引导的效果。相对技巧而言，态度永远是第一位的，有了正确的态度指向，就会拥有以下多种方式。

（1）主导法；（2）阻燃法；（3）抽薪法；（4）切割法；（5）转移法；（6）化解法；（7）缓释法；（8）构建法。

主导法

——说出真相，国家才有力量

真正的制度自信源于对民心的信任，而民心的信任源于让群众了解国家的一切，包括严重的失误、重大的损失乃至幕后的丑闻。因为只有当群众知晓一切、判断一切的时候，才能坚定地站在自己所归属的制度一边。对自身存在的问题，敢于主动用"自己的刀削自己的把儿"，勇于挺身而出，公布真相，坦承错误，表明态度，这本身就是强有力的舆论引导。因为只有说出了事实真相，才能明辨是非，才能拦截谣言，才能宣示决心，才能挤压负面新闻的空间，才能主导舆论，修复形象，赢得民心凝聚力。

例：中纪委网络公布贪腐大案主导舆论走向

党的十八大以来，党中央以前所未有的力度肃贪反腐，先后对周永康、徐才厚、令计划、苏荣等多名高官的贪腐问题开展调查，同时通过新闻方式昭告天下。这种主动击浊揭丑，自我曝光的做法非但无损政党声誉，反而显示了新一届中央集体查处腐败的决心，树立了依法治国不可抗拒的威严，因而赢得了广大人民群众的一致拥护。

自 2013 年 9 月 2 日中央纪委监察部网站正式上线并开通网络举报通道后，中纪委官方网站很快显示出引领网上反腐舆情的"引擎"作用。此后，全国各地纪委监察部门紧跟中纪委步伐开通官方网站，在全国范围内形成纪委主动发出权威声音，占据舆论高地的舆论氛围。与此同时，之前的网络民间反腐发生断崖式降温。根据中国传媒大学互联网信息研究院统计，2014 年由网络举报而揭露的腐败案件仅 51 件，全年总和不及网络反腐"鼎盛时期"一个季度的件数。由此可见，反腐"正规军"出击成效显著，网络反腐进入官方主导时代，一改过去"网络爆料——纪委介入"这种被舆论引导的状态，转而形成"纪委公布——舆论热议"模式，官方牢牢把握住了舆论话语权。舆论一度总结的"周一拍苍蝇，周五打老虎"纪委工作规律，正是印证了反腐官方节奏的深入人心。2012 年至 2014 年各季度网络反腐事件数量走势[②]如下图：

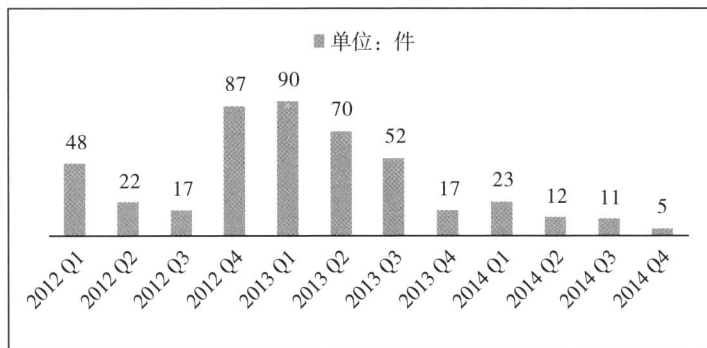

注：Q 代表季度。

同样，这种主导法也适用于社会安全事件。

例：2013年"6·7"厦门公交纵火案

2013年6月7日18时22分，福建省厦门市BRT快1线公交车在行驶过程中突然起火，造成47人死亡、34人受伤。事发后，中央领导高度重视，市政府负责人急赴现场启动应急预案，在开展伤员抢救、事件查处的10个小时后，举行首次新闻发布会。

新闻发言人通报：事件共造成47人死亡、34人因伤住院。经勘查发现，起火公交轮胎正常、油箱完整，现场发现的助燃剂为汽油，而该车使用的是柴油发动机，由此可排除安全生产事故。初步认定是一起严重的刑事案件。

在信息高度透明的前提下，市政府进一步主导舆论，由政府新闻办通报各类证据的科学鉴定结果，确认犯罪嫌疑人陈水总实施了放火案：一是起火点遗留的折叠式手拉车残留金属架，编织袋残片以及陈水总家中提取到的残留汽油的铁桶；二是幸存者指认陈为纵火人；三是笔迹鉴定证实所提取的绝命书为本人书写；四是DNA技术鉴定其被当场烧死。

在舆论主导的同时，政府各职能部门多措并举：公安机关加大警力投入，加强安全隐患排查整治，加强社会面治安防控，切实防范重大刑事案件和各类灾难事故的发生；交通部门次日恢复厦门三条快速公交线路运行，并增设安全监督员，入站秩序井然，同时决定对公交车采取安全员跟班跟车措施，确保行车安全；卫生部门成立医疗救治工作指挥组，国家和部队医院均派专家支援，并开通了伤员信息查询服务，建立了伤员伤情和治疗每日向家属通报制度；教育部门因案发当日正值高考第一天，车上有参加考试学生7人受伤，8人遇难。福建省教育部门决定按照考生第一天考试的成绩和平时在校成绩，安排七名考生到相应高校就读；安监、消防部门发出通知，提醒乘客当公交车起火时，如何快速逃生。时任厦门市市长刘可清在对全市安全生产检查中，要求厦门客车厂家尽快在全市165辆BRT车辆上安装自动爆破器，提高客车安全性能，以便在危情中能使玻璃迅速裂开，乘客可紧急避险，从而增强市民乘车的安全感。

阻燃法
——给信息安上"减压阀"，铺上"隔热层"

祸患常积于忽微，风起于青萍之末。突发事件多有前兆，在矛盾处在萌芽状态时，解决成本最低。当事件酝酿发酵时，就应动员足够的力量进行说服、化解，阻断信息纵向的延伸、横向的扩散。因此须牢牢掌控舆论的减压阀和总开关，在社会组织和新闻媒体配合下，主动释放善意，疏导情绪，诠释法意，对燃点降温，对热点冷却，对会给社会带来恐慌和弊害的视频图像进行依法管控，对不实传言采取有效的澄清，对谣言进行坚决地揭露和抵制。通过对可燃物的转移，分解缓释压力，防止积薪助燃，从而最终熄灭火种，排除引爆点。

换言之，危机管理的目的，是通过信息的及时导控来遏止事态的恶化，尽量减少社会危害和损失。在危机中，你或许不能改变面临的灾难，但你可以导控危机的走向，缓解事件的冲突和矛盾的激化，通过主动介入和有序管理引导信息的传播，从源头上掌握事件的总开关，将信息闸门转变为"减压阀"，铺上"减震器"和"隔热层"，最大限度遏制危机蔓延的范围和损失的程度。

首先是信息源头的管理，要特别注意信息"首因效应"，明确"速度就是新闻"。政府和相关部门有必要主动出击，抢占制高点，把握首发权，第一时间尽快释放良性阻燃信号，遏制有害易爆信息，将事件纳入有序的解决轨道。这是因为人们对最先出现的信息格外关注，而第一反应又往往基于情感判断，当第一时间的信息先入为主之后，紧随而来的信息特别是相左的观点往往被排斥和过滤掉，并且很难再进行客观的价值判断。这种状态又很容易在网络作用下形成情绪的沸点，每个分子都成了"信息传递者"和"信息的裂变者"，这种极富感染性的舆论环境一旦形成，极端的倾向便会像"雪崩"式地爆发，直到宣泄净尽，带有很大的破坏力。

因此，初始逻辑体系建立至关重要，它会在很大程度上决定事件走向，起到事半功倍的作用。在应急处置中一定要本着"可化不可激，可散不可聚"的原则，将矛盾化解和舆论导向同步操作，充分发挥各级社会组织优势，采取行政的、法律的、经济的和教育的多种方式，把冲突消解在萌芽阶段，并在这一过程中统一信源，主动释放权威声音，减少无端猜测，切断谣言蛊惑。

例：辽宁"蚁力神"涉众诈骗案件的依法化解

1997 年注册的辽宁"蚁力神"公司以高额回报、虚假信誉（能 14 个月连本带利 1 万元回款 1 万 3 千元、主犯王奉友以虚假广告获取"国家合格评定质量信得过产品"）诱骗他人参与，共设立 46 个分公司、一万个销售公司，涉及全国 17 个省区市 113 万养殖户资金额高达数百亿。许多老工业基地的群众将下岗补贴、动迁补助、社保资金、房子抵押贷款一股脑儿投入，最终血本无归。王奉友挥金如土，包养情妇，并在国外一次被骗资金1亿8千万元。事情败露后，王企图转嫁政府，称自己崩盘是政府打压造成的，并收买公司经理，煽动养殖户闹事。2007年10月19日、20日多名受害群众聚集冲砸党委办公机构，堵塞交通干线和铁路。与此同时，不少地方养殖户四处串联准备聚众上访。境外势力乘机推波助澜。

针对上述情况，当地党委政府组成了由二十多个部门负责同志参加的领导小组，制定了包括矛盾化解、群众工作和舆论引导的全面方案。并要求各级党委政府加强初始信息的研判，在此基础上提出"谁的人谁管，谁的事谁办，谁主管谁负责"，对涉罪主犯王奉友加强侦办的同时，"破产清算、专案侦查、维稳防控"三管齐下。在对沈阳蚁力神14万户调查的基础上，由单位、基层组织、社区、民警包人，每日见面作疏导化解工作。针对可能出现的群体聚集，及早发现，及早劝离。通过各级基层组织深入细致的工作，养殖户群众通情达理，由于工作到位，对立情绪大大缓解，最终纳入了依法解决的途径。

在整个工作过程中，网上始终未形成热点。当时正值"华南虎假照事件"风头正劲，由于舆论上主动因势利导，目标靶对准了"老虎"，形成了铺天盖地的评论，有关"蚂蚁"的舆论自然由升温到沉寂。当地媒体也对此主动配合，各大主流媒体在抓捕、追赃、清算、补偿阶段，进行了简洁有力的报道，起到了缓压器的作用。信息在分阶段、有限制地释放中得以平衡、对称，群众情绪趋向稳定，激化的矛盾得到了有效化解。

例：伦敦街区发生大规模骚乱

2011 年 8 月 4 日晚，事件从托特·纳姆地铁站附近一座桥上引发，因警方称毒贩拿枪指着警察，被射杀后，形成骚乱。随着新闻报道，暴徒用 Facebook、Twitter 和手机发送信息，定点集聚闹事。网络将乌合之众组织起来，近半数区域纵火，此时需要强有力的政府领导人表态谈话，发出惩罚命令——而卡梅伦回来的迟了，市长更因迟缓反应遭到谴责，一名普通警察此刻成了力挽狂澜的英雄。

这名警察使用了手机群发，将 Twitter 派上了用场。于是，曼彻斯特警局官方网络留言首发了以下两条信息：

一、如果你曾利用网络煽动骚乱，我们会很快敲响你的家门。其潜台词是：

A．罪行可追溯性，匿名将变实名；

B．一旦找到你，你要为自己行为负责；

C．你若参与暴乱，就等着我敲门抓你。

（语言虽不规范，很有效，同时又被做成大海报贴在公交车上，满城巡转，人人皆知，起到震慑作用。）

二、刚刚逮捕了两名手持汽油桶和钢珠枪的蒙面男子，我们将对骚乱分子严惩不贷。

动作语言，简短易理解，法院就此 24 小时审案，骚乱得到遏制。

由于当时伦敦并未关闭网络，始终保持着正面声音与公众交流的渠道。如当晚 11 时，一个年轻人发帖：我认为我们的城市不应该是这样的，明天早上 7 时，我会拿一把扫帚去打扫卫生，谁愿意，请跟我来。次日，有百余人跟他上街清扫。

抽薪法

——网下快解决，网上快回应

柴草是易燃物和引火物，只有抽去锅底下的柴草，才能熄灭火焰；只有"曲突徙薪"，搬走柴草，才不至于由于烟道遭堵被大火烧掉房子。最好的灭火剂是查准起火点，清除可燃物，消解和切断火源，而非顶风扑火，一味压服。因为舆论危机往往是表象，虚拟社会的风雨云晴，往往是现实社会的矛盾反映。网上起波澜，网下有积怨，网上的情绪高地，往往掩盖着民生洼地，必须关注社会情绪，及时打捞"沉没的声音"。欲解民心，先听民声，再达民意。时下政府的办公楼高了，百姓更难进了，交通通讯工具先进了，离群众更远了，干部文化程度高了，却听不懂百姓的话了。因为缺乏沟通释放的渠道，民怨就会像燃点极低的甲烷气体，一遇火星就会燃烧爆炸。因此，欲要稳定，首先疏导民心，清除燃点，化解热点，排除焦点，才能避免炸点。这就需要面对群众，不要怕群众、怪群众、压群众，重新回到团结服务群众、说服教育群众的优良传统上来，就会找到化解矛盾的灵丹妙药。不敢接触群众，是一种危险，与群众对立，离出事就不远了。须知虚拟社会的风浪，源于现实社会的深澜，敬畏民心，引导民意，化解民忧，解决民怨，对突发事件要网上快回应，网下快解决，矛盾方可迎刃而解，

对于危害社会制度、祸及稳定的重大突发事件则另当别论，应依法通过对有害信息的删除、谣言制造者的查处和对要闻区、论坛、博客、问吧等互动栏目的行业管理，扶正祛邪营造风清气正的网络环境。

例：福建龙岩 2010 年"7·5"出租车司机罢运事件

2010 年 7 月 5 日晚，福建省龙岩市新罗区铁山镇境内发生一起持刀抢劫出租车致 2 人死亡、4 人受伤的案件，受害者均为出租车司机。7 月 7 日，《海峡都市报》以"的哥山上遭封喉，五同事救援，一人被杀四人受伤"为题进行报道，呼吁警方早日破案。当日，死者家属及相关人员 30 余人打着横幅步行到市委、市政府上访。7 月 8 日 8 时，少数出租车司机在网上号召，欲组织全市罢运。当晚 10 时，已有 80 余部出租车罢运。

当地党委、政府和公安机关于案发第一时间在本市主流媒体头版头条发布新闻稿和悬赏通告。7 月 6 日，市委常委、政法委书记、公安局长郭韶翔协调出租车公司为困难家属先行垫付医药费 10 万元，并派干部与受害者家属进行沟通、安抚。7 月 7 日 23 时，郭韶翔得知部分出租车罢运，便只身前往出租公司与近 200 名的士司机座谈。他诚恳表示："7·5"抢劫出租车案件的发生，我们跟大家一样，感到很伤心"，"龙岩的哥的姐们要信任我，给予我们更多的理解和支持，案件不破我们决不收兵！"淳朴的话语化解了司机们的激愤和怨气，赢得了大家的掌声，也为警方侦破案件创造了条件。与之同步，公安机关因势利导，将网上关于对出警的质疑引向配合警方提供线索、抓捕嫌疑人上。7 月 9 日凌晨，警方成功锁定重庆綦江籍犯罪嫌疑人李某、袁某，并于 10 日 6 时在 K841 次列车上将两名犯罪嫌疑人抓获，另一名犯罪嫌疑人亦在重庆落网。

7 月 13 日凌晨 4 时，当警方押解数名犯罪嫌疑人乘火车回龙岩时，二三百辆出租车自发到火车站迎接，近千名出租车司机燃放烟花爆竹，掌声雷动，并拉起"的哥的姐谢谢人民警察啦!""破案神速，真牛!"的横幅。7月15日10时，龙岩市公安局召开新闻发布会，通报破案情况，警民共创和谐社会的昂扬正气将此前的阴霾一扫而光。

切割法

——切割：无损整体；掩盖：祸及全身

城门失火，殃及池鱼；害群之马，一马足可害群。政府组织或企业出现贪腐丑闻，企业被爆伪劣产品，就像肌体发现肿瘤，必须实施外科手术，毫不犹豫地实行快速切割，必要时对病灶区进行化疗，否则就会使癌细胞迅速扩散到健康的神经、淋巴系统，甚至危及整个肌体。违纪违法个案、批次劣质产品都可能因人为遮掩波及整体，造成局部影响全局、个体祸及整体、小患不除、大病叫苦的后果。因而对一旦出现的丑闻要勇于曝光，坦承失误，主动担当，公布举措，并且朝闻夕改，杜绝今后。做到不掩饰、不回避、不护短，让社会公众看到你壮士断腕的决心，就会使负面形象与影响最小化。谨记丑闻由自己说出来不丑，由别人揭出来就丑，被别人揭露出来还自我辩护则更丑，并且越描越黑、愈涂愈乱，最终不可收拾。须知今天这个时代，你不披露就会被揭露，你怕伤皮偏会被伤骨，只有痛快淋漓切割腐肉，果断革除积弊，才能迅速化危为机，将负能量转化为正能量。

例：河南林州市民警"摔孩子"事件

2013年7月18日，河南省林州市民警郭某酗酒后，约几名同行者去歌厅娱乐，路遇居民李某夫妇抱着七个月的女婴遛弯。几个人借酒兴打赌李某所抱的孩子是硅胶玩具还是真人，郭某坚持是硅胶玩具，遭同行者取笑后恼羞成怒，上前将婴儿夺在手中，摔在地下。李某夫妇见孩子摔伤，慌忙抱起到附近医院就诊，因伤情严重医生建议转院，后经诊断，女婴头部3处骨折，留下后遗症的机率很大。郭某等人当即受到围观群众的质问和斥责。

对这样一起情节恶劣、社会角色行为反差巨大的违法丑闻，当地公安机关领导担心影响整体形象，采取了沉默和回避的态度，希望拖延一段从轻处理。事发一个月后方引起舆论广泛关注，《新京报》《法制晚报》先后对此事曝光，一时成为全国的舆论焦点。郭某因涉嫌故意伤害罪获刑，当地公安局长、政委及主管负责人均受到纪律处分。

例：上海五名法官集体嫖娼案

2013年6月9日晚，上海市高级人民法院法官陈某、赵某等一行5人到上海衡山度假村夜总会娱乐，进入最大豪华包房"钻石一号"消费，并有"小姐"相伴左右，打情骂俏。至凌晨时分，分别与"小姐"相拥进入房间，度过一夜春宵后，于次日早上9时30分方才离去。

这段集体嫖娼被人用微博视频截图，于8月1日发在互联网上。8月2日相继又爆出8分钟视频，立即引起舆论的轩然大波，指责谩骂之声不绝于耳。上海市高级人民法院于第一时间做出回应：经查，帖中所谓陈某为上海高院民一庭庭长，赵某为副庭长。上海市纪委已会同上海高院党组对该事开展调查，将根据查清的事实依纪依法进行处理，并向社会公布结果。8月3日，上海市纪委回应舆论，爆料人已到

纪委协助调查，陈、赵等人被停职。紧随其后的 8 月 6 日，
上海纪委、上海高级人民法院宣布，经调查陈某、赵某等人
在上海惠南镇的衡山度假村接受异性陪侍服务，决定给予赵
某、陈某开除党籍处分，由上海市高级人民法院提请上海市
人大常委会按照法律规定撤销其审判职务，开除公职。给
予倪某开除党籍处分，免去其高院纪检组、监案室相关职
务……8 月 7 日，最高人民法院发布《关于上海市高级人民
法院赵某、陈某等法官违纪违法案件的情况通报》，要求各
级人民法院整顿作风，严肃纪律，坚决防止类似事件再次发
生。上海市委主要负责同志在此后召开的全市政法干部会议
上严肃宣布：今后对政法队伍内部这种违法违纪行为持零容
忍态度，一经发现，依法依纪严惩，坚决清除害群之马。就
此，负面舆论即止。公众发表大量正面看法，对上海市惩治
司法腐败的能力感到有信心。

转移法

——后浪推前浪，新闻代旧闻

　　新闻的时效性来自人们对新闻的"喜新厌旧"，一个新
闻事件若无新的爆料，其生命周期一般在五到七天，则渐为
明日黄花，不再受人青睐，其命运则由"置顶"到"沉底"
乃至被搁置"冷宫"，因为此时受众会被日新月异的新热点
吸引。"新闻时时有，唯有今日奇"，人们关注新闻，放掉旧
闻，甚至"弃之如敝履"的现象屡见不鲜。2011 年 6 月 21 日，
网络新闻大量发布郭美美炫富事件，一时间成为各大网站的
头条新闻。可时隔 33 天，赖昌星从加拿大遣返回国受审，
霎时间对郭美美的口诛笔伐淡出公众视野，代之而起的是对

赖昌星案件来龙去脉的追问，猜测高悬十余年的法槌如何重磅落下。就在此时，"7·23"甬温线动车事故的撞击犹如惊雷夹着飓风，顷刻又将赖昌星刮得无影无踪，累计高达七亿人次的点击量和近一个月的舆论风暴，重创了铁路管理部门的形象，至于郭美美、赖昌星则成了无关紧要的过眼烟云。

这种随时间的延续和空间的继起所形成舆论热点的"漂移"，属于新闻传播的重要特征，这一规律完全可以为我所用，可化为以下三种议题设置：

一是在既有的多起负面新闻事件中，两害相权取其轻，强调一个，弱化一个，以强势新闻挤压弱势新闻出局。如前例为处置"蚁力神"事件创造舆论环境，强化了"周老虎案件"的报道，不断为其加温、添料，吸引公众的关注力，最终起到了"放出老虎、掩护蚂蚁"的引导效果。

二是植入正能量的新闻事件，冲淡负面事件的影响，营造公众新的关注点。如北京奥运会后发生了"三鹿奶粉""毒饺子"事件。此时正值"神七"上天，在主流媒体引领下，各类媒体以显著版面、重要时段，集中热议"神七"，覆盖成为全网议题，以正怯邪。

三是在危机事件处置过程中，设置新议题，持续不断地将"舆论流"导入理性轨道。

例：广东佛山幼童"小悦悦"被碾压事件

2011 年 10 月 15 日，广东南方电视台"今日最新闻"栏目播出了一宗令人发指的肇事逃逸的交通事故：监控视频记录了 10 月 13 日下午 5 时 30 分，一名叫小悦悦的 2 岁女童在佛山南海黄岐广佛五金城里，被一汽车前轮压过，司机又加油门致使后轮再从女童身上碾压，随后又一辆汽车再从女童下身碾过，女孩倒地后先后十八个路人从其身边经过，最后是一位拾荒妇女将女童抱至路边呼救。电视台在播出这段惨不忍睹的画面之后发起了"女孩被撞18路人漠然，你怎么看?"的大讨论，呼吁媒体和公众参与。《羊城晚报》立刻到事发地佛山南海采访，舆论顿时呈井喷之势，微博转发逾万次。有关佛山人心冷漠的评论及贴文惊曝各大门户网站，各地记者也蜂拥而至，"小悦悦事件"顿成新闻焦点。

佛山警方针对舆情，急令南海交警尽快破案查处，同时跟进舆论，于次日上午10时49分，不断发出微博，通报警方措施，表明态度，号召市民举报相关线索，博文为:

【10月16日10:49】警方已捉获其中一名肇事逃逸者，正全力缉捕另一名肇事逃逸在逃人员。警方要求该肇事逃逸者马上到公安机关投案自首，呼吁知情市民积极举报相关线索!

【10月16日15:13】南海区黄岐五金城交通事故情况通报两肇事司机已归案。民警全力追捕另一名肇事逃逸司机，10月16日下午，第一部肇事车辆司机胡某在警方的强大压力下，主动到交警中队投案自首。(长微博照片，约200字的通稿)

长微博为第一份正式通稿，较详细通报了案件的总体情况和两肇事司机归案的信息，对平稳网民情绪，为媒体跟进报道提供准确的信息，避免了舆情节外生枝。

【10月17日20:34】续报，两肇事逃逸司机被刑拘。10月13日下午，南海区黄岐一五金城内一名2岁多的女童(山东聊城人)先后被两辆汽车碰撞碾压，两肇事车均逃逸。当晚警方传唤第二辆肇事逃逸司机蒋某(1973年生，四川合川人);16日第一辆肇事车辆司机胡军(1987年生，山东泰安人)投案。目前，两人均被警方刑事拘留。

针对网上由于极端情绪所形成的谴责谩骂，警方一边正面回应，主动"供料"，一边对网民注意力过分集中于"冷漠佛山"的议题进行"转移"导控，发出了"遇见路上发生车祸，我们能帮做些什么?"的博文，以理性思考引领舆论升华到公共价值优先的讨论，释放社会的正能量，使"沉默的螺旋"上升为"热旋"，成功转移了这场公共舆论危机。其博文及网上回应如下:

【路上遇见车祸? 除了报警，我们能帮做些什么?】

遇见路上发生车祸，我们能帮做些什么?

一、第一时间报警，110和120（如在佛山可只打110），说明发生的具体地点、附近的显著建筑物等，车祸规模、伤情（见到几个人受伤，看上去有多重）;

二、协助保护现场，在车后方竖警告标识，如确实找不到三角形警告牌、雪糕筒（车上一般有备），可现场找颜色鲜明的明显物件如树枝、纸箱等物，防止二次事故发生;

三、如事故车里面仍有惊魂未定的人（非严重受伤），协助其离开，将其安置到路外安全位置;

四、请记下碰撞车辆号牌，在保障自己安全的前提下，用手机拍下事故车辆和当事人影像;

五、如没有专业知识和设备，不要搬动伤重人员，观察伤员情况，与之对话告诉他救援马上就到! 可以的话做一些急救措施，比如包扎正在流血的伤口，原则是等待专业救援;

六、如车祸当事人意识清醒，适当与他交流你的做法想法，警察到现场后简要告知其你此前的一些措施。

广外法律援助中心:实用小百科，我们不要再当冷漠的路人甲。

平安肇庆:遇见路上发生车祸，我们能帮助做些什么?

这个长博文中，较好的回答了这个专业问题。推荐观看学习。民警：博。

彤木：可能与其过多谴责那18路人和司机，我们更需要学下日后如何处理此类问题。

许莉V：这个要转，在这个冷漠的社会，希望多点人能做些力所能及的事。希望以上所做不会赖上流氓。

厚道东莱人：虽然现在最缺少的不是技术而是良心。但还是转发下。等我们都有良心的时候，就用的上了。

鬼斧神医：回复@Zorro17：这个指南最实用。

可可园：多谢警察教路！！用更好的继续方法宣传吧，现在的人已经不知道该如何见义勇为。

风息神泪：看了半天我也只想转这条。像这种事情，简单易行，对得起良心。不管媒体再炒作什么无良冷漠自私路人，也不用把精力花在指责和痛骂上了。只要对着这条内容，仔细看一次，记下来，然后说："我会做到。"

Bigchei：有空用那张仁义道德的嘴去喷粪，还不如好好看清这些危急处理方法，改变不是靠嘴，是靠做的。

开心—HG：转这个更有用，而不是媒体为了炒作所谓的道德上升。

风弄：这个值得转。冷漠路人什么的，可能有一部分人不是冷血，而是害怕惹事，不知道恰当的处理方式，下意识选择了逃避。与其去骂，不如大家都学习一下危急处理，以后也好帮帮有需要帮助的人。

囤囚团囤田：佛山发生路人漠视被撞女童事件，大家不要只想着谴责和谩骂了，还是学习一下遇见车祸我们可以做些什么吧！

做一个奋斗的巫师师：并不是冷漠，只是有时候不知所措，所以选择了逃避，如果多些应对措施的宣传和教育，悲剧就不会发生。

化解法

——放低身段，沟通交流

大量事实证明：舆论危机并不可怕，可怕的倒是对待危机的态度，若态度错了，就会坐失良机，一错到底。因为危机中包含着危险与机遇两个因素，二者之间是可以转换的变量，只要态度正确，方法得当，往往可以从危困中解脱，走向新的境况。因此对舆论危机要客观分析、理性对待。特别是对待批评和指责要有包容的胸怀，对激烈的反面声音也要"发乎于情，止乎于礼"，只要不是诋毁与诽谤，就要像太极拳一样讲求"以柔克刚""圆润含化""以静御动"，做到避免斗气、争锋和"掰手腕"。须知政府组织的心胸开阔度，决定百姓批评的尺度。政务公开的程度，反作用于突发事件的"裂度"：政府组织说得越多，突发事件发生的机率越小，公众的质疑就会越少。媒体特别是互联网上有一定数量的批评乃至负面信息，是正常的舆论生态，属于"阴阳平衡"，换一种思路对待网络过激的言辞，就会化害为利，海阔天空。切记：删除不如善用，封堵不如提供，反制不如回应，辩护不如求证。对确系政府及组织的失误、错误应闻过则喜、知错就改，反而会被重新赢得尊重，不仅可以收获信任，还可以赢得谅解，转危为机。若能在舆论的倒逼中反躬自省，还能举一反三，完善制度机制建设，更可以化害为益，否极泰来。当然，化解危机的过程中，还要注意讲求细节、推敲用语，妥善把握时、效、度。

例：中石化妥善化解托运物漂浮香港海滩舆论危机

2012 年 7 月 23 日，中国石油化工集团公司托运于"永信捷 1 轮"的聚丙烯胶原料遭遇台风，有六个集装箱掉入海中，被吹入香港海域。由于误传有毒，导致渔业销量锐减 30%，香港一家媒体遂以"生态灾难市民蒙在鼓里，致癌胶粒 60 亿粒遍港海"为题进行夸张报道，有人遂到石化集团驻港公司门前抗议并索赔。中石化新闻发布部门迅速赴港，在公关公司协助下，释放善意，化解疑虑，很快缓释了危机。其做法为：

一是快速反应，勇于沟通。事件一经发生，中石化新闻发言人次日即率人前往，迅速核查了海滩及漂浮物的实际状况，在心中有数的前提下果断决定召开新闻发布会，以正视听；二是对事件定位表态准确客观，针对运输方造成的漂浮后果，不属于雇用方的直接责任，在措辞上不便使用"表示遗憾"，而用了"深感焦虑和不安"，分寸把握贴切，不失负责任的国企态度；三是中肯坦诚，对媒体一视同仁。对召开新闻发布会的细节精心研究后，决定坦荡向全港媒体遍发通知，而非人为选择。为保证发布信息的统一，避免不必要的炒作，于上午 11 时发布会议通知，下午 4 时开会，集团新闻发言人吕大鹏真诚表示："第一，不管这个责任事故是谁，我们都来积极地参与清场；第二，不管这个事故责任在谁，我们都愿意先垫付 1000 万港币来给大家善后；第三，将来法律责任界定是中石化的，不管多少钱，我们承诺都赔。"紧随其后，中石化又派出专业技术人员参与清场，这样的态度和作法有效遏制了炒作空间。

香港《明报》为此专发了社论："胶粒事件如同一面镜子，折射各方承担与取态，中石化应对胶粒飘港事件使人耳目一新，这种与港人同呼吸的事见诸更多国企，有助于消灭内地与本港的隔阂。两地融合更加和谐，一下子化解了危机，扭转了形象。"据悉，该事件已入选全球社会责任50个最佳案例，获得联合国环境基金和香港环境保护的杰出企业社会责任奖。

例：佛山公安将"挑刺者"争取为舆论引导"正面力量"

2014年2月23日下午，市民罗某与同事高某因借款纠纷到位于禅城区圣堂街的禅城公安经侦大队报案。罗某在报案的同时提供了如下材料：借款人身份证复印件，还款方案，本人写的事情经过等资料。罗要求经侦大队帮其查找冯某，追回余下的5万余元欠款。经侦大队前台值班民警朱某接到报案，对材料进行了初步审核，认为这是一起民事纠纷，不属于经侦大队管辖范围，遂向两人作出说明。为了慎重起见，朱某要罗将相关材料留下，罗某等两人要求朱某出具报案回执或接收材料的凭据。但朱某没有答应，双方于是发生争论。两人离开时表示对禅城公安经侦大队的不满，要转去南海公安部门报案，并且要投诉禅城公安经侦大队不作为。出了门口，他们还用手机将经侦大队的门面和牌子拍了下来。原来，罗某是有名的网络达人，微博昵称：佛山大叔，有粉丝60万。曾发博文3.5万余篇，连续两年获微博达人第一名。愤愤不平的"大叔"当晚拟就了800多字的文章，与照片连在一起，制作成标题为《佛山大叔与警察叔叔的故事》的模板，以配图形式突破微博140字的限制，于当晚10时05分以"佛山大叔"名义发到新浪微博上。

微博详细记录了当天下午到经侦大队报案的经历，公开了民警的警号。博文中描述民警的行为时，使用了"漫不经心""不耐烦""满脸不高兴""反问""来了脾气""等领导决定""尽量啦""拒绝""死活不肯""绝对没有"等冷漠、不近人情甚至推诿的词语。但写到事主佛山大叔的时候，则使用了"出于好心""百般无奈""求助""忠厚老实""战战兢兢""带着沉重的心情离开""恳请"等无助、弱势的词语。

博文中两种感情色彩，尤其是微博中强调"佛山大叔到经侦大队申请立案被警号182348的警察叔叔雷倒了""难道182348又是一个临时工？"明显渲染了警民不和谐气氛。立即引起各地网民的强烈反响。

紧接着，佛山大叔及其微博团队又将信息分层次推送给各种微博博主，请求更多社会人士关注、转发、评论，请教他们"市民上交警察的诉求材料要求回执遭拒，接警人员态度似审犯，你有何看法？"

在不到半小时内，佛山大叔及其微博团队将同样的问题通过微博一共推送给100多名较有影响力的微博博主，并不断将微博置顶。同时还就教于公安博主，声称："佛山大叔喜欢'雪中送炭'之人，大叔今日有难，才认清哪些才是真正的朋友"。促使他们对此问题表态，本地不少有影响的微博博主、政府官员、企业高管也参与了讨论，一时间山雨欲来风满楼。

面对事关警队形象的危机，佛山警方首先根据微博投诉核查事实，经过与当事民警朱某及前台值班人员谈话、查看监控录像资料后，于24日上午，禅城警方网络发言人@永安警长通过微博私信直接与当事人佛山大叔取得联系，从经侦业务、法律法规、办事程序、警员接待群众等多方面进行了解释、交流，双方达成了某些共识。并约在26日星期天上午9时30分在禅城公安分局面谈。

26日星期天早上9时30分，佛山大叔与他的同事高某按照约定来到禅城分局。@公安主持人、@永安警长与禅城分局指挥中心、法制科和经侦大队负责人及当事民警朱某等共同参加座谈，以诚恳的态度听取二人的意见。

佛山大叔开门见山谈了他追还欠款不成前来报案的来龙去脉，然后讲述他那天报案的感受，动情地说："进入公安大门的市民，可以说都是走投无路、求助无门的，有困难、很无奈才会进公安的门。希望你们接到求助或报案，即使不是你职责范围的事，也要给人指个方向，即使你解决不了问题，也要好好接待，态度和蔼一点，至少不要给报案人添加新的烦恼。"

在场警员分别从自己的专业角度向佛山大叔解释了法律法规、办事程序等。当事警员就工作中的不足向网民诚恳道歉，决心整改。此后，"佛山大叔"再未在微博上向佛山警方发难，反而与@公安主持人团队就正面报道进行多次积极互动。可谓"不打不相识"，佛山公安通过真诚沟通，之后把"佛山大叔"变成了警方的朋友。

根据这一经验，佛山公安为获取社会的监督和支持注意从普通网友中甄选出有潜质的"未来意见领袖"参加"网友走进110报警服务台""网友参与刑事案件侦查"等系列体验活动。这些网民皆有积极的言论表达意愿和能力，通过这些活动，使他们增强了对警队的认同，并用他们的言论影响与警方网络舆论引导相互呼应，形成合力，在"新意见阶层"中形成正面引导的力量。

这起化干戈为玉帛的事例给予我们的启示良多：对当前传播领域中常为他人提供信息、观点并施加影响的"意见领袖"，我们要用全新的视角看待，应采用包容、吸纳、服务和团结的方式，使其转而承担起与之能力相适应的社会责任，发挥"草根领袖"贴近公众诉求并能有效影响民间舆论的优势，进而引导网络公众的价值判断和行为方式。这也包括门户网站、社交媒体编辑、管理员、版主、服务微博、微信的运营者、媒微、微信客户端的运营者和话题网友。他们对网络全流程各个节点全面接触，都应是我们净化网络空间、释放正能量的团结力量。由是，使用得好，可以成为我们网络引导舆论延伸的臂膀。

缓释法

——事件处置不止，信息发布不停

缓释法又称阶段披露法和滚动发布法，即在突发事件发生后，按照事件潜在、处置、扩散、善后、修复的发展变化，持续不断地向媒体和公众提供处置进展情况，从而表达政府组织的原则态度、所采取的应急举措，不断释疑解惑，以话语权决定主导权，善始善终，尽到服务政府的职责。做到"事件处置不止，信息发布不停"，并且不拘形式，多媒并用，碎片化地释放信息，这种不间断满足公众对信息需求的方式犹如治水，分段泄洪，导控分流，持续释放，既符合舆论引导的规律，又遵循事件真相由浅入深、信息由少到多的认知过程，从"简说事实，表明态度"，到"由简入繁，给出结论"，缓释渐进，化解公众焦虑，缓解舆论压力，襄助事件由危转机。

例：深圳"5·26"疑似"掉包"重大交通事故

2012 年 5 月 26 日凌晨，深圳滨海大道一辆高速行驶的跑车与两辆出租车相撞，致使 3 人死亡，警方公布了肇事者为广西籍男子侯某（其事发后 7 小时向警方自首）。经检测系酒驾，警方即以涉嫌"危险驾驶罪和交通肇事罪"将其刑事拘留。当日，警方分别于 11 时 43 分、17 时、18 时运用微博三次发出了事故通报及采取的措施。

5 月 27 日，舆论发酵，质疑顿起。因涉及价值百万跑车、醉驾、飙车等敏感词汇，引发社会高度关注。由于开始公布的信息有限，媒体及死者家属怀疑肇事司机替跑车车主许某"顶包"。于是"顶包"说在网络疯传，各种推测达 42746 人次，评论 8792 条。面对突发而至的舆论压力，警方不避难题，持续不断向网友解疑释惑。

5 月 28 日下午，警方首次召开新闻发布会，公布多个视频证据，证明侯某为肇事者，由于网民质疑视频有 ps 痕迹，舆论再掀巨澜，其中有"滨河 526 揭秘"开通的微博，3 天就拥有 1.4 万名粉丝。

5 月 29 日 17 时，警方召开第二次新闻发布会，公布侯某离开酒吧登上跑车的视频及衣服特征，也公开了车主不在现场的证据（早于此间，警方已掌握了车主不在场的部分证据），有针对性回应了公众的质疑猜测。但由于视频不清晰，网民希望警方公布其 DNA 比对结果。

5 月 30 日，警方召开第三次新闻发布会，并邀请死者亲属到场，提供了 24 段新旧视频，公布了 DNA 检测报告及一系列收集到的视频资料及证据，并通过"微访谈"积极回应网民疑问。当日中午，市检察机关介入该案侦查。

5 月 31 日，警方第四次新闻发布会，公布沿途摄像头拍摄的肇事跑车画面，再次证实肇事者的身份。

6 月 1 日 18 时，深圳交警向检方提请逮捕侯某。当晚，又有一则"肇事车当时的司机为一白衣女子"的传言又在网上风传。

6 月 2 日，"深圳交警"连发 6 条微博予以澄清。

6 月 3 日，警方再将这名"白衣女子"的录音证据用微博予以公布，误传顿消。随着各种证据的完善，真相大白，不少曾误会警方的网民开始表达歉意。一名女子在福田交警大队门前打出横幅："亲们，对不起！我也是曾质疑你们调查"5·26"飙车案时不公、不正、不廉、不明、造假、顶包的一位小网民，现真诚向你们公开道歉！你们委屈了！你们辛苦了！魅力深圳会因你们的魅力更具魅力！"

同年12月6日，深圳检方通报：认定侯某涉嫌"以危险方法危害公共安全罪"提起诉讼。

深圳警方在查处交通肇事案的过程中，先后四次召开新闻发布会，五次开通官方微博，不断向媒体和公众解疑释惑，成功引导了舆论，树立了公正执法形象。

例：美国波士顿马拉松恐怖爆炸案的危机处置

2013年4月15日，由2662名选手参加第117届马拉松赛在美国波士顿市举行，十万观众观赛。14时50分于赛事终点线附近不足百米发生二次爆炸，就在一片混乱中，临近图书馆发生第三次爆炸，共造成3人死亡，170人受伤。美国与当地立即作出应急反应，并且持续不断地随着处置进程释放信息。

爆炸发生十分钟后，奥巴马去白宫听取国土安全顾问等人汇报，并坐镇白宫战情室，致电市长、州长，表示联邦政府将为当地"提供一切必要的支持"。

三小时后奥巴马在白宫发表电视讲话，向受害者家庭表达"深切思念和祈祷"，并向波士顿致词，誓言调动政府资源，对事件追根究底，将凶手绳之以法。

4月16日奥巴马再次发表声明，正式将事件定性为恐怖主义行为，并表示"不会向恐怖主义屈服"，下令从4月16日至20日向遇难者降半旗致哀。

4月18日奥巴马偕妻子赶赴波士顿为遇难者举行悼念仪式。

此后，多座城市全面提高警戒，较近的两座核电站加强安保，民间多处举行守夜祈福，并为纪念死难的中国女留学生，以其名义用捐助资金设立了奖学金。

与此同时FBI联手国土安全部，全面开展爆炸调查，征集大量目击者拍摄影像资料。

4月17日公布了一批炸弹残余照片、残缺的双肩背包、引爆装置和损坏扭曲的金属。分析人士认为，凶手使用炸弹是由6升高压锅改制，大量网友扮演福尔摩斯帮助侦查部门分析案情。

4月18日，联邦调查局新闻发布会公布官方版嫌疑人照片，（经过对市民提供的上万幅照片和众多录像筛选）同时还公布了一段视频，两名嫌疑人在博伊尔斯顿街上一前一后倒走，形迹可疑。

4月19日，一名嫌犯已被抓获，另一名与警方交火后，逃至波士顿小镇，警方搜寻缩小至20个街区范围。

波士顿警方在当地时间19日晚对外宣布，在逃的爆炸案嫌犯焦哈尔·萨纳耶夫已被拘捕。

构建法

——构建新话语，重塑新形象

在危机管理中，政府及组织要善于在逆境中发现转机的正能量，从负面事件中找到闪光点以利于导控。因为舆论是经媒体拟态化了的事实，真实事件往往有多重含义，可以有不同导向的引申义，这给我们用新的拟态诠释事实提供了广阔空间。同样是灾难爆发，既可引起悲痛绝望，亦可导向"多难兴邦，化悲伤为力量"。这就要求我们了解并用好媒体，立足媒体建构新故事，推出新举措，重塑新形象，制造新认同，赋予事件以积极向上的象征意义，培育"嫁接"出新的舆论平台，用"李代桃僵"的方式，走出事件阴影，摆脱舆论危机，推送给全社会以新希望的舆论制高点。

例：中国石油化工集团公司在诚恳沟通中刷新企业形象

中石化一度被"天价灯""天价茅台""天价名片"等舆论热点搞得声名狼藉，国资委 2012 年度舆情态势统计，中石化负面舆情占央企总数的 18.7%，占到三家石油集团公司负面舆情的 46%。在 2012 年各类媒体总传播量中负面信息高达 42%，平均每天负面信息 639 条，一年中由媒体炒作的负面事件 492 件。以致集团干部职工办事打出租，怕遭司机诟病，竟不好意思说出单位名称，以"外交部对门"代指。

面对舆论压力，中石化以"滚石上山"的精神，积极与媒体沟通，与公众展开交流，互动开展舆论引导。结果 2013 年的负面信息降低到了 25.7%。2014 年前 10 月统计，又降至 9.1%，企业的公众形象认知发生了变化。其主要做法：

一是透明开放，企务公开。全系统 60 多个企业组织"公众开放日"，邀请社区居民、学生、人大政协代表参观企业生产流程，特别是污水处理环节，并且组织社会监督员到企业内部，化解公众疑虑。

二是和谐企媒关系，加强记者沟通。请专家为新闻记者讲解石油、化工专业知识，介绍钻井开采技术、原油价格浮动原理，使媒体在了解石化生产过程的基础上，帮助策划方案，组织"碧水蓝天采访群"，并设置了记者年度最具建设性报道奖和最具影响报道奖，使企媒沟通成为常态机制。

三是放低身段，碎片发声。利用官方微博"小石头"为企业代言，用富于亲和力的网言网语与网民对话，释疑解惑。两年内发博文 1500 条，转评互动 1320 万人次，阅读量 1.5 亿人次，粉丝数 350 万。

四是在突发事件中领导出面，转危为机。在 2013 年"11·22"青岛中石化输油管道泄露爆炸特别重大事故发生后，集团董事长勇于承担责任与教训，向全国人民和罹难者亲属道歉，领导班子和系统百万职工集体默哀，网络、微博全部拉黑，并举一反三采取善后措施，主动回应社会关注。③

例：温岭鞋厂火灾中的"顶梯哥"形象

2014 年 1 月 14 日，浙江台州温岭鞋厂发生重大火灾，并致 16 人死亡。随后，二十余家媒体近百名记者纷纷介入报道，一时间针对消防工作不到位的负面评论如潮。

当地公安机关第一时间将火灾情况和调查进展通过新闻通稿、媒体通气会以及"@温岭发布"官方微博等多个渠道对外公布。15 日，官方先后发布了大东鞋厂法人代表林剑锋等人被刑拘及 16 名遇难者身份等信息。之后，官方信息进入一个短暂的真空期。新闻媒体进行深度解读，将质疑指向违章建筑、"三合一"企业、消防设施不全、消防通道不足、员工缺乏消防培训等问题。台州警方在彻查火灾、追责处过的同时，挖掘救火过程中的感人事迹和感动瞬间，有效引导了负面舆论，由悲愤转移到举一反三、亡羊补牢的防火制度建设上。

当地网帖此时获取到一段时长约 60 分钟的宝贵视频。视频内容显示：为营救 3 楼的被困人员，现场救援人员搭起了救援梯，但因为第一段梯子不够高，第二段梯子又无处着力，加之时间紧迫，一名参与救援者二话没说，直接用自己的肩膀扛起了第二段梯子，使得9名被困人员成功得救。这一凡人之举凝聚了生命大爱，令人动容，网评员就此将其中9秒钟的视频，通过微博平台"以@小小微名不足道"的草根小号作为发布主体发出，视频画面中，该男子佝偻着身躯倾全力像"千斤顶"一样架起了生命之梯——"顶梯哥"一词灵光乍现。后来的传播效果也证明了"顶梯哥"关键词加感叹号的草根式写法："温岭大火现场惊现顶梯哥！强悍！正能量！"贴文发布后，迅速扩散，2个小时内，阅读量更是高达6万余次。至16日15时，转发数达到2000余条，"顶梯哥"迅速走红。

1月16日上午，央视新闻、《人民日报》、新华网、中国之声、中国新闻网、凤凰网、网易、新浪、搜狐、腾讯、浙江在线等重量级媒体"蓝V"，先后几乎原文转发"顶梯哥"贴文，在网上掀起了新一轮的舆论热点。17日，央视及北京、天津、河北、安徽、江西、四川等卫视纷纷报道"顶梯哥"。报纸、网站评论版也出现大量正面评价内容。同日中午，央视新闻频道《新闻直播间》栏目播出一期2分38秒的专题《"顶梯哥"：用肩膀托起生命之梯》。几乎同时，央视综合频道《新闻30分》栏目播出一期2分58秒的专题《肩膀扛起生命之梯：顶梯哥你是谁》。同日晚，央视新闻频道《今日面孔》栏目再次播出一期长达4分11秒的《"肩"强不屈"顶梯哥"》的专题。至此，"顶梯哥"正式迎来了一波正面舆论高峰。截止18日，百度搜索关键词"顶梯哥"，共找到相关结果7万余条。

此时，这种媒体"制造"并未结束，而是围绕当事人做足新闻背后的故事。"顶梯哥"话题热议成为全国性的新闻事件后，"顶梯哥"是谁？新闻背后还有怎样的故事极具新闻潜质，加之媒体的"胃口"已被吊起，深度挖掘、提炼、报道，进而再造一波舆论可谓顺水推舟。为此，新一轮的"顶梯哥"主题宣传——"寻找顶梯哥"正式拉开帷幕，就此"顶梯哥"话题再度登上舆论舞台。23日下午，@台州公安官方微博发布题为《顶梯哥，你是谁？你在哪里？》的贴文，文中写道"危急关头，他用肩膀顶起生命之梯救下多人，平民英雄，大爱温岭。火灾后，他静静地走开了，不知道他是谁。顶梯哥，你究竟在哪里？我们在找你！"并附上相关视频和特写截图。

在当地公安机关和网友的不懈努力下，一张网上网下的搜索大网正式铺开，"顶梯哥"刘绪也最终被成功"挖出"。24日，当地公安机关组织《台州日报》、台州电视台等媒体赶赴温岭采访"顶梯哥"刘绪，并利用民警个人微博@爱尚酱油醋直播采访全过程。24日晚，央视新闻、新华网、中国之声、《北京青年报》、《钱江晚报》、新浪浙江、交通之声、《贵阳晚报》等媒体官方微博先后发布或转载了关于"顶梯哥"刘绪被找到的贴文。

在媒体的频频聚焦下，关于"顶梯哥"刘绪的更多细节得以披露，除了外来务工人员的身份（贵州籍，曾在当地一鞋厂打工）外，更是被媒体抛出两个极具炒作性的新闻点：一是刘绪曾有盗窃罪前科；二是刘绪想成为一名消防队员。无疑，这又是一对极具反差的信息，正负能量再度碰头。随后，舆论并没有因为刘绪的这个瑕疵而削弱他的正面形象，各种诸如"浪子回头金不换"的评论，让这个凡人英雄更加真实、饱满，更具榜样的力量与价值。而恰恰在这两类信息的彼此交织影响下，媒体的报道迎来了新的高潮，舆论声浪不断推波助澜，"顶梯哥"话题一度持续两周有余。值得注意的是，舆论对火灾本身的关注明显趋弱，负面评论稀释殆尽。一组数据显示，截至 26 日，百度搜索关键词"顶梯哥"，共计找到相关结果 32.7 万余条（相关视频近百条），而关于温岭火灾的搜索结果仅 5 万余条。至此，舆论格局已然发生了颠覆性改变，可谓"正面凸显，负面消退，"在有图有真相的时代，抓住闪光点，进行开掘释放，沉默的良知良言就会浮出水面，这种"媒介事件"生产出真实动人的故事，而故事的众人传颂又"制造同意"，反过来又激发了众人，从而打通了整个舆论场，实现了弘扬主旋律和正能量的导引。

注　释

① "简而言之，议题设置的第一级水准是一组客体，这些客体即公众议题，也可以是一组政治候选人、消费品排行榜或其他。第二级水平的议题设置就是对每个客体议题的特性进行具体描述，对客体议题的选择和对他们特性的思考"。[美] 麦斯韦尔·麦肯姆斯：《制造舆论：新闻媒介的议题设置作用》，顾晓方译，《国际新闻界》1997 年第 5 期，第 65 页。

② 摘自中国传媒大学互联网信息研究院统计。

③ 摘自中国石油化工集团公司新闻发言人吕大鹏在 2014 年 12 月 21 日举行的中国公共关系协会年会上做的题为《企业界欢迎践行生态文明理念的公关实践》的演讲。

09

答客难的九种技巧

大圈套小圈

小圈破大圈

高圈压低圈

大圈变小圈

坚决不跳圈

反套你一圈

围绕轴心圈

一击要害圈

请君入我圈

如今官员防媒惧媒敌媒，重要原因是怕记者连珠炮的追问、突袭式的拦截采访和发布会上尖刻犀利的提问，会令人在猝不及防的情形下，猛然被推到众目睽睽的镜头之中，在紧张中逼着你敞开心扉，在尴尬时吐露真言，即席说出其所需的第一手信息，以便获取独家新闻，造成惊爆舆论的报道热点。殊不知记者这种死缠烂打的怪招法是与生俱来的职业习惯，不管你喜欢还是讨厌，媒体都是轰不跑、打不倒、整不垮、压不怕的角色，而且还是我们形影不离的化妆师，你的美丑会操控在他的笔下。官员和企业家的声望是日积月累形成的，而你的形象却随时会因傲慢毁于一旦，除非你改变自己的态度，否则难以撼动媒体的定位，唯一的方式是合作和善用。

　　善用媒体，就要知己知彼，洞悉传播之道。你面对的记者朋友，对真相不懈追求的能力不可低估，掌握信息的手段不可轻看，捕捉新闻的嗅觉不可小觑：当突发敏感事件的"味道"刚一弥散，它会像羚羊一样急速，像猎豹一样凶猛，像山鹰一样敏锐，对捕杀"猎物"的信息高度敏感，喜欢将最新鲜或最腐败的事物当作美餐，最乐意你的信息既内幕又火爆。记者还最善于从不同渠道刨挖"奇花异草"，对你的"供料"苛刻而挑拣，讨厌官话背书，爱听故事加"甜点"，刨根问底，永远欲壑难填，它要未知的、鲜活的、新奇的；不要过时的，老套的，穿靴戴帽的，往往会抓住一点，群起围攻，齐声呐喊，无限放大。

　　你若不想说，他就帮你说；你要缄口，他会逼你开口；你越闪烁其词，他越能从你嘴里掏"料"。特别是在新闻发布会上，他会使出数不清的奇方巧计，让你说出不想说的东西，诸如欲擒故纵，当头棒喝，移花接木，陈仓暗度，树上开花，反客为主，旁敲侧击，激将法，拖刀计……无所不用其极。在这个时候，你若挖空心思，搜肠刮肚，其结果是疲于应对，难免疏漏。难怪有人对新闻发布会望而却步，甚至有人把新闻发言人看作高危岗位。若是以这种方式对待新闻发布，必然十有九败，纵有百密难免一疏，记者中高手林立且有备而来，你势必陷入"一对多"的单打独战，落入问题的罗网中不能自拔。总而言之，这种将记者当敌手的思维首先将自己置于绝地，焉能取胜？作为一个有经验的发言人，你必须调整思维，换一种境界，将记者由对手看成推手，由敌手当作助手。表面看新闻发布会是在"一问一答"，实际上完全可以"一唱一和"，犹如对口相声的捧哏、歌唱家的乐队，是来为你帮衬助阵，而非拆台出丑。一个成熟的发言人当应明确，召开新闻发布会的目的是阐述自己的观点，而不必拘泥于具体问题的回答，你是搭台的主场，记者是你的客户，共同服务的对象是并不在场的公众。

如此看来，他的提问，恰是你的注脚；他的追问，成了你的"垫场戏"；他的诘难，恰是你的"包袱"和"戏眼"，只要曲牌既定、"台本"在握，则应心沉气定，将手中的"功课"首先做好。因为从来没有不能回应的问题，但会输于没有准备的回答。高水平的回答往往是被高难度的提问造就的，成功的新闻发布会往往是在发言人与记者精彩互动中完成的。因为问题越尖锐，越会激发你阐发的激情；提问越尖刻，越能够碰撞出智慧的火花，这种高手的对决博弈，才具有最佳的传播效果。此时你会认识到，发布会实质是一场由记者当听众的演说讲坛，是借"题"发挥的话语场，是一场预先彩排、记者当票友捧场的名角演出，记者们义务而来为你当麦克风和摄影机，他们将用中外不同的乐器为你伴奏，以斑斓多彩的语言向全世界放大传播，你又有什么理由对此视如畏途呢？建立你的自信，和他们同台演出吧！你们是合作者，不要因为偏见失去了唱对手戏的朋友。

当你沉稳宣布"女士们、先生们，欢迎大家出席今天的新闻发布会"时，这就是大幕拉开后的开场白，记者手中的新闻通稿就是今天的节目单，你是当仁不让的主演。比如"当门炮"的第一个提问应先易后难，让互为熟知的记者朋友问你善答之题，在旗开得胜后扩大战果，再安排中性立场的记者提问，以便在缓冲中树立自信。待你进入状态，可放手让怀揣"重磅炸弹"的记者"发难"，但要注意观察"火力点"，控制"弹着点"，让其一一落入你早已准备的口径之中，以便准确地释放发布意图。在唇枪舌剑的答问中，也要掌控好场内局面，平衡照顾到各方媒体，同时礼貌告知预留提问的时间，此时也要备有自己的"杀手锏"，以防节外生

242

枝，异军突起。在终场时抛出"爆料"，不仅可在高潮中收尾，还可起到"曲终当拨收心画，唯见江中秋月白"的最佳效应。

有人会问，新闻发言人有没有一套对答如流、一言九鼎的"秘笈"和"法宝"呢？答案非常简单：有规律可循，无不变的技巧。因任何语言的技巧都会被解构，唯有话语的规律不会被超越。这个规律要求新闻发言人具备语言的学习驾驭能力，即在听、想、说的认知表达过程中，具有敏锐的语感、思辨的逻辑和准确的表述能力。可以通过对语言的感知和反应，准确领悟到对方的意图，推测出内在的玄机，并快速确定回应的核心内容，迅即进行语言的结构和编码，在权衡话语效果后，用精准、凝练的语言进行表述。

一般说来，新闻发布会的关键环节不在"问"，而在"答"，是你要告诉记者什么，而非记者要问你什么。一场成功的新闻发布会的潜台词是："今天，我有什么问题要向你们讲"；而不是"你们有什么问题来问我"。在这种正确的逻辑关系支配下，新闻发言人就真正获得了"发言"主动权。

毋庸置疑，不乏有记者不按一般规则出牌，他会打破你的逻辑，超出你要说的范围，甚至采用尖利刺耳的挑战、突如其来的质问。此时，你又该如何驾驭发布局面、诠释原则立场，运用充满智慧的答客难来维护国家的尊严和形象呢？

具备这种综合能力，不仅靠禀赋，很大程度上取决于后天的训练，特别是与提问者、论辩者的交锋，就如同两支势均力敌的老虎赛跑，才能在相互的博弈比拼中迸发出速度和质量。对垒调动思维，思维产生智慧，智慧打造语言，运用思辨的话语方能回答最复杂棘手的问题。

中国乃泱泱五千年文明古国，智慧的先哲曾绘制出易经的太极图，这黑白相间、首尾相衔的两只鱼，寓意矛盾互为

转换，包含着变化无穷的辩证法，将其阴阳演变的道理运用
于释疑解难，内在规律不变，方法灵活多变。在对弈的交锋
中驾驭发布的艺术，运用强大的思维逻辑力量来因势利导，
力挽狂澜，达到"一舌定乾坤"的境界。

结合实战，我们权将其中奥妙归结为以下"九圈"连环
应答方法，谨供参考。

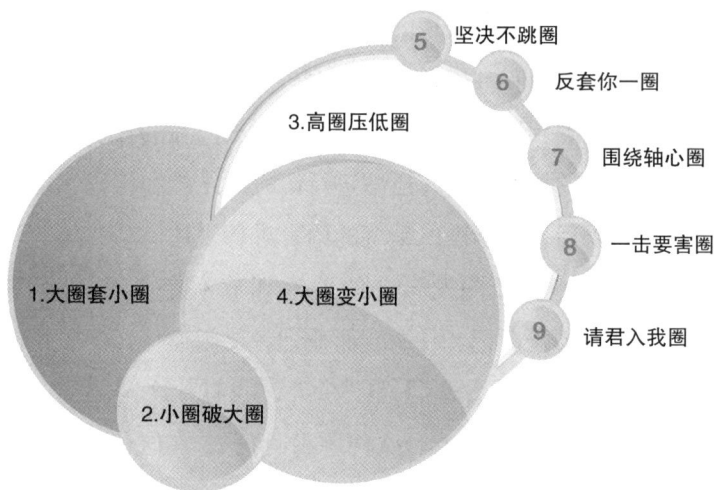

大圈套小圈

具体问题，原则回应。即以共性对个性，整体对片面。
特别是对涉及具体的观点分歧问题，既不要取悦迎逢，也不
掩饰矛盾，而是从更宽广的视野、更全面的角度阐释问题，
拓展共识空间，使异见不攻自破。

例：赵启正就美国之音记者提问谈东西文化差异问题

时任国务院新闻办公室主任赵启正在接受美国之音记

者采访时谈及东西文化的关系，他指出："至于文化的区别，最近有很多讨论，如美国一位教授的关于东西文化冲突的书也译成了中文（笔者注：指萨缪尔·亨廷顿的《文明的冲突与世界秩序的重建》），各方面也有不同的反响，不同的见解。我个人认为，文化的多元化是事实，这是不能回避的。那么它是起促进的作用还是起阻力的作用？我想还是起促进作用为主，起阻力作用为次。因为不同的文化好像是不同的圆圈，它们有一部分是重合的、一致的，有一部分是不重合的。不重合部分加起来，比所有的圆圈全部重合起来面积要大，只保留重合的部分，就丢掉了许多人类的财富。"①

对于具体而敏感的个案，则用法律、方针、政策予以回答，因为对方提出的问题，往往尖锐而复杂，往往"攻其一点，不计其余"，甚至"以点取面，以偏概全"。加之具体问题很难马上核实真伪、答复周严。这种以具体个案否定全盘、以个别事例抹杀一般的问题，往往带有很强的杀伤力。对此，沉稳的发言人不宜"针尖对麦芒"，纠缠于细枝末节。因为在发言人眼中，新闻不是简单的时政，其中包含着鲜明的价值取向，熔铸着意志和精神。而应大处着眼，宏观挥洒，由面及点，超越具体个案，阐述原则立场，亮出明确态度，将其所提问题包容其间，犹如防弹罩"倒扣"炸点，控其裂变伤人。同时又以大驭小，以虚含实，以江河引细流，以泰山挟沙石，以法律政策为应答之本，以内在的大道理回应个别具体问题，化解冰释。

例：公安部新闻发言人面对远华特大走私案
主犯赖昌星押送回国一事的答疑

2006 年 11 月公安部召开关于第四季度中国社会治安情

况的专题新闻发布会，当日恰逢加拿大司法部门欲将远华特大走私案畏罪潜逃的主犯赖昌星押回中国审判。当发布环节一结束，立即就有外国记者提问："据悉涉嫌远华走私案的赖昌星今天就要移交中国，请问发言人先生，你们准备怎么处理此案，会不会对他判处死刑？"

提问猝不及防且十分敏感，赖昌星逃亡加拿大后，中国司法机关曾多次向加有关方面提出交涉，由于加拿大属废除死刑的国家，故迟迟未将其遣返。这次加方通过司法途径将赖押回，结果尚不明确，我司法部门之间又无统一口径，上级亦未授权回答，对此敏感问题又不宜"无可奉告"，于是新闻发言人便作出以下的原则表态——

"中国是法治国家，中国的刑法对各类犯罪的法律适用均作出严格不等的规定，可谓法网恢恢。对于以身试法，试图逃避法律惩处的犯罪嫌疑人，包括重大经济犯罪、贪官携巨款外逃者，中国司法机关的态度是一如既然往、十分明确的，那就是：上穷碧落下黄泉，动用通过国际刑警组织通缉和司法协助的各种手段，一直追到天涯海角，直到其归案伏法。借此机会，我们也正告这些外逃的犯罪者：你可以逃，但终将难以逃脱中国的刑事法网！"

事后方知，当日，赖昌星在港口登船时突然以头撞物形成自伤，故押返中止，直到六年后方被押回国内科刑处罚。

小圈破大圈

原则问题，具体回答。即以个性对共性，以具象对抽象。"好大一个气球，用一个针尖就能刺破"。当对方提出的是一个事关原则立场的概念，甚至是荒谬的见解，你可用

"讲故事，说公理；用类比，明正义"的方法以小搏大，引申切入，用事实胜雄辩。

例：赵启正回答日本记者问及靖国神社问题

日本主流媒体论说委员访华团的记者问及靖国神社问题，希望中国政府能从文化角度予以了解和理解，赵启正作了如下回答：

我也注意到了两国宗教文化上的差异，日本有多神信仰，人死即成神，不追究生前做了什么。中国也有敬人为神的，人死后为其建立祠堂、神庙，《三国》中的刘、关、张都有庙。一般来说，在中国，英雄或有贡献的人才会被敬为神，中国有句话叫"盖棺定论"。大家如去过西湖，会看到两尊像，岳飞和秦桧。岳飞是民族英雄，而秦桧是出卖他的叛徒，因而永世跪在英雄面前。我想你们也许在杭州岳飞墓前看到过一副对联："青山有幸埋忠骨，白铁无辜铸佞臣"。说的就是岳飞和秦桧。中日对于逝者如何评价不同，这是上千年的传统，很难让中国人的观点变成日本人那样，反之也同样不易。禅宗在日本也很流行，"放下屠刀，立地成佛"的意思就是说允许改过。日本也有一些老兵承认杀过人，但他们悔过了，对于这样的人，中国人也给予了宽恕，但东条英机没有放下屠刀。中国人对贵国首相参拜供有甲级战犯的神社表示不满和愤怒，这是明白又单纯的感情。②

同理，当对方提出的是一个大而化之的概念问题，甚至是采用"扣帽子""贴标签"的诘难，你就以身边的生动实例回应，以实击虚，"四两拨千斤"，不宜以理念对概念。因为对原则问题的求证很难在短时间作出全面阐释，加之我们正处在社会主义初级阶段，无论体制、制度都处在不断创新、逐步完善的过程中，但我们不妨列举代表时代方向的事实和例证，选中切入点以个例证道理，以个案说全局，加以引申扩大，使小小一滴水，折射太阳的光辉，表达我们带着问题发展、在发展中解决问题的态度和决心。

例：答美国国会议员对我保护知识产权的质疑

中国发言人考察团赴美国华盛顿考察过程中，有美国国会议员发言人质疑中国保护知识产权问题，笔者回答：中国政府和中国警方高度重视知识产权的保护工作，仅举一例，2006 年 9 月 8 日，我与美国警方同仁美国国土安全部移民与海关执法局驻北京办公室参赞余安迪，中国公安部经济犯罪侦查局副局长高峰，治安管理局副局长鲍遂献共同发布了中国公安机关在全国范围内开展打击侵犯商标专用权犯罪的专项行动——山鹰行动有关情况。专项行动期间共立各类侵犯知识产权犯罪案件 2054 余起，破获 1804 起，共抓获各类犯罪嫌疑人 3667 余人，涉案总价值约 13.3 亿元，挽回经济损失约 4.2 亿元人民币。同时，中美在打击侵犯知识产权问题方面的执法合作也不断加强。2006 年，中美两国执法机构联合开展了"越洋行动"，成功破获了一系列特大跨国制售假药案。

高圈压低圈

不同等高层原则，亦称非平行博弈原则。立交桥的架设会避免平面行驶车辆的相撞，飞机的航线必须保持不同的垂直距离。由于客观存在着不同国家利益、不同意识形态、不同的国家制度和意识形态，看待同一个问题会有不同的立场、概念，甚至会出现蓄意贬损、毁誉甚至挑衅的提问，最好的回答是"不与之一般见识""不同层次而语"。这就需要跳出问题的圈子，换一个角度看问题，提升一层高度以应对疑问：善于将对方的偏见转换为我方的正向概念，在更高的语境中回应。利用"高下相倾、长短相形"的势能，居高临下，回击别有用心的提问，诠释我方的主张，亦使借题发挥者不攻自破。

例：答日本记者所谓"农村暴乱事件"问题

2006 年 2 月 7 日，公安部举行新闻发布会，日本共同社记者提问："关于农村的暴乱事件，今年有没有什么新的解决办法？"

记者提问采用"障眼法"，表面以求解"新的解决办法"为幌子，背后是让发言人认同中国存在"农村暴乱事件"，如果发言人直接回答解决办法，就意味着承认"农村暴乱事件"的存在。这是记者故意在引导发言人"犯错误"。

发言人答："你提出的概念是不存在的。你提的问题我理解是利益诉求问题。"

紧接着，发言人据此概念作出以下解释：

随着我国社会主义市场经济的发展，改革开放的进一步扩大，各个阶层的利益关系和格局也在随之调整。在这个调整过程当中，有一些群众要维护自身的利益，通过各种方式向政府和相关部门表达诉求的情况会相应地增多。各级政府和相关部门一直对这类利益诉求问题高度重视，并采取了相关措施，认真地进行了解决。特别是党的十六大以来，新一届中央政府倡导"亲民务实"的作风，如解决了千百年来的农业税问题，千方百计扩大就业，解决群众的切身利益问题。中国国务院还颁布了信访条例，使群众的利益诉求通过合法的渠道来加以解决。我们也希望一些群众要通过合法渠道反映自己的诉求，在这个过程中自觉维护好社会秩序，切实尊重和维护法律的权威。

大圈变小圈

问题最小化原则，即抑黑守白原则。对突发社会安全事件特别是暴力恐怖袭击等极端事件，为有利于控制事态，避免社会恐慌，要从有利于社会稳定、有利于事件本身的妥善处理角度，进行有限度公布，有选择披露，不为邪恶罪行张目。话语宜少不宜多，宜简不宜繁，以此挤压谣言空间，挤干炒作成分。掌握哪些该说，哪些不该说，哪些保留说，哪些留待日后说。采取"减法"，勿用"乘法"。说基本要点，不说复杂背景；说初查状况，不说危害过程；说采取措施，不说残忍细节。在表述上"零修辞"，不用比喻、形容、拟人、引申、假设等方式描摹事件，删夷枝蔓，唯留主干，不给歧义报道留出余地。

例：北京天安门暴恐案的报道

2013年10月28日12时5分许，一辆吉普车由北京市南池子南口闯入长安街便道，由东向西行驶撞向天安门金水桥护栏后起火，行驶过程中造成多名游客及执勤民警受伤。北京市公安、应急、卫生等相关部门立即启动应急预案，开展工作并组织施救，受伤人员被全部送往附近医院救治，13时9分，现场交通恢复正常。

事件发生后，中央领导同志和公安部、北京市委、市政府领导先后赶到现场指挥处置工作，要求全力以赴抢救伤者，迅速查明真相，采取有力措施，确保首都安全稳定。

据初步统计，事件已造成6人死亡，39人受伤，其中肇事车内3人死亡，另有3名群众死亡，39名受伤人员中包括3名菲律宾籍游客（2女1男）及1名日本籍男游客。为全力救治伤员，相关医院迅速组织专家紧急会诊，根据伤者伤情分别采取手术、包扎及其他紧急治疗措施。当日下午，北京市委、市政府领导先后前往医院指导救治工作并看望慰问伤员。目前，受伤人员的救治在全力进行当中。

相关部门正在对事件开展调查。

例：昆明火车站暴恐案的报道

2014年3月1日晚，一伙歹徒持械在昆明火车站砍杀路人。目前已有数名歹徒被处置，现场已经拉开警戒线，从昆明火车站往外150米左右的主干道被封锁，目前还在对火车站内人员进行排查。

据现场警务人员介绍，数名砍杀路人的歹徒已经被处置，多名受伤群众已被送往医院救治。记者在现场看到，已有公安、特警、消防、120等多方力量到达现场，警车数十辆、大批警力协助处理。

据火车站附近的派出所值班岗亭的值班民警介绍，当晚9时左右，一伙歹徒持刀，从昆明火车站的铜牛雕像处开始往外砍杀路人，砍伤多名路人，几名歹徒已被击毙。

坚决不跳圈

保持高度敏锐，避陷语言圈套。记者提问无禁区，发言人回答有边界。记者凭借提问的优势，为从新闻发言人嘴里获取所需，往往挖空心思，巧设迷局，制造假象、铺设陷阱、布下雷区，引你入彀。有时预设封闭式的两难选择，使你在进退维谷之中默认问题的存在；有时利用激将法、误导法，造成你的情绪波动、注意力松弛，进而施放烟幕，投下诱饵，发出"糖衣"炮弹，使用精心包装的"集束"武器，使你露出失误和破绽，然后穷追猛打，最终令你陷入"君子一言，驷马难追"的尴尬。在这场高水平的心智较量中，虽无刀光剑影，但却险象环生，需要充分调动你的听觉、视觉和感官，保持高度的清醒和警惕，才能判断准确，表达精准。首先要对记者提问有一双灵敏的耳朵，不仅凭借对话语的直觉，还要具有"微观察"的能力；不仅能听出对方问了什么，还要听出他没有问什么而潜台词希望你回答什么。对于没听清楚的问题一定要核对，在核对中也赢得了思考时间。回答前最好停顿上半秒钟，因为条件反射式的回答容易因语言的惯性被引入歧路。对"捧杀"式语言要保持高度警觉，越是笑容可掬的夸赞、温言软语的吹捧，越要从表面的平波秋水，看到潜在的深澜暗藏。对于未被授权或不该答复的话坚决不说，可以坦言不了解或未参与，建议请更专业的人士回答。但对于涉及国家主权、民族宗教、政府形象的提问，必须原则不放过，谬误必反击，并且一语定乾坤。

例：赵启正回答有关"中国爱国主义情结非常严重"的问题

2007 年 10 月 26 日采访赵启正的法国记者问道："一方面，中国说欢迎外国人参加北京奥运会。另一方面，中国爱国主义情结非常严重，如对像鸦片战争、火烧圆明园等的态度，外国人对此比较敏感。"赵启正当即作了以下回答：

我明白你要问什么了。我建议你看《停滞的帝国》，原版是法文的，作者是阿兰·佩雷菲特（Alain peyrefitte），现在也有中文版了。这本书说得很清楚。圆明园是参考卢浮宫造的，烧毁它的竟是法国入侵军。

记者：这个我知道。

赵启正接着道：你们法国总统为此道歉了，因为确实是法国人烧的。当时法国人的文化在哪里？文明在哪里？在这件事情上，法国人很对不起中国人，这件事对中国人是伤痕，历史是不能忘记的。如果中国人把卢浮宫烧了，法国人会怎么看中国人？请你想一想。③

例：刘建超直面回答反腐败问题

2016年元月15日国务院新闻办公室就十八届中央纪委第六次会议精神举行新闻发布会。《日本经济新闻》记者问：中国的一些官员被反腐败运动弄得意志消沉，甚至对招商引资和国际交流都变得消极，反腐败运动的消极一面变得明显，对这个问题怎么应对？国家预防腐败局副局长、中央纪委国际合作局局长刘建超对此回答：

我们也注意到社会上有不少这样的说法，反腐败导致干部意志消沉，甚至不作为。这样的说法是伪命题，或者另有所图，或者人云亦云。实际上，在反腐败的大背景下，外资对在中国投资会更有信心，我们的干部也会更加有信心同外资打交道，你提的问题是伪命题，不成立。

反套你一圈

接受提问是发言人的常态，但反问有时是最好的回答。反答为问，就是思路的控制与反控制的过程。孙子曰："故善战者，致人而不致于人。"发言犹如用兵，要善于调动对方而不被对方调动，战无常例，兵无常法。可将你问我答变为我问你答，在位移的过程中反客为主，出奇制胜。特别是针对记者蓄意发难，就要抓住提问实质针锋相对，善于反弹琵琶，借力打力，含化对方咄咄逼人的攻势，反诘对方，在风轻云淡中挫其锋芒，将其归谬，击其惰归。即将其错误的论点引申、演绎推向极致，导向显而易见的荒谬，再用反问，推证其逻辑的荒诞。但这种方式属于逆向思维，要具有力排乱象的良好心理素质，善于捕捉要害，把握反击的时间和节奏。

例：赵启正回答日本记者关于5名朝鲜人闯入日本领事馆遭中国武警阻拦一事

2002年5月12日，5个朝鲜人闯入日本驻沈阳领事馆，中国武警予以拦阻并拉出对方。此事即被日本右翼媒体大肆渲染并混淆视听。5月13日，日本共同社记者就此问题发问时任国务院新闻办公室主任赵启正，赵启正作如下回答：

中国武警的任务就是保卫大使馆的安全，这是最重要的，其他都要服从这个任务。美国"9·11"事件后，中国武警的反恐教育和训练得到加强。……"秘鲁事件"④就是恐怖分子闯进了日本大使馆。有人往沈阳日本领事馆里闯的时候，武警在很短的时间里作出反应，拦住并把他们拉出来。假如闯入者身上带着炸弹怎么办？那样日本是否要感谢中国武警？……因为从前北京发生过这样的事，当时我们的武警战士牺牲了。请想一想，在可能会牺牲的背景下，我们的战士英勇地冲上去，对他们是否应该表示敬意？为什么把它歪曲成了敌意？为什么电视台要反复播放这样的镜头？为什么要画漫画讽刺两国的领导人？好吧，我们反过来说，今后中国武警再也不硬性阻拦闯入者，日本使领馆是否欢迎新的闯入者？是准备接纳 50 人、500 人，还是 5000 人？你们的报纸说在中国这种人很多很多呀。⑤

……

例：傅莹回答外国记者关于中国军费增长问题

在全国人大十二届二次会议新闻发布会上，美国哥伦比亚广播公司记者提问，中国政府提出"和平崛起"这个概念已经有十多年时间了，但是我们看到中国的军费不断地增长，这看起来并不是十分的和平。

大会新闻发言人傅莹：中国坚持走和平发展的道路，这些年被证明是成功的，是正确的道路，在这一点上我们是坚定不移的。你说到中国的军费和国防力量增长了，那么中国就是不和平了。这样的声音确实在国际上听到过，但是中国人可能要问，我们的国防力量增强了，我们是不和平发展？那么如果我们国家发展强大，我们繁荣昌盛，然后我们有一个很弱的国防力量，我们就和平了？

围绕轴心圈

即围绕发布主旨，不断回到"圆心"出发点。确定一个鲜明贯彻始终的观点，并不断用实例和道理说明强化它。发言人有必要经常重复关键话语。你有千般问，我有主口径，不管题外话问到天涯海角，最终还要回到大地原点。面对问题应答，有一个 ABC 弧线，即 A（answer）为简单回应，B（bridge）为而后过渡，C（conclude）为最终回到核心结论。把握"万变不离其宗""夫物芸芸，各复归其根"。新闻发言人是发布会的灵魂和核心，要驾驭全局，若主动出击，则

"动于九天之上";若蓄势防守，则"藏于九地之下"。对所有提问不仅能放得开，还要收得拢，更要守得住。学会"扳道岔"的功夫，娴熟使用含化、斡旋、改述的方法，求同存异，善于运用模糊法、转移法、诙谐法，将僵硬化为绕指柔，将坚冰释为春水流。对负面问题，完全可以化害为利，正面解读；挑衅性问题，完全可以借题发挥，植入你的观点。要明白你是主场，他是客场，他可以按他的逻辑提问，你可以按你的原则回答，即令是不相关的碎片式提问，也要像磁铁一样把其吸引到你的极点坐标上。

所谓模糊法，即对一时没有定论的问题不做终断，可将不同看法夹议其中，不随意作肯定或否定的表态。如说"这可能是一种仁者见仁、智者见智的观点"，"我注意到了这种提法，一件事允许有多种看法嘛"。

亦可用转移法，即避开机锋，调整思路，借题发挥，牵引到自己的议题上来。亦可回答相关类似的问题，使新的信息占据提问空间。这种答非所问，绝非顾左右而言他，而是将问题与发布主题密切关联，使对方从你的答话中又获得了新信息量作为补偿，甘愿纳入你铺设的轨道。

所谓诙谐法，即"一样话、两样说"，用话语情趣化解场上尴尬，用谈笑自嘲解围僵局，以隐喻暗示说明道理，以弹性幽默话题缓冲激烈情绪，以一语双关回应难题，巧妙把控发布会的氛围。

例：李肇星谈笑答疑

第十一届全国人大二次会议首场新闻发布会上，有记者问李肇星："您作为外长曾多次在两会上与公众见面，那么你现在就任人大外事委主任委员，并且是人大会议的发言人，是否觉得这个岗位更具挑战性？"李肇星还没等问话落音，就说："中国有一句俗话，叫做'哪壶不开提哪壶'。"
这句话引得现场一片笑声，李肇星接着说："人的职务总是
会有变化的，对我来说不变的是，我是祖国的儿子，人民的
服务员，朋友的朋友，知识面前的小学生。"于是又引来记
者们喝彩的掌声。

欲要实现这种话语的掌控，还要会使用架桥引路的过渡
词，诸如"这是一个重要问题，我很愿意和你探讨，我是不
是可以这样理解?"，"谢谢你对这个问题的关注，但是……"。
避免打"乒乓球"式攻防和拳击手的对垒，注意"理直气
和""义正言婉"，"刚才我的那些话，还要作以下补充……"，
从而避免对抗性的纠缠，始终保持优雅回应的气度。

如果发布会上通过你不断强调的主题话语，成了记者们
报道的标题、引语和导语，被网络置顶或变为"热词"风行，
就意味着发布大获成功。如果因为你的坚持有理有利有节，
通过不断强化你的观点，终使正义的主张得以公认，那就意
味着你运用话语的力量维护了国家的利益和形象。

例：梅汝璈力排众议为座席

1945 年，中、美、英、苏四国，敦促日本无条件投降
的《波茨坦公告》规定，设立远东国军事法庭，在日本首次
对战犯进行审判，梅汝璈作为中国法官参加审判。按规定庭
长座位居中，庭长左边第二把座椅由谁坐，成了 11 国法官
角逐的焦点，梅汝璈建议说："今天是审日本战犯，中国受
日本侵略最烈，而且抗战时间最长，付出牺牲最大，有浴
血抗战的历史，理应排在前面；再者，没有日本的无条件投
降，便没有今天的审判，按各受降国的签字顺序排座，实能
顺理成章。"梅法官略作停顿，又幽默道："当然，若各国同

人不赞成这一办法，我们不妨找个体重测量器，然后按体重大小排序。体重者居中，体轻者居旁。"这番话引得众法官大笑，庭长韦伯说："你的建议很好，但只适用于比赛。"梅法官说："若不按受降国签字顺序排座，那还是按体重排好。这样，即使我被排末座，也心甘情愿，并以此对国家有个交代，一旦他们认为我坐在边上不合适，可以调派一名比我胖的来代替我呀！"这个回答真真假假、幽默有趣引得众法官再次大笑。

可是当开庭预演时，庭长竟然宣布入场顺序为，美、英、中、苏、法、加……梅汝璈立即提出抗议，他随即脱下黑色绣织法袍，拒绝登台"彩排"。并说："今日预演，已有许多记者和电影摄影师在场，一旦明日见报，就既成事实。既然我的建议在同人中并无很多异议，我请求对我的提议进行表决。否则，我只有不参加预演，回国向政府辞职。"

于是预演推迟了半个多小时，入场顺序终于按照日本投降书上各受降国签字顺序排定，即美、中、英、加、法……

一击要害圈

表达原则立场必须一语中的，命中要害。新闻发布会的话语权在我，应以我为主。特别是在大是大非的原则问题上，绝不能有丝毫含糊，要坚持底线立场，真理正义面前寸步不让。诠释主张时要开门见山，一针见血，斩钉截铁，直截了当，做到言之凿凿，掷地作金石声。用语要"见素抱朴"，不加修饰，遣词绝不模棱两可，首鼠两端，而是光明磊落，显示内在的逻辑，若能坦荡说出内心感受，直抒胸臆，则会加大话语中的感召力量，起到一言九鼎的作用。

例：朱镕基在与美国总统克林顿联合
举行记者招待会时答记者问

记者：我是香港《星岛日报》记者。昨天朱总理的专机在安德鲁斯空军基地降落之前7个小时，克林顿总统作了一个对华政策的演讲，他提到1996年3月美国向台湾水域派遣航空母舰的事情，他认为这个事情维护了台海安全。朱总理，你如何看美国的军事力量对两岸关系的影响？你认为两岸统一要不要有时间表？你愿意不愿意访问台湾？

朱镕基：关于对台湾的政策、对统一台湾的政策，我们的江泽民主席有着非常明确的声明，这一点我想不用我再来说了。

我们从香港回归祖国就可以看到，中国严格地在那个地方实行"一国两制""港人治港"、高度自治。我想，全世界的人民都承认这一点。而我们对统一台湾的政策比这个要宽松得多，也就是说，我们允许台湾保留它自己的军队，而且我们也准备让台湾的首脑到中央政府来当副首脑。至于他能不能当正首脑呢？那我就不清楚了，因为我想大概没有人会投他的赞成票。

中国政府一再声明，我们尽量用和平的方法来统一台湾，但是我们也从来没有宣布放弃使用武力。因为如果我们这样宣布的话，那么台湾将从中国永远分离出去。我刚才在克林顿总统的办公室看到了林肯总统的肖像。当年林肯总统为了保持美国的完整，不惜使用武力，我们应该向林肯总统学习。

至于我要不要到台湾去，他们又没向我发邀请，我怎么去？而且，以什么身份去？你帮我想一想。⑥

请君入我圈

这是新闻发布的最高境界，为无技巧原则的"无法之法，是为至法"。即胸有城府，真理在握，拥有无可争辩的事实和强大的自信心，可将所有的提问都化为诠释我方政策的回答。不受制于问题本身，不受制于口径束缚，不受制于按章法应答，而是万物皆备于我，且言之成理，持之有据，顺手拈来，挥洒自如。这就需要始终把握定义权，运用关键词语，把自身与对方尖锐的分歧明确表达出来。应知发布主体不仅具有原则立场和制度自信，而且还有成竹在胸的气度风范和高人一筹的话语魅力。不要看如林的手臂，刀丛剑树般的"长枪短炮"、战云密布的各类问题，恰如波澜不惊中的闲庭信步，于万千军中的羽扇纶巾，以幽默的答疑缓释紧张的气氛，以轻松的故事摆脱语境的僵局，以温婉的哲言化解旷世的难题，嬉笑怒骂皆成文章，谈笑间樯橹灰飞烟灭。政治家的发布会，往往宛如一场精彩的艺术演出，让你分享到话语的美妙与魅力，因为他懂得以柔克刚，"天下至柔，驰骋于天下至坚"，常表现出幽默、含蓄、包容、圆润，有时也会显出质朴、直率、坦荡、豪爽，或以曲求伸，以迂求直；或大气磅薄，大巧寓拙。形如刺猬时，虽友善体小，但让你张不开嘴，下不了口，伸不出手。形如醒狮时，则如洪钟大吕，声震宇内，征服你的内心，导引着潮涌翻滚的舆论。

例：朱镕基在九届全国人大二次会议记者招待会上
就人权问题答记者问

记者：你这次到美国去将面临人权问题，这个问题也可能是一个焦点。请就人权问题提出你的看法。

朱镕基:(关于经济宏观调控部分略)刚才还提出了一个人权问题。我想,这也是在座很多记者想向我提出的一个问题。所有跟我们中国领导人会见的外宾,很少有不谈人权问题的,好像不谈中国的人权问题回去就不好交代。因此,这个问题在我向他们重复了那么多遍以后,今天实在不想再讲了。我只想讲一桩事情,就是美国国务卿奥尔布赖特最近访问中国时,我告诉她的一句话。我说:"我参加争取和保障人权运动的历史比你早得多。"她说:"是吗?"表示她不同意我的意见。我就说:"不是吗?我比你大十岁。当我冒着生命危险同国民党政权作斗争,参加争取中国的民主、自由、人权运动的时候,你还在上中学呢!"我说,我们在人权的观点上很多是一致的,我在中学学习时就念了法国卢梭写的《社会契约论》《爱弥儿》《忏悔录》。人生而平等、天赋人权的观念,我早就知道。我们接受了中国五四运动的影响,五四运动就是为民主、科学而斗争,所以后来我们在共产党领导下一直进行着反对专制独裁、反对反动政权侵犯人权的斗争,我们今天怎么可能反过来去压制人权?而且,只有我们才知道在中国如何才能够实现保障人权。当然,我们在人权问题上并不是没有缺点,也不可能没有缺点。因为中国几千年是封建社会,还有过半封建半殖民地的历史,中华人民共和国成立只有50年,50年怎么可能把所有问题都解决?但是我们愿意听取各方面的意见,特别是听取我国人民群众的意见。我们天天都在看人民来信,研究怎样满足他们的愿望,实现他们的要求。我们也愿意听取国际友人的意见,因此我们有很多对话的渠道。我们同美国、欧盟、澳大利亚都有人权方面的对话渠道。我们在人权方面的工作每天都有进步。刚刚闭幕的九届全国人大二次会议通过了宪法修正案,增加了依法治国、建设社会主义法治国家的内容。我们全国人大常委会在立法，我们国务院也在立法，国务院立的法叫行政法规。我们天天在努力健全我国的法制，保障中国人民的人权，我们会继续做下去。我们欢迎外国朋友批评我们的工作，但你不要太急了，我比你还急嘛！⑦

例：赵启正在华盛顿全美新闻俱乐部演讲后答听众问

2000 年 8 月 30 日，时任国务院新闻办公室主任赵启正在华盛顿全美新闻俱乐部演讲后，俱乐部主持人希克曼提问：上周，我帮助上海的一个电视摄制组拍摄节目。我把他们带到越战纪念碑那里，问他们是否认为有必要在你们国家建一个类似的纪念碑。纪念在当时的受害人，纪念那些士兵、学生和普通北京市民。我想知道您是怎么认为的。

赵启正：您花了相当时间才把关心的事情表达清楚了。您提出的事情发生在 11 年前。随着中国法制的进展和中国大学生的日益成熟，这样的事情不会再次发生了。

如您所说，这是历史事件，并且您也知道，中国政府对此已有结论。

当我们回顾任何一个国家的历史的时候，往往会发现有一些孤立的事件。1932 年，胡佛总统任期内，两万多名退伍军人和他们的家属搭建了帐篷，进行示威游行。就在我们这个大厦外，在宾夕法尼亚大街附近，麦克阿瑟将军在当时还只是少校的艾森豪威尔的协助下，动用了骑兵和坦克，冲击了示威队伍。帐篷被烧毁，打死了许多人，儿童也被刺刀刺中。美国并没有为这段历史建纪念碑。

（在座不少人开始议论，似乎不知此事。一个老者发言认定此事，是当年的"补偿金远征军"事件。）⑧

注　释

① 赵启正:《直面媒体 20 年:赵启正答中外记者问》,新世界出版社 2015
年版,第 52 页。

② 赵启正:《直面媒体 20 年:赵启正答中外记者问》,新世界出版社 2015
年版,第 171 页。

③ 赵启正:《直面媒体 20 年:赵启正答中外记者问》,新世界出版社 2015
年版,第 241 页。

④ 1996 年 12 月,秘鲁反政府游击队组织图帕克阿马鲁革命运动,趁日
本驻秘鲁使馆举行庆祝活动之机劫持了在场的 400 多人为人质。事件
持续 126 天,最后以恐怖分子被秘鲁军警全部击毙而结束。

⑤ 赵启正:《直面媒体 20 年:赵启正答中外记者问》,新世界出版社 2015
年版,第 110—111 页。

⑥ 《朱镕基答记者问》编辑组编:《朱镕基答记者问》,人民出版社 2009
年版,第 128—129 页。

⑦ 《朱镕基答记者问》编辑组编:《朱镕基答记者问》,人民出版社 2009
年版,第 14—16 页。

⑧ 赵启正:《直面媒体 20 年:赵启正答中外记者问》,新世界出版社 2015
年版,第 73—74 页。

10

演说十策

一流内容，一流表达

厚积薄发，提炼要点

预设结构，逻辑明晰

态势语言，锦上添花

模拟排练，化解紧张

情感充沛，真诚互动

气韵生动，引人入胜

修辞炼句，语法魅力

危机沟通，折冲制衡

心悦诚服，换句话说

今天，我们进入了全民话语时代，亦称官民对话时代。今天官员随时都会面对公众说话，并允许公众评头论足已成为社会生活中的新常态。演说则是其中一种一人对多人的说话能力。马克思、恩格斯十分重视演说的作用，恩格斯曾说："一次演说将胜过十篇文章和一百次访问。"①

演说对于新闻发言人而言，每次应答就是简短的演说；对于领导干部而言，每场报告都是正式的信息发布，大到工作动员，小到日常活动的简短致辞，都须话语的表达。演说应是公务人员必备的能力和职务行为，体现着现代领导干部的整体素质。演说就是通过阐述观点，诠释主张，以强烈的感染力赢得人们支持的话语能力。它不仅是我们进行理论宣传、政治动员、思想教育须臾离不开的话语形式，而且还是我们面对面做群众工作、化解矛盾危机最有效最直接的方法。令人遗憾的是，这种能力在今天一些官员那里，已经严重退化，演说变成了照本宣科的"念说"，离了稿子不能开口说话，即使脱稿也是官话连篇，真正具有优秀演说能力者更是凤毛麟角。

四川雅安地震后，笔者曾受邀去讲课。到后才知道，当地政府在抗震救灾中做了大量卓有成效的工作，却因话语的原因出现了"次生灾害"：时任市委书记的徐孟加在回答央视采访时，未在第一时间说灾情和措施，而是穿靴戴帽地把"领导重视"之类的话说了一大堆，引起网民与舆论的强烈关注。一番人肉搜索，徐书记变成了"徐三多"（表多、情人多、钞票多），于是东窗事发，锒铛入狱。从表面看可谓是因说话不当引火烧身。深层分析，却暴露了说话背后的态度与方式问题。

雅安曾是当年红四方面军徐向前部驻扎的地方，那些用泥巴糊住的红军标语又得以重见天日："穷人主动参加红军，分好田好地！"，"没收帝国主义财产、工厂、企业、银行！"，"实行 8 小时工作制，增加工资、失业救济、社会保险！"，"民众有抗日救国的言论、思想、行动的绝对自由！"……这就是当年红军的宣传，因此向穷苦人慷慨激昂的演说，肯定简洁明了，事例生动，一听就懂，具有强大的感召力，绝没有充满八股气的套话、官话。

不知何时开始，我们的干部不会脱稿讲话了，专职的秘书班子咬文嚼字，逻辑章法日益考究，论述内容面面俱到，讲述问题四平八稳，洋洋万言，交叉重复，言之无物，同义反复，了无新意……不少场面出现台上抑扬顿挫，台下鼾声大作。究竟是语言的贫乏，还是精神的贫困，抑或是思想的僵化，的确需要深思和探讨。

1950 年代，苏联著名记者爱伦堡访问我国与同行座谈时讲了一则故事。②

有一个学者，他找到了用引起观念来辨识思想的一种方法。这个方法是这样的：即如果对某一个人说出一个字，那么在他的思维中就产生了另一个相近的字。因此，一个人就应当不假思索地说话。教授说了一个字，被问的那个人应当立刻说出另一个字来。他曾做过试验：他和一个涉嫌杀人者说话，他说："道路。"涉嫌者回答说："田地。"他说："树林。"涉嫌者就说："峡谷。"他说："锄头。"涉嫌者就说："坑。"于是，他就真的找到了被这个凶手埋在坑里的那个被害人尸体。

学者得到这次成功后，就建议作公开表演来进一步试验。面对众人，他问："谁愿意来做试验?"终于有一人上前接受试验。学者仍然说："道路。"那人回答说："宽阔的进步的道路。"学者说："密云。"那人就回答："反动的阴暗的密云。"学者说："车轮。"那人就回答："历史的车轮。"他对于学者一切的问话都用报纸上现成的句子来回答，没有任何自己的思维。于是学者说："我承认我失败了。在一百次试验中头一次这么失败。请告诉我，您从事什么职业?"那人说："您不可能不知道啊? 我是一名记者。"

媒体报道尚且如此，遑论官员话语。这种事情，在我们身边也开始屡见不鲜，曾有一名外国记者向我们的一位发言人提问：

记　者：刚才你说的历史垃圾堆在哪里?
发言人：这是个比喻。
记　者：你们所说的社会主义大旗在哪里?
发言人：这是个象征。

记　者：你们的企业老总就是总书记吗？

发言人：我们的总书记不是某个企业的领导。

记　者：那为什么还要说在他的领导下呢？

发言人：这是宏观的表述。

记　者：那你们所说的桥头堡攻坚战呢，你们正在和谁打仗？

……

　　不是五千年文明的汉字出了毛病，而是我们的话语表达出现了僵化。原因在于我们与百姓同甘共苦少了，发号施令使我们的话语与百姓的话语分割开了，难以摆脱的"文山会海"使我们在说话上不愿下工夫了，怕说错话的思维定式使我们不得不"穿靴戴帽"了。可"豆腐多了一泡水，空话多了无人听"，对于没有血色的苍白概念，尽管你用了最高分贝，换来的也只能是空谷回声。正如马克思所说，大自然还允许这么多花朵，还要求精神是苍白的吗？习近平更是一针见血地要求："学会写短文，说短话。"不要认为图解、诠释概念就是宣传，精神的产品不能用物质的方法推销，话语体系不能单用行政权力去建构，而应当遵循符号内在的规律去营造："至大者应至微"。越是高远宏大，越要具体实在，真切浅显，微小无形，润物无声，才能渗入血脉毛孔、气息经络。通过渗透、浸润、滴灌，最后入脑、入心，而不是直接灌输，强硬植入。话风即文风，文风系党风。让我们从演说的基本功开始，重新掌握在大庭广众面前说话的能力，用春风化雨的方法，携山中清风、水中明月的美感乐趣去触碰人们内心柔软的智慧窗扉。用深刻的思想、真实的情感、铿锵有力的语言打动、说服人心、振奋国情，这才是我们除旧布新、唯陈言务去的话语革命方向。

一流内容，一流表达

善于表达，不仅是对新闻发言人的要求。在现代社会，上至官员政要、企业高管，下至普通职员、公众百姓，都显得越来越重要。无论施政演说，工作部署，员工动员，竞争上岗，招聘应试，法庭诉讼，口试答辩，话语能力的优劣举足轻重。在实力相当时，往往"好马出在腿上，好人出在嘴上"。每个人在羡慕那些妙语连珠的演讲家，期待享受一场充满智慧精神大餐的同时，都希望自己也具有在公众面前有摄人心魄的演说能力。

今日社会，更需要一大批能够承担危机公关的话语精英，随时可向公众释疑解惑的说服专家、心理辅导专家，这也是一个国家、民族软实力建设的应有之义。正如列宁所说，一个鼓动家就是善于对群众讲话，善于用自己的热情之火激发群众，善于抓住突出的、说明问题的实事的人民演说家。

如何提高人们的话语能力特别是演说能力，是我们研究的重点和落脚点。语言学的规律告诉我们：表达能力源于敏锐的语感、深刻的思考和准确的表述，其核心是思辨能力。古人云："慧于心而秀于言，质于内而形于外"，亚里士多德说："思想使人说出当时当地可能说的和应当说的话。"传播学原理告诉我们，一件传播内容若能为人很快理解，需要两个维度：一是降低在语言上的难度，即少用概念和专业术语，一目了然，清楚明白，即"透彻度"；二是提高内容的人情味，善于换成形象生动的语言，感性、易记，使人便于体验，有身临其境的现场感，即"贴近度"。对于前者，在分解句子时，还要注意一句话的字数和词量越少越好。提倡短文、短段、短句，易读顺口便于接受；对于后者，就是讲故事，有情节，寓教于乐。因为概念只能入目、入耳，形象才能入脑、入心。讲好的故事和讲好听的故事，故事的形象往往大于概念，会赋予生活和生命以深刻寓意。《圣经》《佛经》全是在用故事传经布道，马克思的《资本论》是在用一分小钱中的剩余价值讲述大千世界的兴亡更替，其中不乏以希腊神话作比喻，故事中蕴含道理，比刻板定义易于接受。因为人们对外部世界的认知，往往从可感知的形象开始，再进入情感和道德层面——人们从小是在通过听故事理解世界，了解当下，预测未来，通过别人的故事借鉴于我，并创造新故事。乐于听故事，是人类遗传的天性，毛泽东讲愚公移山和孙悟空钻入铁扇公主腹内的故事，使深奥的概念变成了深入浅出的道理，《人民日报》曾刊登了一篇《怎样运用文学作品来进行宣传教育工作》，作者吴小武回忆 1947 年借鉴评书形式向农民宣传土改的往事。"一连讲了两天两夜，既未敲锣召集人，也未派人挨家挨户去叫，听讲的人却越来越多，听讲的时候，中途溜跑、打瞌睡的人是没有了。"③中国有着悠久的讲故事传统，特别是评书，"草蛇灰线、节外生枝，跌宕起伏，一波三折"，对人们就像诱人的广告先让你进入餐馆，美味佳肴又使你大快朵颐，好看好吃的东西，谁不乐意享用呢？

可问题的症结是，一个好的内容如果缺乏好的表达，反倒损及内容，因为它将活生生的事物神圣化、经义化、教条化，用图解概念、照本宣科的布道手法逼使人们臣服，"瞧，真理在这里，向它跪拜吧。"孰不知，世俗之人如果按神的标准生活，将是人类的灾难，结果一是把自己捧上云端摔下来，二是学会靠谎言度日。爱因斯坦曾说："解决问题的不可能是那些导致问题的思维模式。"一流的表达,是让人看不出你是在宣传。看得出是在宣传的,是不成功的宣传,令人讨厌的宣传,是失败的宣传。板着面孔的说教,不要说对国外,就是国内的听众也会被说烦了、说厌了——由厌生怠,甚至造成逆反心理,拒绝接受。形式服务内容,表达关乎事业祸福,前车之鉴,不可重蹈。

问题在于:我们往往强调内容的重要而忽视表达的方式。"天生丽质难自弃,养在深闺人未识。"可今天的听众变了,他不喜欢吃维生素苹果片,而要亲口咬一咬苹果,品尝其中的滋味。他不要顶礼膜拜而要平等交流,他不要看千人一面的演出,而崇尚魅力四射的演说明星。你动用权力的话语未必能吸引控制他们,因为你的信息含金量未必在他们之上。这个现实提醒我们纵有真知灼见,也要注意演讲对象、方式、内容和掌握艺术的表达和传播之道。

首先,你的立足点不是自己,而是听众,你要知道他们是谁,确定"谁要来听",是内部下属还是社会公众,是支持者还是反对者。作为清洁能源企业的中国广东核电集团有限公司负责人告诉笔者,他们为做好项目的选址工作,将说服沟通的受众分为五类:一是对核电、核安全知识了解不足、由无知产生恐惧的人;二是与征地拆迁等利益相关的人;三是厂址周边与征地拆迁等利益不直接相关,但担心受影响的人,如房地产开发商;四是一些意在通过交涉争取更多利益的人;五是个别对社会不满、借反核电建设与政府对立的人。根据不同对象采取不同的沟通对话方式,使项目获得推进。

接下来,要明确听众"为什么要听你的",你今天给他们带来了什么,需要怎么打动他们,并由此产生新的认识和行动。这就需要你为他们的利益着想,要说对他们有益的话，找准长远利益与现实利益的结合点。笔者曾在地方政府从事棚户区的改造工作，居民们不愿离开祖辈居住的老屋，本人从当年下暴雨派出所民警为居民上房顶遮挡雨水、掏挖阴井疏通积水讲起，详说城市改造后居住条件的诸多改善，而后解释了拆迁的优惠政策，使阻力迎刃而解。

再就是"怎样讲人们才会认同接受"，特别是面对群情激昂的对立局面，要拉近距离，就要立足对方的角度，讲述双方都能接受的道理。如果能站在对立一方设身处地，而不是首先自我辩白，对方更易倾向你所说事实的客观性，这就有了引导事态向你期望发展的可能。因为人们总是愿意听取尊重自己想法的意见。林肯在伊利诺斯州南部竞选时，面对的是一大批要置他于死地的反对废奴者，林肯在众人虎视眈眈的氛围下走上演讲台，他说道："南伊利诺斯州的同乡们、肯塔基的同乡们、密苏里的同乡们：听说在场的有些人要下决心和我作对，我实在不明白为什么这样做。我也和你们一样是一个爽直的平民，我为什么不能和你们一样有发表意见的权利呢？朋友，我不是来干涉你们的，我是你们中间的一员。我生于肯塔基，长于伊利诺斯。正和你们一样，是从苦难的环境中挣扎出来的……如果真的认识了我，你们就知道，我来这里并不想做与你们不利的事。当然你们也绝不想做出对我不利的事了……你们是勇敢而豪爽的人们，这个想法一定不会遭拒绝吧！现在就让我们诚恳地讨论一个严重的问题，看看如何？"林肯这番开场白竟将敌意化成了喝彩，此次演讲之后，这些人中的不少人成了他的朋友。

最后则是"如何讲才会达到演说的目的"。演说追求的目标是激发正能量，召唤精神的力量。这就需要在演说中通过论据排列、逻辑选择、方向定位给大脑输送积极的语言信号，不断增强话语的征服力和震撼力。1992 年 9 月 18 日，河南省开封市发生特大馆藏文物被盗案，69件价值连城的国宝不翼而飞。在案件毫无线索的重重压力下，笔者向全市公安机关作了如下的破案动员报告：

"一流的案件，才会造就一流的侦查员。开封市公安局能摊上这样的案子，可称得上三生有幸。因为，大疑难才会有大较量，大较量就会有大破绽，大破绽就会有大成功。犯罪分子只能先赢了头一步，只有我们才会赢得全部。我们中的有些人注定会立大功，并且奇功盖世；但也会有人受到严厉惩罚，因为犯罪者的破绽已经留在你眼前，漏掉破绽就等于手指缝里漏掉了国宝，漏掉了罪犯，就要脱去警服，终生不能授警衔……"

当明确了听众或说服对象的需求，准备好丰富的演讲内容后，怎样才能实现一流的表达呢？

接下来，我们将演说内容与方式分成两个变量，深入论证一下内容与表达的关系，以及表达对内容的决定意义。

首先看内容——精辟分析和深入调查，用典型实例证明观点；说话富有激情，充满知识含量；故事与生动的比喻穿插，将人带入情景；通常不超过三项内容，用一个主题贯穿其中并不断突出强化；首尾呼应，叙事逻辑清晰、完整；很少立足自我，而是从听众角度打动对方。

再来看方式——由于脱稿演说省略了一道程序，直接在与听众交流，就能关注对方表情变化，注意反应，不断调整适应听众，准确自如运用手势和肢体语言，用眼神、表情和情感交流；还可以运用提问倾听对方话语，表现出认真与尊重，与听众产生共鸣与互动，如通过反问、设问、应和等方式，调动听众的主动参与性。时而娓娓道来，时而强调加重，既有斩钉截铁的态度，也有生动灵活引语的使用，且善用个性化、口语化语言，穿插模仿角色话语；课件资料为我所用又不受束缚：注意节奏、音调、音量随情感起伏，起承转合又富于变化，不要以一种声调音色贯之。

故有人统计：人的记忆效果，通过讲的方式人们大约记住材料的 33%，通过读的方式仅记住 10%。④

最后看听众效果——会产生四种不同感受：

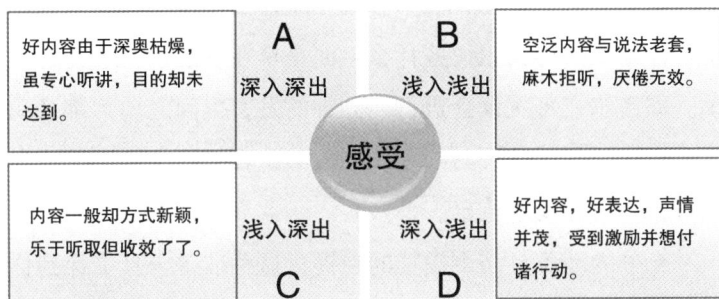

好内容由于深奥枯燥，虽专心听讲，目的却未达到。	**A** 深入深出	**B** 浅入浅出	空泛内容与说法老套，麻木拒听，厌倦无效。
内容一般却方式新颖，乐于听取但收效了了。	浅入深出 **C**	深入浅出 **D**	好内容，好表达，声情并茂，受到激励并想付诸行动。

感受

从中不难看出，一流的表达需要多个"有"：有思想、有内容、有魅力、有个性、有锋芒、有质感、有逻辑、有律动、有思路、有例证、有态势、有豪情，才会真正达到一流的演说效果，生活中不缺美，但缺美的表达；社会中不缺善，但缺善的表述。怎样才能够能言善辩，让我们依次进行深入探讨。

厚积薄发，提炼要点

讲话是一人对多人的讲述，之前必须充分准备，准备来自于你既有的个人知识储备。这个储备既有经验的，也有书本的。所谓个人知识，既包括随时可以从脑海中搜寻、脱口而出的信息，也包括记忆书中的内容引用。仅有这些还远远不够，因为专题的演说，重大事件的信息发布，往往需要大量的专业信息支持方能旁征博引，仅靠个人的知识储备将是有限的，这就需要你的团队助手的协助，拟出演讲提纲和回答要点。那种不假思索就能语惊四座的想法，只能自欺欺人。即便是才华横溢的语言天才，讲话前也要有所准备。历史上最成功的演讲家之一林肯说："在预备说服一个人的时候，我会花三分之一的时间来思考自己以及要说的话，花三分之二的时间来思考对方以及他会说什么话。"列宁说，不是当你论说时再去想说些什么，而是早在说之前你已经想过了。邱吉尔在每次议会进行两分钟的发言提问之前，都会花上几个小时甚至几天时间在议会大厦走廊的图书架上查阅大量资料，研究议题背景。

充分的准备是演讲成功的前提，这种准备一直贯穿到你临上场的那一刻。演讲不是同你的朋友和家人聊天，可以不假思索、任意挥洒。演讲是社会公共行为，不但要为公共价值负责，还要依据听众的特点和认知水准"量体裁衣"，进行有针对性的预设，听众是不愿意耗费时间听一番空谈的，"到什么山唱什么歌"，欲要演讲，就要使人爱听、愿听，听得进、记得住。从某种角度讲，政治家就是社会公共演员，按照被赋予的角色，你要懂得出场的台步，你的表情和道白，你的唱念做打乃至戏剧的高潮，一直到剧终的谢幕。为了演出的成功精彩，你不仅要掌握台词的唱功，还要用你的真情与听众互动，必要的时候你甚至需要导演、化妆师的协助，进行"带妆彩排"。

在如何准备你的演讲提纲上，如果你不想照本宣科，最好有自己的创意和个人风格，将你要告诉听众的内容与对方用最佳方式衔接起来。你要非常明确你给他们带来了什么，要告诉他们为什么要这么做，这样做会达到什么效果，这其中的重点核心是什么，你如何围绕这一核心说服他们赞同支持你的观点。如此说来，就需要按照你的思路列出提示重点，并用醒目的关键词作为标题，姑且称之为"打伞"法：即将演讲总体内容看成一把伞，重点核心是你的伞轴，伞顶是你的要点，伞骨和伞端是你的论据和事例。伞可以收拢起来，凝练概括成几句话，需要展开时就分几方面论述，最终打开全伞。这样，当你上台时就等于带有一把可当拐杖的备用伞，需要使用时则收放自如。如果烂熟于心，就可以不拿讲稿，或略微扫一眼提纲，就可以向听众娓娓道来了。

提纲要点即"伞顶"，必须简要、易记。就像尖锐的钉子能砸进木板一样，由于被你一遍遍的重复强调，内容要点就能深深嵌入听众的"海马区"，使之记得住、传得开、用得上。与此同时，还要注意要点之间的关系，起承转合，首尾呼应，围绕你的核心主题展开旋转。可以说，一场成功的演讲与准备的程度成正比，而准备的效果又与你对事物的理解掌握成正相关关系。

"打伞法"的实质是一种综合归纳能力，把事物抽象出明晰的概念，用简单易记的符号表述出来，准确简约，一目了然，开合有度，舒卷自如。正如好莱坞筛选创作题材常用的办法：先让你用 30 个字讲一个微缩故事，有了这个故事核，再扩充成 3000 字的脚本提纲。注意，这不是为了节省文字，而是画龙点睛，提纲挈领，纲举目张。这样，你开口说话时就有了非常明确的思路，既不会走错，亦不会走偏。就像一个过桥人达到目标的里程碑，醒目且明晰。你的途程就变成了并列一体的桥段——是什么，为什么，怎么做，按照内在逻辑顺序，可以由点到面、由表及里；也可由故及新、由此及彼；亦可正反相衬，反差对比，不断说明强化你的核心观点。在整个演讲的过程中，你的心目中也像有了一个又一个支撑整个桥体的桥柱，就可以闲庭信步般向桥面走去。如果想锦上添花，还可在每个桥柱上作出简明的标记，最好用四个字的词组，让它明了整齐，富有音韵节奏之美。在演讲中，你还可做适当提示和重复。你会发现，再过一段时间，听众遇到你，还会脱口而出你所说的要点。原来，"伞顶"和"桥柱"已经变成了对方的形象记忆。

2008年3月14日，西藏拉萨发生了打砸抢烧严重暴力犯罪事件，纵火达240处，48辆车被烧毁，70多名民警被打伤，共造成18名汉藏同胞遇害，这场由十四世达赖集团策划的骚乱很快波及其他藏区。时任外交部发言人刘建超电告公安部，鉴于藏独分子谣传，西方媒体报道：已有5600人被捕，1000人失踪，220人死亡，能否介绍事件真相，诠释立场，以正视听。经请示后，笔者被授权一周之后召开由中外记者参加的公安部新闻发布会。

关于西藏，过去所知的多是表面，具备的是零星的知识，靠背景资料"书本得来终觉浅"，重大事件必须实地了解第一手资料，以便掌握大量"装备"和武器，组装成一个个集束的"炮弹"，才能登场作战。于是笔者着手做了三件事：一是随公安部主要负责人抵达拉萨，目睹了被烧毁的民房和死难者所在的店铺，走访了僧侣民众，与办案警察具体座谈，并详细调阅了办案卷宗；二是通过学者专家了解历史背景资料和西藏分裂势力的来龙去脉，恰逢苏叔阳先生《中国西藏读本》杀青，笔者用一个晚上通读全篇，而后又翻阅了大量有关边疆史、民族史的资料，明确了"西藏自古是中国不可分割的一部分"的定义；三是拜访时任国家宗教事务局局长叶小文，了解我国宗教管理的具体法规与政策，特别是落实宪法中关于宗教信仰自由的现状与我国藏传佛教的发展，知悉历史上中国西藏的"政教合一"与西方的"政教合一"的重大区别。西方的"政教合一"为君权神授，而中国中央政府对西藏是"神权君授"。早在清朝初叶达赖喇嘛、班禅喇嘛皆接受中央政府的敕封，神权源自君王的赐予，足以说明当时中央政权与西藏是一种统治与被统治的关系。

　　一周以后，新闻发布会如期召开，笔者破例宣布：此次新闻发布会不限时间，直到没有问题发问为止，这场由百余名中外记者参加的发布会整整开了两个小时，由于准备充分（为发布会准备的备答口径共50条），最后提问告罄，尚有大量"弹药"储而未发。由于采用了"打伞"与"桥段"法，大量关键词和表述语被中外媒体引用或作为标题句使用。

预设结构，逻辑明晰

　　演说是通过话语说服或改变人们认知和思考的一种能力，这种能力源于演讲者的内在综合素质，即具有思想的深度和表达的准确，因为只有抓住事物本质，才能把握听众的心理，运用语言规律叩击人心，触动情感，折服认识，赢得听众。而这种能力必须经过长久积累和下意识的训练才可能掌握，因为演说是一种"面对面"的表述，它省略了演讲者与听众间"面对稿"的环节，直接用口舌和表情与受众交流，更具现场的感染力和语势的冲击力。由于演讲者的情感在与听众的互动中激荡，很多情景可以因事而发，触景生情，即席挥洒，临场发挥，用迸发的灵感调动思维，形成观点，组织词汇，排列语言。当然，这种出口成章且言之成理、持之有据的功夫，就靠日常积淀和关键场合的"耦合激发"。

　　在此情况下，虽无文稿，却要打"腹稿"，即在脑子里迅速构建表述框架，形成语言的链条。因为"思于内才能言于外，思于先才能言于后"：规范的语言是先由头脑中的文字实现的,"想得对才能说得好"。要使内容条理化,先要形成思路,继而确定角度,而后抓住切入点,这就基本形成了腹稿的提纲,最后再以恰当的语言呈现出来,就是"脱口而出"的效果了,如果加上表达的艺术,那便是"锦上添花"的境界了。

演讲的腹稿最好为三个层次:提出问题、分析问题和解决问题。因为人脑的学习记忆是有选择的,往往接受最简单的形式,如一二三,上中下,昨天、今天和明天。你顺应了这个规律,受众就对你易生认同感。比如常见的三段式演讲为:回顾、总结、期待;祝贺、感谢、希望;天时、地利、人和。这样便于在互动中形成共识,犹如三足之鼎,立足最稳,是一个相对完整的结构。在三段式的基础上,每一个点还可以岔分出新的三点,形成"大三套小三"的叙述层次,这样既可使条理简约,有条不紊,还富有内在的逻辑,给人以层层递进的顺序感,且化繁杂为简单,使你条理分明,提纲挈领,他也乐于接受,被你引导,于是相得益彰。

由此,我们可以列出脱稿演说的顺序图,即:

开场白:

迎送词:

竞聘演说:

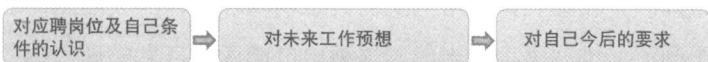

获奖感言:

视察调研工作:

要时刻记住，你要和你的听众共同创造你的演讲，演说内容要有很强的针对性，十分贴切的现场感，要切合受众口味，并且注意对你的"老三点"进行阶段性的提醒，在每个阶段转折处要有过渡性的词汇，事例恰当且有画面感。犹如一场酣畅交力的棋局，先有布局的排兵布阵，而后是中盘的交战，到了终局"编筐窝篓，贵在收口"，虎头、猪肚、豹尾有力收束全篇，结尾既要画龙点睛，将重点凸显，又要呼应全篇，让听众回到现实。"反刍"和体味你所讲的内容，与听众再度打造一个高潮，倘能作"情感"的惜别，致一个令人难以忘怀的告别辞，就能起到"余音绕梁，三日不绝"的功效。

"三段式"在伟人名人的经典演说中不乏其例：

如 1933 年 12 月 16 日，保加利亚的季米特洛夫在德国莱比锡法庭，面对"国会纵火案"的诬陷，他精彩的答辩就分为三个部分：一是介绍纵火案前夜德国的政治形势；二是揭露德国法西斯阴谋，为自己作无罪辩护；三是用振聋发聩的"地球永远旋转"点明正义必胜的主旨。秉承着反共性质诉讼的法官在尴尬中剥夺了他的发言权，最终迫使法庭宣布对其无罪释放。

陈毅在 1941 年 1 月"皖南事变"后新四军重建的演讲中，首先说明新四军是一个什么队伍，点明人民军队不可战胜，只会"越打越强"；然后揭露国民党 7 个师 8 万余人突然袭击，同室操戈、祸国殃民的罪恶行径；最后，强调在共产党领导下无私报国为民的新四军一定会取得最终胜利。

邓小平 1982 年 9 月 24 日在会见时任英国首相撒切尔夫人时发表《我们对香港问题的基本立场》，开宗明义讲三个问题：一是主权问题；二是 1997 年后中国如何管理香港，继续保持香港的繁荣；三是中国和英国两国政府要妥善商谈如何使香港在 15 年中（当时为 1982 年）不出现大的波动。这充分显示出邓小平在国际问题处理中既有坚定的立场，又具坦率诚意的领袖风范。

"三段式"大的结构设置，犹如主干，在具体演讲过程中，还要枝繁叶茂，运用预设悬念、反问、设问和设置对立面予以反诘、驳斥等方式展开内容，层层推进，使演讲富有战斗的批判精神，显示不凡的气势和逻辑的力量。

"一言兴邦，一言丧邦"，话语不仅可以扶正祛邪、批驳谬误，还可以挽狂澜于既倒，化干戈为玉帛，"危难之中，一语定乾坤"。在关键时刻，凸显出思维的正确与话语的力量。

公元前 388 年，面对惨遭高卢人劫掠的罗马城和要求迁都的民情，执政官卡米卢在元老院发表了《反对迁往维爰》的演说。他用天意、用古训、用史实、用乡情以及用罗马城的地利，阐述反对迁徙的理由。一连串的设问、反问和排比，声情并茂的演说层层推进，终使罗马人决定重建家园，卡米卢被尊称为罗马城的"再生之父"。

商代第二十位帝王盘庚为动员百姓从奄（山东曲阜）迁都于殷（河南安阳），三次发表演讲，堪称人类演说史上第一名篇。第一次演说告宗室贵胄，不要孚言惑众，阻挠迁都，并且在迁都中各守其责；第二次演说告知庶民，反对迁都将坐以待毙，而迁都则是为了黎民利益；第三次演说发于迁都之后，向公卿大臣与官吏说明自己的志向，为复兴先王事业，必须同心为民众谋生计，从而用话语引导完成了先民迁都中原的壮举，使衰落的商朝出现复兴的局面。

演说与念稿是两种形式，折射出两种文风。当然，当代社会治理之复杂，表述要求之严谨，在一些重大庄严场合如政府报告、要文传达、政策宣示仍须宣讲诠释，但即使是宣读，亦应注意与听众的互动交流，否则与播音员别无二致。有可能的话，应当有旁白与解释，因为念稿均为周严规范的书面语，易形成接受上的障碍，而脱稿往往是鲜活的日常口语。习近平总书记在深入基层时说家常话、唠嗑话和大俗话，无疑贴近了和群众的关系。中纪委书记王岐山要求省委大员汇报工作不要念稿，因为为官一任，对社情民情应了如指掌，对自己要做的事务了然于心，不需事事都拿出文牍来，此"懒政"之风断不可长。

脱稿有困难，亦可采取变通之法，即将书面讲话改成演说稿，将四平八稳的官方语系口语化，用说话的方式表达，限定句长，多用白话、谈心的话，使官方语言从殿堂走到民间，说真话，说实话，说让百姓听得懂的话，使语言回归到简朴、真切上来，打破官民语言体系的界限与隔膜，使语言出彩、灵动，让演说成为每个公务人员都能自如掌握的能力。

当听众是上级或考官的时候，你的这种常态结构可能被改变，这是因为对方可能更喜欢与你互动，以了解真情或测试你真实的水准和能力。你要有被追问和迅速调整话语结构的准备——让他的提问助推你的演说，用过渡语回到你要说明的问题上。总之，要表示十分乐意与听者互动，但又表现出节约时间的一种尊重态度，始终把握好你论说的核心点、结合点和切入点。

态势语言，锦上添花

演说分为演与说，"演"即为肢体表达；"说"，即为有声的表达。肢体语言包括面部表情、手势和身姿，它可以随着我们的思想情感起伏，有力地辅助有声语言，达到声情并茂的效果。昔人云："站有站相，坐有坐相"，态势语言也讲"手、眼、身、法、步"，它和你的语言共同构成表达链条，而且要做到水乳交融、浑然一体、自然协调，让人"看得入眼""听得入耳"才便于认同接受。据说，一个人向外界传达完整的信息，单纯的语言成分占7%，声调占38%，而肢体语言即演说者的站姿、手势、眼神、表情等非语言传递要占据表达效果的55%。⑤

站姿：脚要立稳，与肩同宽，手自然下垂（女士亦可斜丁字步），若持话筒，则于右手置于右嘴角下边。两腿稍微分开，表示你的自信和力量；两腿并立，表示你的严谨、恭敬；身体前倾，表示歉抑、亲和；低首表示思忖或悲切；脚步移动向前为希望，后退为消极。

手势：分高、中、低三个手位。高位（肩部以上）代表号召、引领与鼓舞；中位（肩腹）表示论说、叙述和解析；下位（腹部）显示批驳、鄙视和质疑。握拳表示坚定，上举握拳表示强有力。

眼神：目光直面听众，切忌茫然，面对全场要有交流和变化。可前视、环视、侧视、俯视、仰视。还可专门注视某个区域，注意与某部分、某个人的目光相视，通过与一个人的眼神交流来调动影响全场的情绪。

在掌握这些基本态势语言后，你就可以登台演讲了。京剧舞台上往往设文东武西、出将入相。从左边入场有其好处，在场与主持者握手时面朝着观众。右侧上场的人往往背对观众，你就用眼神、表情和大家进行交流。最忌从听众席登台——大家看见的是你的后背，而猛一下亮相，眼前是刺眼的灯光和黑压压的人群，往往会感到巨大压力迎面袭来。对此，登场要注意以下三步曲：

静止片刻：或称几秒钟的停顿。这样会让大家的注意力从分散到集中于你，而你也迅速适应了环境，融入了场地；

充盈呼吸：镇定、沉气，做几下深呼吸，让气流的力量带动着能量，你的意识开始积极起来，一切准备妥当，麦克风准确对位；

观看对接：用目光亲和地观看听众，和他们进行最初的交流，会用"语言握手"。为避免人为造成的紧张，勿要有以下犯忌动作：

（1）手抖；（2）腿颤；（3）双手不自然置于体前，做出护卫状态；或背在身后，将一手插在口袋内。

若是站立讲话，更宜放松，双臂自如，抬头挺胸，不要躬身驼背；如果有讲台，那就像个掩体，它能将你安全地"包裹"起来，但你也因此被打了折扣。为解决这个问题，你要注意，不要依靠或撑着讲台，更不要倚着自己的胳膊肘，或支着自己的下巴，这样会使你显得弱不禁风。在演讲之初，你最好不要低头看稿去读，应先与大家面对面地讲话，需要时则低头瞄一眼稿子的内容，即可恢复自然交流的状态。在和大家目光对视时，最好先与其中前几排的若干人建立眼神对接，逐步再与不同方向的若干人目光交流。切忌空洞的扫视，大角度扭动脖颈，要尽量照顾到前、后、左、右，并且要注意到后排的听众。站立讲话时你还可以向两侧走动，也可带着你的稿子向前、向中央走，走向你的听众与之互动。这种走动，最好在你演讲内容转折或强调某一个重点时，就会起到加重你意图的作用。注意合理分配在舞台上的位置，大量的时间处在主席台的中间，位置的移动会产生势能，形成强烈的信息感，使对方更加注意看你，停止他们的小动作和交头接耳。

双手手形：是仅次于嘴巴的表达器官。摊开的手掌、紧握的拳头，双手、单手所表达的信息是有很大区别的。向上张开手掌，意味迎接、接收；伸展双臂，掌心向上倾为赞美与向往；微微并拢手指，手心内凹，侧向听众席，表示请其中一位发言或提问，切忌紧绷或叉开五指，更不能使用单指，那是对人的不尊重甚至是冒犯。手心向着大家，那意味着停止；单手竖立表示果断不容置否，双手竖立表达出界限和尺度。而两手配合做丁字形，那是禁止说话；手心向下意味着支配和肯定；手带动大臂，象征着力量；手掌紧张做斩劈动作，意味果敢，斩钉截铁；两手摊开，做无可奈何状；两掌张开，意味开放、欢迎；两手抱合，则是团结与共。紧握拳头表示加重和愤怒，注意不要敲桌子，因为麦克风会发出轰响。

表情的把握是演讲者自己看不到的，听众则是你的镜子。俗话说：情自心发，内化于心的演讲内容，必然外化于表。当你昂首时则为乐观自信，颔首时则为思索沉吟，点头表示赞同，摇头表达否定。喜怒哀乐，面部自然会流露出来，但要把握分寸，与声气相融。对面部肌肉的把控有时需下意识的训练，如赞美称道、畅想憧憬，你的表情必然是眉心舒展，面带微笑；当愤慨陈词，表达立场时必然眉目蹙紧，腮部鼓胀。这种变化与反差需要自然过渡，收放有度，不可过分夸张，关于表情在演说中的作用我们还会专门提及。

在实际的演讲过程中，演说人往往会进入"通感"表达的状态，即他的面部五官和整个肢体都会自然配合他所表述的内容，发挥综合协调的效应。高明的演讲家犹如相声大师，善用"引而不发"的艺术，在观众捧腹时他能矜持不笑；在听众悲愤低沉时，他却能坚强而昂扬。此时表情在互动中相互关照——从听众的表情中，演说人像在镜子中看到了自己的形象。你可以游刃有余地观察自己释放出的效果：当你看他的鼻梁和眉心时，是让你的声音声声入耳；当你看他的眼睛时，是让你的声音声声入心，让其心领神会，和你的情感同频共振，休戚与共。如果演讲能够赋予个人魅力，其效果更佳。如列宁的演讲以生动深刻著称：他的习惯动作是将两个拇指卡在胸前的衣襟处，不断随演讲作出不同手势，情感激越时会挥动双臂，将臂膀及手掌有力地伸向天际，具有很强的感召力。

当然，态势语言要与会场规模、演说内容与听众对象相适应，格局高则气势伟，规模大则举止强，通过一举手一投足配合演说内容，形成全场的磁场效应，烘托演讲氛围。

模拟排练，化解紧张

演说家未必是政治家，但出色的政治家多为出色的演说家，因为除信仰、智力和意志力之外，极具魅力的演讲术是体现动员力、感召力和凝聚力必备的能力，但这种能力不是与生俱来的，必须经过专门的训练。

当你从幕后走上前台，面对着众目睽睽的听众，在排列如阵的闪光灯前主席台站定，你会意识到，你可能是在对着世界讲话，你的每句话，每个表情都将被摄入镜头，被品头论足。你说的言辞代表着国家或某个权威机构，你要对自己的每句话承担责任，这种压力并未随着你曾做的准备而减轻，而是随着你的登台突然加剧，你的心跳加快，身上的肌肉和手指不由自主地抖动，话语由于呼吸不畅挤压喉头显得刺耳暗哑，额头上还会浸出轻汗，更严重的是大脑还会由于缺血出现空白。你不知道在演讲中会有哪个记者像剑齿虎一样从暗中窜出，给你提出一个难堪的问题，也不知在演讲后会有几处布满凶险的陷阱在等待着你，你甚至想退却、回头走掉，但已无路可逃。

紧张的原因部分是缺乏"当众感"，较少与公众"面对面"互动的机会。但要知道这种紧张不独是你，而是绝大部分初次登台者都可能面临的境况，这里并非全都是心理素质的因素，它可能来自远古祖先遗传给我们的生理基因，紧张是人类应对陌生环境挑战的本能反应。试想当一个原始人突然闯入暗夜中陌生的森林，任何微光和响动都会引起他的惊觉和恐慌，求生的本能使其心脏剧烈跳动，肾上腺素快速分泌，浑身血液一下子集中到心脏，再迅速喷射向四肢，此时大脑仅释放两个信号——逃跑或战斗。令人遗憾的是，经过几十万年的进化，这种"杏仁体被劫"的紧张还残存于我们的神经系统之中，它导控着我们身体内部的应急反应。特别是在演说临场时，它变得愈加不可控制。对此现象，毋宁说是一种怯懦，倒可称为一种兴奋，这种由紧张带来的兴奋感倘能科学合理的利用，完全可以转化为激情与灵感的迸发。

罗宾逊在《思想的酝酿》一书中指出："恐惧大都因为一种无知与不确定感产生，化解恐惧的办法只有用充分的准备变无知为有知，变不确定为确定，途径只有不断地学习和训练才能克服。"

一些重大场合的演讲非常需要预先的排练，特别是需要脱稿演说的仪式性场面。因为即席演说不仅能表现你的文化内涵，展示个人的魅力与形象，更重要的是体现出对听众的真切情感和内在的尊重。

这样，演讲前最好有半天或一小时对内容的把握，并将这些内容不断在脑海里"倒带"——不强求记住具体词句，而是段落梗概、重点语句，就像演员的案头工作，先熟悉台词形成的意群，而后默记下来，然后登台，在现场动作的辅助下就会表现得淋漓尽致。在这一过程中，你还可以不断对台本进行修改，但到临场时，你必须停止任何修改，以避免脑海中因涂改造成的混乱。应将该记住的要点固化下来，有了这个基础，你就完全可以自信，临场将比你训练时发挥得更好，因为那时的"场"会激发你的神经元，使你的表现欲充分调动起来，"台上一分钟，台下十年功"，这时你调动的不仅是预先的记忆，而是你整个生活、智慧的积累，那时可能会使你变得妙语连珠、雄辩滔滔。这种即兴发挥的最佳状态，如何会不经意间迸发出来，连你自己也不知道——其内生动力，应当归功于最初的紧张，紧张的极致则是奔腾思绪的释放，你惊诧于自己的思维和表达在关键时刻能有如此巨大的潜能。

注意，排练是你的整体演讲风格、气度和思想的再次组合，需要区分程序：第一步是记忆，需要重复背诵，最笨的方法写一遍，而后默诵，然后注意语气表达的层次、重点强调的用语；第二步，辅助动作自然地运用肢体语言特别是手势、手臂的角度以及动作；第三步是走位，主席台的安排多数是座席，但也有站立式，如果是单杆麦克风，你就要注意站姿和移动，以辅助你的演说。

接下来的一步就要彩排，这个彩排就包括了服饰，不宜穿戴抢眼的衣服和装饰，这样会分散你演说的效果。为达到舞台效果，还要注意是否化淡妆，领带的颜色、发型等。就像演员一样，最好有导演和舞台监督对你进行纠正，挑出你自己不易觉察的毛病，这叫"照镜子"。纠错后你可以重点练习这些"走位"和台步，不必将表述内容原本复述，而要将动作与语言的过渡阶段衔接好。这样，对易出错的地方重复排几遍，你就可以避免细节上的瑕疵和纰漏了。

出席重要场合还需实地彩排，使你身临其境。最好是那天同样的时间，同样的室内光线、灯光照明、包括麦克风的音响，以便对于陌生的环境消除戒备感。音响要有备份，关键时的"卡壳"造成仪式大煞风景的事例不胜枚举，这会使场上乱作一团，尴尬万端，极大地损害演讲的效果。如果需要展示你的课件，最好带有助手，让他在台下替你操作，你只需届时注意一下屏幕，略微指点，因为操作也会中断你的讲述内容，不能形成行云流水的感觉。

还要让你的"教练"直抒己见，他才是你的美容师。美国总统艾森豪威尔是个秃子，为使这一缺陷多些弥补，他必须注意头顶的光线，为此他总对助手恼羞成怒，但最后还须听从安排，因为他要进行的是总统竞选，而不是家庭晚宴。演讲者务必明白，不要多考虑个人自身感受，而是听众，立足点不在自己身上，而是在于听众的评价。

十分遗憾的是，当了领导，下属就不敢向你提有伤自尊心的提议，你一定要鼓励他们，广开言路，哪怕是尖刻的批评，你也要抱着感激的态度去接受，当然，择其善者而从之，而非盲从，这样我们才会从每次演讲中取得进步。为什么现在一些领导者的讲话往往味同嚼蜡，却不自知，实在是他很难听到中肯批评的缘故。

现在，是你准备登台演说的时候了，此前最好有良好的休息，使喉头处在最佳状态。进入会场，有机会与陪同或熟悉的听众打招呼，聊聊天，握握手，放松自己。上台前做几次张大嘴的动作，大笑也可，这样会放松你的下颚。而后要做的一是要调整你的呼吸，上台前最好用腹式呼吸，气沉丹田处若干次鼓荡，使气流通畅，让气息轻轻冲击声道，让其预热后兴奋起来，润一润喉，使声带变得松弛、柔韧，保持发音的胸腔处在正常状态下。你越不紧张，声音才会圆润、饱满，尤其是开始不要高亢激越，那样十分容易哑了嗓子，要学会先抑后扬，渐入佳境。二是用微笑环视在场听众的过程中做好开场白的准备。永远记住，你的头三句话是你打开听众之门的敲门砖："说书不说书，先拍惊堂木"，三句话抓住了听众，他就会专心跟你走下去。千万不要以为你一上台他们就会像聚光灯一样聚精会神听命于你。实际上没有——因为此时他们正心不在焉，由于并不了解你，不知道你向他们讲什么，尽管身在会场，却神游象外；或许你是他们的上司，可他并不买你的账——因为你左右不了他们的思想，或许正在想自己的股票涨停，准备约朋友到餐厅吃饭，儿子的上学难题；还有一些玩着手机微信，更有一些人像久别重逢一样互相打着招呼……总之，都在以自己的事为核心，是一种散乱状态，即令有严格的会场纪律，也难以约束他们的思绪飞扬。即使你看到有人拿出笔来做笔记，也不能由此轻信他们是在记录你讲话的内容。因此，必须要有话头的"引子"和"垫场戏"。

　　笔者的第一次演讲是在当农村贫下中农宣传队员时，负责讲解建党纲领。第一次面对上千名村民的场面：黑压压席地而坐的人群中，大人喊，小孩叫，鸡打鸣，狗在咬。队长扯着喉咙也弹压不住秩序，自己霎时间像电线短路，昨天晚上准备的一切全成了一片空白。幸好常年在打麦场和喂牲口房中和农民朝夕相处，学会了他们的语言，于是情急智生，先说了句歇后语："今天我给乡亲们要说的话不长，是枣核儿截板——没三锯（句）儿"，大家一下子安静下来。我于是大声问大家，谁能回答共产党靠啥打得天下？民兵营长说，是靠枪杆子打得天下，我说还不全，是靠"三铁"——铁嘴、铁腿、铁屁股。见大伙儿安静下来，我竖起了三根指头："先说这'铁嘴'，从毛泽东到军师旅团连长，全会演讲说话，搞动员发动群众。那时没有麦克风，得底气足、嗓门大，顶风能讲出二里地去；'铁腿'是能跑路哇，打游击战，从瑞金跑了两万五千里到延安，'咱的大腿不简单，一天能走一百三！'愣是跑赢了蒋介石，反倒叫他逃到了台湾；啥叫'铁屁股'，就是开会，座谈会、整军会、古田会、遵义会、三忆三查会、战前动员会……那时候的战士最喜欢开会，最爱听领导讲话，讲革命道理，讲阶级压迫，讲马克思、列宁，讲黄世仁、南霸天逼债抢人，杨白劳上吊、白毛女藏进深山……讲得战士热血沸腾，高喊杀敌口号，屁股坐在草鞋上左右晃动，天长日久，这屁股就蹭出了茧子，不就成了铁屁股嘛！"大家哄地笑了，此时有人还故意在凳子上晃着屁股。

当大家重新安定下来时，就等于一场垫戏拉开了序幕，听众全都打开了接收器，之后的三句便分解成了"大三套小三"的九句、九九八十一句。从河南民谣"金杞县、银太康，不如咱乡一后晌"讲到整党建党的意义，有故事，有高潮，有结尾，整整说了两个小时。农民大爷们索性盘腿把鞋子垫在屁股底下，叼着烟袋听得津津有味。

演说开首被称为"黄金三分钟"，应当马上"入戏"，牢牢抓住听众的关注点，激起兴奋点。

例：傅莹大使 2009 年 4 月 20 日在伊顿公学
政治学会演讲的开场白

来这里之前，我在中文搜索引擎"百度"上搜索关于"伊顿"的信息，得到 6.8 万条结果。这些信息里，除了百科知识网站的介绍以外，还有许多对伊顿评价的博文，出现最多的是"精英摇篮"和"绅士文化"这样的词。这是真的吗？此刻我是否正在同未来的首相或者诺贝尔奖获得者们交谈？

这让我倍感荣幸呀。(笑声)⑥

　　演讲的过程中，一定要保持与听众的持续交流。除了面对面地用表情和眼神与大家互动，还要特别注意，即令是需要宣读的正式文件，也不要忘了在语句段落停顿时抬头和听众对视，并不时离开讲稿作适当的解释。因为书面语言用宣读表述时，人们很快会疲劳；若冗长重复，更会排斥对立。你必须找到融通和转换的平衡点：迅速简要梳理，按自己对文件理解分为几大部分（如果能用自己的话概括成提纲挈领的关键词或"几个几"更好），这样就使你在公文与接受方之间形成了"导读"，而后再结合本部门的情况选准"切入点""结合点"重点加以强调，既避免了照本宣科的枯燥，又起到了有的放矢的传达。

　　有时，你准备很充分的演讲，会突然产生记忆的"短路"。这时，就要借助你的提纲——演讲时最好不要背稿子，而是将稿子压缩精选成几段话，逐渐化为你的腹稿。因为背稿很容易使你的眼神游移，表情呆滞，束缚了你与听众的交流，像个自说自话的木偶。因此有必要偶尔看一下扼要的提纲，人们自然会允许你这样做，因为即便是天才也不可能像信息库一样在脑子里储存百科全书。必要的时候，你的讲稿或提纲中还应有提示的实例、数字，有时候这些辅助的材料可以成为你成功演讲的武器。因为一些难以让人记住的数据往往会成为锦上添花的内容。即便你所讲的内容为大家所熟悉，你还是尽量变换角度，推陈出新，让它以鲜活生动的方式与大家共享，你的演讲也会由此获取自信。

　　演讲中在接受记者提问时，你可以用笔记下要回答的要点。因为人在整理思路的时候，实际上是文字语言在内心的组合。简洁几个字放在面前，你就可以毫不费力地链接成口语回答，这样就可以避免一片空白的慌乱，而是凭着片纸只字找到思考的路径，防止逻辑的迷失。有时为回答问题，你也可以准备一些卡片，用黑体字强调关键，以便提示记忆，利于迅速与听众和提问者交流。

当陷入不知如何回答或难以答复的僵局时，要懂得使用解围、重启与巧妙的回避："对不起，这件事我需要调查之后再来答复你"，不要显出尴尬与无奈，更不要情绪化的失态，可以有些思考和停顿，让紧张转化为常态。也不要刻意掩饰无知。"知之为知之，不知为不知，是知也。"太过流利的完美倒使人觉得你在作秀。要做真实的自己，哪怕有瑕疵，也会瑕不掩瑜。

情感充沛，真诚互动

现在，你的演说已经扬帆起航，要用你的表达去征服听众。注意，这个表达绝不仅止于声音，而且包括你的情绪、表情、姿态、动作、眼神，进而还应有个人风格和魅力。就像在观众面前的一场话剧，你要立即吸引人们的注意力，把他们的视听感觉统摄在你释放的能量中——科学证明，人们的注意力平均只能维持 5 分钟 7 秒，你能否持续不断地抓住人心，让他一直跟着你走。否则，他很容易"移情别恋"，与你若即若离，直到彻底离你而去。如何让听众倾心于你，而且始终如一，就需要你不断地用发自内心的真情实感与之交流互动。

首先，你要站到听众的角度去考虑你表达的内容，想着他们对你的演讲会有哪些期待、思考和质疑。尽管你所准备的内容与听众有关，但也要注意，必须言及所思所想且利益攸关,使每个人都不能置身事外,所有的人都要成为你打动的对象。但这还远远不够,你必须营造出一个巨大的磁场,牢牢吸引每一个人,使他由参与者成为互动者,一直到被感动和激励,最终成为行动者。欲要打动和征服听众,就需要你先用真诚的态度点燃自己,再用充沛的激情感染对方。

真诚的态度源于正确的理念,而充沛的情感则是理念的外化,靠庸俗的客套只能暂时笼络人心,一味的雄辩会被看作华而不实。只有值得信赖的情感才会使人们认为你不是在信口开河,而是了解他们,并会帮助他们,会和他们一起共克时艰,并将共享成功的喜悦。唐代诗人白居易在《与元九书》中说:"感人心者,莫先乎情,莫始乎言,莫切乎声,莫深乎义。"这个"义"是指支持情感的信念,信念意味着尊崇与奉献,它是真实存在于你内心的精神,并且不易被外界的影响所变动。人有时无法改变眼前的现实,但却可以选定事实所证明的信念,信念不仅可以帮助你排除眼前的困顿或阴霾,还可以反过来以巨大的道义感支撑你的精神,使你正确看待这个世界,并按照信念去解释改造这个世界,且不被貌似强大的外在世界所屈服。同时,这种真与善的正义感人皆有之,只是程度不同,可谓人同此心,心同此理。崇高的精神可以影响他人,将每个人潜在的理念唤醒和点燃。信念,也由此构成我们演说中的魂魄。

"情动于中而形于言",语言是内心复杂逻辑的外在呈现,而表情则是理念传递的造影。面对观众、听众,你的一张脸会明白无误地展示你的情感。而情感的决定不是你的面部肌肉、眼神、瞳孔,而是你内在对待听众的心声。因此,成功的演讲,是以一种饱满的状态、真实的感情、坦诚的意愿呈现在大家的面前,而非口是心非。

表情虽可把控,更须自然流露。不该哭、笑的场合,哭了，就被说成作秀；笑了，就会被认为麻木不仁。政治家不是表演艺术家，何况今日官员处理问题的态度，已经处在公众的严密关注之下。特别是在"全民记者"时代，你的一言一行，一举手一投足都处在众目睽睽的监督中。诸如2012年8月26日，时任陕西省安全生产监督管理局局长、党组书记杨达才，因在延安一起惨痛的交通事故现场面带微笑，在遭受舆论谴责的同时，经网民人肉搜索又发现其不同场合戴有多块昂贵的手表，以致这位"表叔"在不到一个月时间即被免去职务，绳之以法。

那么，作为公共人物如何在突发灾难事故面前做好"表情管理"，怎样在公共场合把握情感，注意内在的态度与外在言语、表情的统一，至关重要的还在于个人的修养。

因为表情是个人情感的流露，而情感又是道德信念的基础。"道始乎情"，不能相信，一个不敬父母、不爱妻儿的人能够爱国爱民。这种人即使从事政治，充其量只是政客而已，而政治家与政客的区别，就在于更富于人性的崇高情感。善良、真诚、悲悯、正直……这些情感在演讲时的流露、迸发，不管喜怒哀乐，自然会调动起听众的向善愿望，引起强烈的共鸣。实质上，情感是理念的外在，日常"内化于心"，非常时刻"外化于行"。面对大灾大难，他会涌现出"哀民生之多艰"的悲悯情怀；面对危难，他会"泰山崩于前而色不变"，从而勇于担当；面对丑恶与腐败，会嫉恶如仇，拍案而起，挺身而战；面对妇孺老幼，会有"老吾老，幼吾幼"的人文关怀。应当具有成功的喜悦，也有失败的遗憾，有动心忍性的克制，更有理性平和、不喜形于色的矜持内敛，这才是演讲者的内在之本。这种情感一旦喷发，则不仅打动听众，而且动民心、撼国情。演讲的高潮，往往是情感和内容的交融、精神的升华与正义感的迸发，演讲者往往因此会超常发挥,达到"情之所至,金石为开"的地步。

例:温家宝总理在玉树灾区的讲话

乡亲们:

玉树遭受了一场特大的地震灾害,党中央国务院十分关心这里的受灾群众,现在,摆在我们面前的第一位任务,就是救人。我们已经派来了大批的救援队伍,还要增加新的救援队伍,只要有一线希望,我们就会尽百倍的努力,绝不会放弃!乡亲们,兄弟姐妹们,你们遭受的灾难就是我们遭受的灾难,你们的痛苦就是我们的痛苦,你们失去的亲人也是我们的亲人,我们和你们一样向他们悼念,我们心里非常难过。目前,还处在救人的关键时期,我们要团结一致,把救援工作做好,同时请大家放心,我们一定会把这里的生活安排好!

内心的情感会溢于言表,听众也是善于察言观色的,可以从演说者脸上搜集你的倾向性数据。从眼神的眨动、涨红的面颊、变窄的咽部、急促的呼吸来判断你内心的态度。因为你的表情会告白人们一切,或许与你正表达的意思形成反差。难怪念稿子会出现"文件脸",背稿子会显得"呆若木鸡",因为那是无感情的照本宣科,缺乏情感的互动定会失去听众。因此,讲求演说效果,必须坦荡面向你的听众,与他们平等、真诚的交流,你的这种态度会从眼睛、嘴巴、面部表情传递给他们信息,哪怕语言并非字斟句酌,甚至不那么流畅,也会出现好的效果。

但生活中常会遇到风雨云晴,如何排除外界的干扰而不喜怒于色,这就需要下意识地驾驭自己的表情。此时上台的你不仅要克服内心的感受,还需要有意识训练一下我们的脸部：最简单易行的办法就是照镜子，你会发现自己是一张表情呆滞的"官员脸"，或是一副心事重重的"忧愁脸"，你最好迅速提醒自己，将会有那么多人看你这张"公共脸"，他们会在很大程度上受你的表情感染，你的犹疑或沮丧还会定格在他们的心目中。此时，最好的"变脸"方式，是用食指和拇指分开顶在唇角两边，做 50 个向上推移的动作。或者扬抬眉毛，食指按太阳穴肌肉，将上下颌肌肉通连起来，并揉动面颊，此时，能量和血液就能聚在脸部，你会显得生气勃勃，阳光潇洒，你豁达的微笑就会顷刻感染大家。

人的面部有四十四块肌肉，平时只用三块，演员需要调动的更多一些，因此需要练咀嚼肌、挺软腭和做舌操。职业性的表情，如空姐、列车乘务员会时常面带微笑，向你传递她服务时快乐的心情，其实他们内心并非时时如此状态。当飞机、火车晚点，被乘客责难或病痛折磨身心疲惫之时，职业要求她们不能以愁苦的表情面对乘客。政治家也必须这样，掌握"不以物喜，不以己悲"的心态，应当在坎坷挫折时表现出信心与乐观，在困境中沉着、理智、缜密，在危机事件处置的演讲中，更要充分利用你冷静、理性的表情。

状态至关重要，要知道，你的情绪会感染受众，听众会与你休戚与共。你需明白，即使在万分危急中你也不应将内心的焦虑表现出来。成功演讲者应当是内心强大的人，即便他的身体很虚弱，在关键时刻内心也是健康坚强的。"老当益壮，宁移白首之心；穷且益坚，不坠青云之志"，灯光下，万众瞩目的你，应当具有坚毅、自信的状态，这就是信息和力量的传递。在这个基础上，运用好你的肢体，调动你的情感，让内在精神传递出正能量，抬起头，有力舒缓着呼吸，微笑着让眼睛发亮，运用强有力的手势，感染你的受众。

从一上台，你开始用目光与他们进行"情感碰撞"，以熟悉友人的微笑和前排的听众交流，在讲话前最好做几个深呼吸，使发音位置放于胸部，将喉结处在最佳状态，以便把声音放送到较远的区位。随着麦克风的声音传出——切记开始时要控制声腔，放缓语速，娓娓道来，同时也检测自己的嘴巴与麦克风的距离，以确保音响效果。你会发现，他们渐渐被你吸引，你的声音、表情和他们的感受连接在了一起。压力缓解了大半，眼前黑压压的森林透出亮光，暗灰的色调变得明朗，随着情感舒缓的推进，眼前的溪流、山泉，小路变得清晰，你开始找回了自信。

　　这时，你要进一步把握全场，用眼神找到前四五排中心点两三个人的表情。"借一叶而知秋"，看大家最初的反应。从他们身上你会关注到左右听众的细微变化，同时还要兼顾到后方，哪怕最边缘的听众。你注意到，他们从开始的礼貌听讲到彼此的议论，再到逐渐地有了会心的微笑，他们开始不再议论，甚至没了声音，已经全神贯注。通过"微观察"，你会发现他们更有趣的反应：脸颊微微抬起，是被引起兴趣的迹象；肩头平衡，说明精神饱满，已经被你打动，身体前倾，手扶前椅，证明已专注听讲；嘴角上翘，嘴巴半张半闭，表明他的思维被你调动；大张嘴巴，不安地晃动，说明他跃跃欲试，参与了和你的互动；嘴角向下为不屑，嘴唇紧闭是回绝，眼睛细眯是陷入思考，眨眼频繁是不耐烦，很少眨眼是牢牢被你吸引，目光随你移动，表明他正追随你的言行，突然眼睛圆睁发亮，那是恍然明白了你的意思，点头微笑，变为会心大笑，说明他完全赞同的态度，已经被你说服了。越到后来你会越发感动：他们在随你的抑扬顿挫，与你的情感发生共鸣——眼睛睁大，下巴颤抖，胸膛起伏，直到张大嘴巴，最后情不自禁地鼓掌。此时，你停下来，歇一口气，在掌声中略作停顿和休整。你知道，讲话此时已渐入佳境，你已经驾驭了整个会场。

此时你要明白，互动中已产生了新的能量，不是你单纯的给予，而且被赋予；不再是你的单向传递，而是听众在和你共同完成演讲。

接下去，你按照准备进行，无论讲什么，他们都会保持良好的接受状态。此时，要变换节奏，用音调、音量的变化使他们在舒缓的慢板中与你同行。如果有人略微疲倦、走神、犯困，个别人甚至起身走动，你就知道此处要加点"咖啡"和"小料"，一个有趣的小事例，就可以重新注入兴奋剂，制造出起伏跌宕。同时可采用反问、提问的逆向方式，调动他们的听觉兴奋，把他们重新动员激发起来。

总之，与听众互动就必须脱稿而非"读稿"，这样就需要将秘书们起草的"朗读稿"修改为说话稿。或将稿子改为提纲，加上必要的注释，摒弃咬文嚼字的公式文本，亮出你的风采和风度，调动起听众的情绪。欲想再增加演说的活力，也可预设问题或自问自答：实际你未必让人回答，而是当你发问时，使人人感到会问及自己，从而调动了大家的思考和参与，你的目的就达到了。你也可以说："你们可能会提这样一个问题"或者"大家常向我问这样一个问题"，接下来，你是在替他们回答，这样，大家就会在如释重负中轻松地倾听你的演讲——当一个人从大庭广众之下被叫起来的时候，往往会感受到巨大的压力，是你帮他（们）解脱了。于是，他就自然成了你忠实的听众。

气韵生动，引人入胜

现在，你开了个好头，但绝不可松懈，还要继续牢牢抓住听众。你能否在顺利的开场以及中场后仍能揪住人心，取决于能否从人们的感知层面向情感接受层面延伸。这是又一道重要的关隘，否则听众就像女人，对于一个乏味的男人，很快会芳心另就的。

那么，你要准备一些让人长久记住的东西来吸引听众。什么东西才能让大家铭记在心呢，首先是让你感动的故事，才能进入他人的情感世界，才能与你形成同频共振。但情感的互动不是煽情的泡沫，更不是低劣粗俗的笑话，而是葆有丰富内涵的事例嘉以情感的调动。人们常说"言之有物，有声有色"，有色彩和声波就能使人乐于接受，有画面感、现场感的事物才能拨动人们的心弦。要知道人类的决策能力不是经由处理数据和信息的左脑做出，而是由接纳故事、情感、色彩以及幽默感的右脑承担的——要打动他的右脑，就需要加工精选你的信息，将原则变成事例，新闻变成故事，叙述加上色彩，通过"绘声绘色"的叙述，才能让语言富于穿透力。

让听众在愉悦的体验中"舒服""激越"地接收，就要叩动他们情感的开关，但感性的激发要有节奏和起伏，"两山之间有一谷，两波之间有一伏"，如果歌唱家帕瓦罗蒂的高音连唱三分钟，再高亢嘹亮也会让人厌烦。间歇、落差和对比交替，有时要人为设置对立，欲要甜，加点盐，制造反差。如悬疑设问而后解答，如模拟两人对话、争论，甚至使用口语、方言，富于语言叙述样式的变化，风格的调整和思维的跳跃，语不惊人誓不休，使听众在不断变化中感受心灵的激荡，最终对你保持兴趣与新鲜感，不能让他一下子一览无余，而是不知道你背后的积蓄、你活跃的思维里到底有多少他们不知道的东西，他就会被你引领和打动，甘愿在几十分钟甚至几个小时进入你所描绘的世界里游览、徜徉、把玩，享受知识、信息之美或使他在沉静中思考、在信任中依赖，并且随你的乐曲起舞，随你的警示而惕忧，随你的情感而起伏。与此同时，亦须表达语言的音节之美，如高山流水，或曲径通幽，配合你讲述的道理，时而金戈铁马，时而风花雪月，引人渐入佳境，将讲与听融为一体。当然，讲话不是一味煽情，在听众热血沸腾、提振决心的同时，也要说明困难，指出风险，在付诸行动时归于科学理性，在现实与理想之间把握平衡。

由此可见，将听众引入胜境，需要演说者的最佳状态，这个状态不仅包括你的精神、理念，还有表情和声音。所谓"以声传义""声情并茂"，是指既有情感的输入又兼有音效的传递，声是义的载体，情是义的双翼，朗朗上口的声调，抑扬顿挫的音韵，很快就会入耳入心。这就给每一位演说者的发声器官提出了要求。你说你不是歌唱家，也不是电视主播或电台主持人，讲什么音域音色，但你是政治家和企业家，不能只说自己能听懂的话。社会的职责需要发出你的声音，通过声音让人们对你认可、接受。"听其言，观其行"，声音的作用不可小觑，他是你号召力、亲和力、凝聚力以及由此带来归属感的直接工具。"如闻其声，如见其人"作为信息表达的载体，它包含着你的理念、姿态、表情、眼神——声如其人，声音并不神秘，尽管每个人音质音色各有区别，但声音是有温度和表情的，声音中是蕴藏着潜在资源，就看谁能捷足先登，声音就会成为理念之翼，就会成为你统帅的强军劲旅、百万雄兵。

当你站在麦克风和电视镜头前，你要为听众观众负责，要让你的声音悦耳，不是沙哑，是友善而亲和，不是冰冷严肃。如果你想长时间说话，就要学会科学发声，它可以使你的声音始终保持良好状态，抑扬顿挫，娓娓道来。在长时间演说中不仅不会声嘶力竭，而且还可以始终保持旺盛的激情，用嘹亮的声音在高潮中说出结束语。

演讲是一场全身心的运动，既靠脑力又用体力。在思维就绪的基础上，你要善于运用声音，首先需要调动你的肺部、腹部，它们就像乐器的音箱，而后调整好声道，即整个送音部位，喉咙只是你发声器官的一部分，要做长达2—3小时的连续演讲，你千万不要把全力压在声带上，它会不堪重负。你至少要学会像歌唱家一样用嗓，学会自如地运用气流，让氧气充盈你的腹部及至丹田，将它徐徐送向你的肺部，而后将发音部位放在胸部，松弛喉部，并且打开悬应垂（喉结处抑制声调的小器官），使你的声音在不经意间提高音量的分贝，不徐不疾地放送出去，当你与面前的麦克风保持最佳距离时，你会感受到自己的声音马上可以灌满全场。

注意，这就要求上场前你要调整气息，把握节奏。开始演讲尽量控制声调，像是在与听众恳谈，使声音气流处在初始阶段，像溪流与小河般缓流，而不能上来就如三峡出坝，那样很快会使喉头充血和嘶哑。要小心呵护自己的"闸门"，让它从非演讲常态逐渐进入演讲状态。保持5—7分钟的过渡，后边你就会越加自信，因为你发现声音的亮度、力度调适在了顺畅状态，于是你知道，"好风凭借力"——闸门打开，水量充沛，你可以运用声浪的起伏变化来俘获你的听众了。

"声如彩练有七重"，声音之美不仅止于高低起伏，而是富于表达的变化。"绘声绘色"说的是描述情景人物，对话要有个性差异，此时可以自扮两个或多个角色，可以变换语调，模仿不同人的方言、俚语，学外国人说中国话，必要时可以秀网络词汇，加以诗词、警句、格言、顺口溜、排比句。这样，使声音不仅有了不同的音符和旋律，有了音质的美，还塑造了不同声音的主体形象，赋予了情感的个性。听众就会由此进入一种与你共创角色的享受。情感的共鸣一旦进入这种状态，他会与你休戚与共，不知不觉与你共舞之，共蹈之，成为台上台下一场合演的戏剧，在欣而向往中度过几个小时。此时应注意，要善于掌握节奏，做到收放自如，在激烈中有舒缓，在严肃后显幽默，入情入理，又不可陷入其中。放得开时，让听众汗漫九垓，但又能戛然而止，带回到演讲的主旨。

现在轮到我们来研究节奏了，如快与慢的反差：舒缓如歌的行板，叙述像小桥流水，晓风残月；重点强调时，如关西大汉唱大江东去，语调铿锵，激越澎湃；当快意涌流时则"两岸猿声啼不住，轻舟已过万重山"；当放辔徐行时，重心踏在几个音节上。在此预设下，听众会知道，你要强调你重要的内容了。但这种慢板不可过长，否则就会成为催眠曲。"银瓶乍破水浆迸，铁骑突出刀枪鸣"，驾驭你的思想与情感，使语言与声音错落有致，快慢交替，不仅注意飞扬激荡，还要掌握圆润与停顿，留白给听众以思考的空间。"唯见江中秋月白，此时无声胜有声"，停顿中的寂静，是思索消化的静默，比连珠炮的发射，会起到事半功倍的效果。

修辞炼句，语法魅力

一场演说要想在三四个小时内一直牢牢抓住观众，不仅言之有物，还应当言之有美，是一场听觉和感官的愉快享受，而不是一场精神的捆绑和折磨。如何让人喜闻乐受，就像演奏交响曲，不仅各个声部、各类乐器齐全，还要在乐队指挥下形成优美曼妙的旋律，用声波语音传到人们的耳鼓，听众只有在不断将你的信息转化成为有声有色的画面才能愉快地接受，才会激起心灵的感应，与演奏家合成内心的愿景，才能融入其中，如痴如醉。因此，修辞优美、韵律悠扬、意境如画，气势如虹，是为演说效果的锦上添花。没有色彩的变化和形象塑造，演讲就会如同从始至终的 C 高音，不久就会令人烦躁；而连续的贝斯低音，又如阴霾的天气使人沉闷压抑，不久会让人昏昏欲睡。因此，演讲中的音律美感，表达的绘声绘色就像是食品中的夹馅蜜糖，是每个追求演说效果者必备的基本功。

而中国语言恰恰具备了这种音节美与形象魅力，作为泱泱五千年文明的国度，诸子百家的哲理思辩，神话寓言的精妙内涵，楚辞汉赋的华丽对仗，唐诗宋词的凝练悠扬，古典散文的源远流长，是我们取之不尽、用之不竭的演说宝藏。更不用说古人总结出诸如《典论论文》和《文心雕龙》这些做文章的法则，更可古为今用。特别是汉语遣词造句，往往四字一组，本身就具音律之美，朗朗上口，易于记忆。在演说中穿插其间，如金石珠玉，气韵生动、形象深刻。毛泽东是最善于运用古典辞章的演说大师，像"落霞与孤鹜齐飞，秋水共长天一色"，像他形容未来新中国的诞生为"是站在海岸遥望海中已经看得见桅杆尖头的一只航船，它是立于高山之巅远看东方已见光芒四射、喷薄欲出的一轮朝日，它是躁动于母腹中快要成熟了的一个婴儿。"尤其是他在 1949 年 9 月 21 日的中国人民政治协商会议第一届全体会议上的开幕词《中国人民站起来了》，堪称演讲之经典。

这篇演说气势宏伟，感情浓烈，以坚定豪迈的语调宣告中华人民共和国成立："我们的民族将再也不是一个被人侮辱的民族了，我们已经站起来了"，以充满自信的语气描绘新中国的蓝图；以饱含深情的号召纪念为革命牺牲的人民英雄；以拟人化的形象比喻屹立于世界东方的新中国。全篇语言雄厚有力，大量使用陈述判断句，运用多重定语和数量词，加强语言的厚度和力度，用词短促有力斩钉截铁，具有摄人魂魄的艺术力量，使人产生庄严崇高、豪迈乐观的情怀。

毛泽东语言之美，来自广博的知识和形象语言的储备。1939 年 7 月 7 日，华北联大举行开学典礼，校长成仿吾请毛泽东作报告。毛泽东在演讲中说："当年姜子牙下昆仑山，元始天尊赠了他杏黄旗、四不像和打神鞭三样法宝。现在你们出发上前线，我也赠给你们三样法宝，这就是：统一战线、武装斗争、党的建设。"毛泽东将《封神演义》中的神话故事顺手拈来，贴切使用，给人以刀刻斧凿式的印象。

拿破仑于 1796 年 5 月 15 日《在米兰的演说》，更是善于抓住获胜士兵的心理，使用热情奔放、鼓舞士气的语言，如"你们像山洪一样从亚平宁高原上迅速地猛冲下来，你们战胜并消灭了一切阻挡你们前进的敌人"，"波河、提契诺河和阿达河不再阻挡你们前进了。意大利这些所谓了不起的堡垒看来都是不堪一击的，你们像征服亚平宁山脉一样迅速地征服了它们"。在这里，拿破仑以生动传神的语言，描绘了高山大河都能征服的法军气势，极大激励了士兵斗志，形成了无坚不摧的强大意志。

马丁·路德·金于 1963 年 8 月 23 日发表了著名的《我有一个梦想》，具有征服人心的震撼力量。其文字优美，语言极富感召力，并且大量运用富于情感的排比句，使整个演讲具有气吞山河、排山倒海的力量："我梦想有一天，这个国家会站立起来，真正实现其信条的真谛：'我们认为这些真理是不言而喻的'，人人生而平等"；"我梦想有一天，甚至连密西西比州这个正义匿迹，压迫成风，如同沙漠般的地方，也将变成自由和正义的绿洲"；"我梦想有一天，我的四个孩子将在一个不是以他们的皮肤，而是以他们的品格优劣来评判他们的国度里生活"；"我梦想有一天，深谷弥合，高山夷平，歧路化为坦途，曲径成为通衢，圣光披露，普天下生灵共谒……让自由之声从新罕布什尔州的巍峨峰巅响起来！让自由之声从纽约州的崇山峻岭响起来！让自由之声从宾夕法尼亚州阿勒格尼山的顶峰响起来！让自由之声从科罗拉多州冰雪覆盖的落基山响起来！……让自由之声从每一个山岗响起来！"

不管地球上的哪个民族，不管到了什么时候，当你读到这篇演讲，都能为它穿越时空的魅力感染得热血沸腾。这就是内在的正义感和语法修辞的力量。而要掌握这种扣人心弦的语言能力，就需要博览群书，需要博闻强识，需要从古今中外人类创造的共同语言宝库中汲取演讲的力量。林肯仅受过一年正规教育，靠刻苦的自学成为律师，为了培养自己的演讲能力，他花了大量时间朗读名著名篇，1858 年夏在与道格拉斯竞选国会议员时，两位美国历史上最著名的演说家围绕奴隶制问题在伊利诺斯州进行七次大辩论，这一系列辩论氛围如同拳击赛一般，吸引了大量的观众。最后，林肯对奴隶制问题的阐释使他在美国政治界获得名望，并由此走向总统之路。

话语的力量是巨大的，关乎安邦定国，决定利害祸福。而话语的力量来自理念的正确，理念的体现则需要准确的修辞和表达。演讲时内容齐备就像良驹，还要配上合适的马鞍，才能驰骋千里。演说的用语必须陈言务去，坚决扫荡定制的套话、空话和阿谀奉迎之语，多些鲜活、形象生动的比喻，富于幽默感，更能出神入化。像外交部长陈毅 1959 年回答中国如何打下美制 RB—570 型高空侦察机时，他机警而风趣地说："记者先生，我们是用竹竿把它捅下来的！"第一次世界大战之后，战败的德国将退出山东，在1919年年初举行的巴黎和会上，日本代表牧野却要求无条件地继承德国在山东的利益。中国代表顾维钧向与会者问道："西方出了圣人，他叫耶稣，基督教相信耶稣被钉死在耶路撒冷，使耶路撒冷成为世界闻名的古城。而在东方也出了一个圣人，他叫孔子，连日本人也奉他为东方的圣人。牧野先生你说对吗？"牧野点头，顾维钧微笑地继续说道："既然牧野先生也承认孔子是东方的圣人，那么东方的孔子就如同西方的耶稣，孔子的出生地山东也就如耶路撒冷是东方的圣地。因此，中国不能放弃山东正如西方不能失去耶路撒冷一样！"最终，拒绝了日本人的无理要求。

例：赵启正幽默妙答传递是非观点

时任上海市副市长的赵启正向到访的布什介绍浦东开发的模型时，用了一个激光指示器。他说他很熟悉这个指示器，鲍威尔将军曾用这个指示器向他介绍海湾战争的打法。赵启正回应道："我和鲍威尔有很大的区别，我的笔指到哪个楼，哪个楼就要长起来，鲍威尔的笔指向哪个楼，哪个楼就要被炸掉。⑦

例：傅莹诙谐面对话语挑战

2009年4月24日，时任中国驻英大使的傅莹受邀参加莎士比亚诞辰纪念午宴并准备致辞，之前由英国著名演员86岁的唐纳德·辛登作为主持人，他讲了一个中国笑话：一位中国老人弥留之际，他的英国朋友来看望，老人费劲地咿咿呀呀反复讲着一句话，英国朋友站在床边没听懂，就记了下来。之后他找到老人的后人，模仿着转达了这句话。不料老人的后人一脸恼怒地看着他说："老人好像是在讲，'你踩着我的氧气管子了。'"全场哄堂大笑，主持人接着说：可见语言是生死攸关的重要问题，下面请中国大使致辞。对方笑着说着，眼里似乎闪过一丝狡黠。

反应敏捷的傅莹走上讲台，看到话筒拖在地上的几条线，便一边小心绕过脚下的线头，一边慢声对着话筒说：我得小心点儿。然后顿一顿：我可别踩着唐纳德的氧气管子。台下顿时哄堂大笑，前仰后合。在这个热闹的气氛中，傅莹开始致辞。……⑧

危机沟通，折冲制衡

在群情激昂的突发事件面前，领导干部如何面对充满对立情绪的公众，如何用话语疏解矛盾，促使对方的态度转变，进而化解一触即发的危机与险情，这里不仅需要极大的政治勇气，更需要循循善诱的方法和沟通的技巧。

随着社会利益格局的深刻调整，社会逐渐分化为不同的利益群体，一个多变、多样、多元的时代正向我们走来，在充满生机活力的同时，也会矛盾凸显、冲突不断。尽管政府竭力采用兼顾公平的原则，但由于历史与现实、旧有政策与社会转型的矛盾，很难在短时间解决。随着现实生活的落差，社会中弥漫着一种"不公""不均"的强烈被剥夺感，一遇诱发因素，不满情绪就可能演化为激烈行动。而传统的社会管控机制又往往不能有效化解这一矛盾。当信任感下降，不满意度上升超出承受力时，矛盾就会由量的积累发展到体制外的表达诉求。在这种情形下，政府权威和政治秩序如何能被公民接受和认可，首先来自于基层政府被民众的信任程度。而这种信任，首先取决于政府与公众或利益方的对话渠道是否畅通。当政府负责人敢于直面现实，最大限度倾听公众呼声，坦承失误与不足，拿出化解矛盾的具体举措，用真诚的态度"坐在一条板凳上"说话，就会重拾信任、获得认可，使激化的冲突发生缓解和位移，使政府和公众在政治文明建设的参与中得到双向提升。应当看到，这种群体事件由本质决定是非对抗性的，也是完全可逆的。

矛盾的转化，首先取决于官员的理念，因为只有理念的正确才能决定行为的到位和话语的准确。要放下身段，才能平等沟通。"身段降一等，力量大十分"。相信绝大多数群众还是通情达理的，切忌不可摆架子以势压人，动辄动用强力手段去处理人民内部矛盾。

曾几何时，"苏区干部好作风，自带干粮去办公"，战时的共产党与民众血肉联系，较少隔膜。当在野党变成执政党，背包变成了堆积如山的文件，布鞋草鞋变成了高级轿车，促膝谈心朝夕相处变成了前呼后拥的高接远送，对民众的尊重和敬畏之情，自然变成了官员领导与子民的关系。特别是当管理与被管理在价值取向上发生差异与矛盾时，就构成了利害冲突。面对这种火药味极浓的矛盾，首先不要怕群众，而是敢于面对群众，倾听不满和骂声，耐心进行必要的教育和引导，将问题摆到桌面上，哪怕是世界上最难解决的问题都可以谈。"有话还须好好说"，让群众充分表述，给予全面完整说话的机会。有时道理在群众手中，有时道理在你的手中。群众并非总是有理，但官员要讲理。共产党不能怕群众，也包括敢于教育群众，指出群众的不足，引导群众克服自己的狭隘和局限。一味满足其不合理的要求，迎合其错误的做法，并且以法律和方针政策作妥协，也会失去绝大多数群众，甚至危及人民群众的根本利益。要了解群众，就需要沟通，在倾听和对话中"化干戈为玉帛"。这就需要我们掌握新时期群众工作话语的"新开关",进入群言社会的"新天地",搭建起与民众对话的高速直通车。

<h2 style="text-align:center">例:云南昭通县公安局长通宵夜话排炸险</h2>

按照政府关于矿山整顿的要求,对违规私自开矿者进行取缔,昭通公安局长率特警队进驻矿区,发现不少矿井处绑上了炸药与导火索,并将矿管部门的挖掘机等机具一律扣下,大有以死相拼、同归于尽的阵势。一时间,平日和他打招呼的老乡也变成了陌路人。局长让特警队员退出待命,他走进一个年长者家中,立刻遭到拒绝,他笑着讨水解渴未果,便自己舀来一瓢水喝,又请家中的孩子帮自己买包烟,老人这才把烟递过来,于是开始了艰难的对话。渐渐地他听出,老人是嫌政府没有诚意,当初的开矿政策是有水快流,鼓励村民开矿,如今不少人做了大投入,政府又要收回,不少家庭就会闹个血本无回,因此才采用了消极对抗的下策。

局长了解到真实情况,命令特警队员全部撤离,并告诉这家老人,挖掘机价值几百万,是国家财产,就在门口放着,如果遭人破坏,他难免要被追究法律责任,老人马上喝令家人看好机器,同时也为局长的诚意所感动,邀请村民前来开会相商。这位局长事后告诉笔者,和村民们接触,要站在他们的立场和角度,用百姓语言说话。特警队员当时都替局长的安全捏着一把汗,多次请示入村,都被局长制止。他始终坚持和颜悦色同村民攀谈,听他们述说。有的村民难免言语冲撞,他就与之多聊;有的村民故意刁难,他就据理答疑,满怀诚意。从逐个谈到几个人、渐次更多的人谈,不厌其烦说清利害,讲明道理。他发现聚集在空场上的人多起来,便开始用眼神与人交流,先从左后方选择一个人询问应答,再依次转向右后方,最后是面向后方。这样,不仅周围的几个人认为局长在和他们交流，并且在和全场人交谈，总之使每个人觉得你在尊重他们，在与他们直接说话，并且你的话与他们的利益攸关，说得又是他们容易理解的语言，你和他们之间便有了一条无形的纽带，这纽带不能断裂——要始终保持与听众的沟通，谈话持续了八九个小时，直到凌晨，丝毫未敢懈怠。

"你不要认为风平浪静，听众就不会反驳甚至发难，要预设多种可能，在谈话中间确实有人冲过来粗暴打断你的话，架起你的胳膊，指着鼻子质问你，你要沉住气，在突发情况中不能退缩，要能够坚持，哪怕坚持到最后一分钟。要尽量镇静，克制自己，潜意识里命令、鼓励自己，'你会突围的'，'眼前是暂时的'"。

直到次日清晨，这位局长终于稳住了群众，并通过长者动员大家拆去了爆炸引信，他带队返回县里，汇报了所掌握的情况，并提出了化解方案：既贯彻矿山整治精神，又兼顾百姓的利益，由国企收购村民矿井，进行合理补偿。最后，由矿管部门对违法违规开矿者进行了适当处罚。一场一触即发的爆炸血案就这样化险为夷。

不要惧怕群众，因为群众是通情达理的，不少诉求是合理的。但也不可迁就群众，因为有时群众会受信息和认知的局限，你要能够说服他们。要善于用知识、道理、事例和情感引导群众，而不可一味息事宁人，甚至纵容错误的行动和违法行为，助长"一闹就让、一反就停"的无政府状态，以维护法治的权威。这就需要教育者掌握矛盾实质，把握听众心理，运用说服艺术。在充满激烈情绪和极端对立的场合，你首先要做一个令人可信的人，其次才是一个演讲者。

瓮安事件后走马上任的县委书记龙长春说："一个法治

国家，必须依法办事。群体性事件发生了，这要领导首先敢于去现场，敢于面对群众，能够解决的问题，当场讲清楚。在与群众对话的过程中，群众有积怨，要让他发泄，领导者也要给他讲政策，让他懂道理。如果主要领导敢于面对群众了，还有黑恶势力在挑事端，公安就可以依法采取强制措施，把后续工作跟上，围观群众就解散了。"⑨

欲当对话者，先当聆听者，在危机得到缓冲控制后，要给对方以说话的机会，善于将无序的愤怒化为理性的表达。只有成为耐心的倾听者，才能成为一个成功的说服者，要善于等待才能沟通，真正解决问题才能化解积怨，在群众面前的谦抑让步不是耻辱，少一些傲慢与尊严，就会拉近与说服对象的距离。

安徽省马鞍山市花山区旅游局局长驾车携妻子与一骑自行车的学生发生碰撞，下车撕扯对方，并打了对方一耳光，引起上万人的围观，一时群情激昂交通严重堵塞。市委书记闻讯赶到现场，迅速分开人群，站到车顶上用高音喇叭向公众演说，并向大家承诺，经过调查会依据事实做出严肃处理，话音一落，群众基本散去。次日，这个干部被处分的信息立即通过媒体广为发布。

在态度诚恳的前提下，"怎么说"的话语艺术就显得尤为重要。不仅说真话，还要说出有利事件处理的准确语言；不仅说出事实，更要说出令人信服的依据。还要注意掌握绝对不能说的话——不要在火头上说横加指责的话；不要说推卸责任的话；不要说伤害感情的话；不要说强调困难、丧失信心的话；不要说过头的绝对话；不要说与公众常识出入较大的话；不要说违反法律与法定程序的话；不宜急于表态说收回成命的话，力避损害政策原则的权威。

注意危机时刻与常态状况下的说服话语截然不同，突发事件，情况瞬息万变，语言要迅速、果断，具有强烈的针对性。特别在暴力犯罪猝发的语境下，生死之间"千钧一发"，用语需简洁、准确，直指人心，一语中的，来不得半点犹疑和含糊。科尔瑞斯是人质谈判专家，他的目标是让每个人都活着。

作案者正用上膛的枪对着人质的头："10 秒钟内将向所有人开枪！"

"请不要这么做。"

"为什么？"

"因为我想帮你。"

"你怎么帮我，我要开枪了。"

"你的孩子怎么办？"（切中了利害，致使他最终的需求被提醒，犯罪得以终止）

在群情激昂的包围下，你更要把握好自己的情绪，防止自己被激怒的方法，是学会使用"刹车"的慢语速节奏。因为此时对话的联系随时处在断裂、冲突阶段，你首先要修补、聚合这种关系，要建立维护对话的渠道，竭力营造常态化的语境。这就需要你有强大的克制力来抑制自己的情绪。因为在紧张愤怒的情态下，表达往往不受大脑的控制，雷人之语往往在这种语境下脱口而出。对此，要掌握在 10 秒钟内将要说的话在脑中过滤一遍，并且用语缓和，如"我这样认为可以吗？""你所说的我是否可以这样理解？""你怎么理解我的想法？""我说的在理吗？"相反，情绪化将使一个理性的人完全失控："你是哪个单位的？""你究竟在替谁说话？""跟政府作对没有好下场！"……这类话语就会"一出口成千古恨"，使事态急剧恶化。化解愤怒的方法，最有效的就是倾听，是让人说话，就像让沸腾的开水，通过散气孔冲过水壶盖子，而不是拼命把它盖压、堵死。你听完了他的感受，思考了回应的效果，就获得了重建关系的契机，并且就能得出解决问题的答案。

心悦诚服，换句话说

"两眼一睁，忙到熄灯。"现代信息社会，工作节奏紧张，大家都忙在了信息的收集与处理上。而作为官员能力水平的差异，除了组织能力外，很大程度取决于信息提供和处置的方式上。试想，端坐在主席台的你经常做让他们昏昏欲睡的报告，让他们年复一年编写一篇又一篇拾人牙慧的简报，等于让他们经受空耗生命的折磨。从无奈的眼神中，你能感到他们对你的不满和抱怨。为什么不能让工作快乐起来，语言有趣起来，听讲幸福起来呢？要知道，今天你的下属，早已从互联网、云计算、大数据中获取了海量的信息，无须你再去讲 ABC 启蒙课，他在某些领域甚至比你掌握的知识还要多。水涨船高，欲要他们认同和服从，就需要你的话语具有情感认知、道义力量和高文化附加值。因为概念很难被人一下子接受，照本宣科往往令人厌烦憎恶。而用文化与人性的方式推送信息却能入脑、入心，让人愉快汲取，在不知不觉中认同、接受。如果在你的整场报告中加一些悬念，埋下伏笔，吊些胃口，再不时抛出些精美佐料来，你就会发现，一张张面孔变得容光焕发，写在脸上曾有的疲倦与无奈化为乌有，他们会顷刻被你吸引。如果此时你再讲上一个脍炙人口的故事或实例，他们就会睁大眼睛甚至屏息静听，不由自主进入你的故事。当你运用形象语言说话的时候，你发现自己也在被感动，因为听众的表情给了你强有力的信号，会心的微笑，由衷的掌声，情感的共鸣——就像歌唱家因美妙的歌喉使人如醉如狂，自己也深陷其中不能自拔，从而最终将自己的演唱推向极致。

快乐演说、幸福听讲是演讲效果的最高境界，这是演说者与听众共同创造的。在二者释放与接受的交互作用下，不仅会形成一个"话语场"的效应，使在其中者无不随着演说的内容愉悦兴奋，而且还会产生新的能量——这就是接受主体迸发出的思想变量：此时听众已转化为主动的思考者，每个人的大脑都在进行"再创造"，会形成"1+1 ＞ 2"的效果。如此妙效，全在于你能够"换句话说"，在于能以文化人，用文化的方式取代枯燥的说教。只有让你的观点融入美的形象和有趣的知识中，才能使你的思考作用于他人的精神并化为行动。演说家的全部目的就是为听众创造这种情感体验，调动他们的情绪，激发他们的潜能，说服他们的认知，强化他们的归属意识和向心力。多年后，他们或许会忘记你当时为什么要说，但会记住你给他们的感觉，会说出你所引用的哪个故事。马克思活用大量希腊神话，讲析深奥的政治经济学，用普罗米修斯盗火到人间受上帝惩罚比喻共产党人矢志不渝的奉献精神；用"每个毛孔都滴着血"和"冒着上绞架的危险"比喻资本原始积累的罪恶与冲动；用"卡夫丁峡谷"⑩来形容社会发展中遇到的极大困难和挑战。毛泽东在延安举行的中国共产党第七次全国代表大会闭幕会上，发表题为《愚公移山》的闭幕词。在讲到党和人民的关系上，他还讲了安泰的故事。我们每个人都在童年听过不少故事，每个故事实际上都蕴含着很深的道理。从传播角度看，故事优于道理，故而千百年来，故事才能以口耳相传。从幼小时我们就爱听故事，听着故事才能睡觉，讲个故事孩子才不哭闹，为什么？因为这是大脑接收方式使然。人的神经元中有天生对故事的兴趣与共鸣，从某种角度讲，人活在故事中，人是在故事的启蒙中成长的，这些故事从最初的感知进入到情感，继而植入道德层面，逐渐化为我们对世界的看法，即价值观的形成。我们幼时到杭州西湖看到岳飞庙，岳飞和秦桧夫妇的故事使我们产生了强烈的爱憎，随后看《岳飞传》，知道了岳母刺字精忠报国，知道了"一笑十牌凭浩气，常思三字仰精忠"，油然而生一种正义感。诸如此类的故事，最终塑造了我们的爱国情怀。可以说人的精神活动取决于外界故事的浸润和内心故事的演绎。每个人都活在自己的故事里，回忆起自己的故事，只不过更多的人不善表达罢了。大家为什么喜欢看新闻，新闻就是今天的故事；为什么大家喜欢聊天，聊的内容是别人的故事。网上很多人喜欢围观评论，就是大家在集体创作故事，自创的故事得到大家的喜爱，会讲故事的人，就成了作家、编剧，最会讲故事的人就成了最能吸引人、感召人的思想家、演说家。若世界上没了故事，将会多么乏味；如果生活中没有人讲故事，恐怕人们会疯掉；如果演讲中没有了故事，只有"呕哑嘲哳难为听"会是多么无趣和单调。故事是生活里的盐、花中的蜜、粮中的酒、天上的虹，高雅的、粗俗的、喜悦的、忧伤的故事，都会唤醒人们休眠的神经，因为它满足着人的心灵饥渴，并且毫无障碍的接收，最后内化为个人的理解。这就是一个恰如其分的故事，为什么就毫不费力地悄然转变人们固有看法的原因。

故事有如此神通，在于其中有人的情感体验和对形象的自我认知，每个受众会随着经验按自己理解去加工所听到的故事。如果你在描述这个形象时再运用生动的比喻，惟妙惟肖地去讲解，就会抓牢他们的心，因为形象的语言在人的头脑里可以迅速成像，出现一幅幅"语画"，这就是当年的孩子为什么多喜欢连环画，今天的年轻人爱上网看视频的缘故。你到书店选书，会迅速翻一遍看有无插图；一本杂志在手，先看一看有无抢眼的画面。人们偏爱形象是因为：形象是直观可及的，又是包含道理的，它可以把抽象变为具象。就传播规律而言，形象大于思维，图像大于文字，文学活于哲学，生动胜于庄严，故事优于道理。

因此，演讲的艺术在于"善于换句话说"，如正话反说（反面典型的教训易使人警觉），官话俗说，长话短说，真话直说，用人们熟悉的生活用语、俚语，给寡淡如水的公文适当加点儿佐料；用"给力""点赞"的新兴网语取代老生常谈的陈年旧话；抖个包袱，说句笑话，就会调动人的"听趣"；埋个伏笔，造个悬疑，加入戏剧性的描述，就会成为"趣谈"。话语乃造化之语，可以千变万化。为打破沉闷压抑的氛围，你可以开门见山，一针见血，直言不讳，说不加修饰的真话、实话乃至丑话，亦可委婉细腻，曲径通幽，最后柳暗花明。但须言之有物，苍白无力的千百句不如真话一句，"千士之诺诺，不如一士之谔谔"，一语惊醒梦中人。佛家讲棒喝，说书人拍惊堂木，说话言简意赅，掷地有声，那么讲话的力度、速度、冲击力都会大大增强。"换句话说"可以使陈言务去，可以使表达方式求新求变，以小搏大。越抽象的概念，越需要形象的表达；越大的事物，越需从微小的细节入手，以小见大。

习近平最近指出："要把社会主义核心价值观与人们日常生活紧密联系起来，在落细、落小、落实上下功夫。"；"要润物细无声，发挥精神文化产品潜移默化的作用，运用各类文化形式，生动具体地表现社会主义核心价值观。"即将至大化为至微，以文载道，以文化人。

善于换句话说，即：

善于把大道理变成小道理；

善于把大原则变成小实例；

善于把大目标变成小议题；

善于把强行灌输变为乐于接受；

善于把刚性要求变为潜移默化的形象渗透；

善于把宏观理念变为微观叙事；

善于把虚功变为实做，无形变为有形；

善于把行政命令变为人性化、情感化的疏导；

善于把管理对象变为创新主体予以激励；

善于把深奥的概念变为浅显的道理、形象的故事。

**例：傅莹在英国温莎演讲时，就金融危机下的
中国与世界的关系讲了这样一个故事**

广东一家玩具厂的农民工失业返乡，他对年幼的儿子说："今年我们买不了彩电，因为我没挣到足够的钱。"

儿子问为什么，父亲说："因为美国孩子不买我做的玩具了。"

儿子又问为什么，父亲说："因为他们的爸爸没钱了。"

儿子又问："为什么没把玩具带给我呢？"父亲回答说："对不起儿子，我也没有钱。"

儿子继续问："那谁来买这些玩具？"父亲答："已经没人做玩具了。"⑪

要真正使人心悦诚服，主要还在于坚持真理，正视问题，敢说真话。不能仅止于宣扬自己好的、光鲜的一面，还应当真切并富有自省精神地描述国家社会的正反两面，坦承自身的不足。因为一个发生巨大变革的社会，出现一些不良

现象是在所难免的，自己说出来更令人信服和尊重。一味回避和刻意掩盖只会损害国家的信誉和公信力。在一些地方，"坚持正面报道为主的原则"被曲解，成了某些部门限制舆论监督的保护伞。在媒介开放，资讯异常发达的现代社会，我们在话语中一味遮蔽负面，不仅会妨害公众的知情权，还会因为纯粹的正面信息恰恰会使人产生逆反心理，须知负面事件中也往往含有强烈的"正面"内涵，正确对待负面事件往往会引出正面的效果，有时，客观中性的信息或许更能令人信服。关键在于如何在话语中注意时、效、度，掌握平衡点，这个平衡点就是尊重传播规律和受众心理。

我们要学会报喜时不过度拔高和渲染，报忧时避免把局部夸大为全局，把个别视为一般，同时也掌握善于"报忧"。那么，作为演说者，怎样公布好消息和坏消息呢？怎样才能趋利避害、使好消息有积极效果，使负面消息减少负面影响呢？这其中可试用以下几种方法：

一是如果你有几个好消息要发布，应当把它们分开几次说，因为多次公布带来的多次高兴程度之和要大于一次公布所带来的喜悦效果。

二是你有几个坏消息要发布，应当把它们一次性说完。因为多个损失分别说所带来的痛苦要大于综合一次所带给人们的痛苦之和。

三是如果你有一个大大的好消息和一个小小的坏消息，应当把这两个消息一起公布，这样的话，坏消息带来的痛苦会被好消息带来的欢乐冲淡，负面效应也就会小得多。

四是如果你有一个大大的坏消息和一个小小的好消息，应当分别公布这两个消息。这样，好消息带来的快乐不至于被坏消息带来的痛苦湮没，人们还可以享受到一点好消息带来的快乐。

这是演说者不能不注意的人们心理感受的规律。

注 释

① 《马克思恩格斯全集》第 27 卷，人民出版社 1972 年版，第 119 页。

② 孙金岭：《花边新闻——另类中国记者史》，文化艺术出版社 2012
年版。

③ 《南方都市报》2012 年 3 月 19 日 E25 宋宁撰文，引于 1950 年《人民
日报》转载《中国青年报》作者吴小武的文章《怎样运用分子作品来
进行宣传教育工作》。

④ 李真顺：《脱稿演讲与即兴发言》，北京大学出版社 2013 年版，第 13 页。

⑤ 李真顺：《脱稿演讲与即兴发言》，北京大学出版社 2013 年版，第 14 页。

⑥ 傅莹：《在彼处：大使演讲录》，外语教学与研究出版社 2012 年版，第
127 页。

⑦ 赵启正：《直面媒体 20 年：赵启正答中外记者问》，新世界出版社 2015
年版，第 82 页。

⑧ 傅莹：《在彼处：大使演讲录》，外语教学与研究出版社 2012 年版，第
142—143 页。

⑨ 刘子富：《新群体事件观——贵州瓮安 6·28 事件的启示》，新华出版
社 2009 年版，第 77 页。

⑩ 出自古罗马史。公元前 321 年，萨姆尼特人在古罗马卡夫丁城附近的
卡夫丁峡谷击败了罗马军队，迫使罗马战俘从峡谷中用长矛架起的形
似城门的"牛轭"下通过，借以羞辱战败军队。后来，人们就以"卡
夫丁峡谷"来比喻灾难性的历史经历，并以"卡夫丁峡谷"作为"耻
辱之谷"的代名词。

⑪ 傅莹：《在彼处：大使演讲录》，外语教学与研究出版社 2012 年版，第
130—131 页。

后　记

舆论引导和新闻发布是新生事物，需要更多的人了解、支持并身体力行。离开新闻发言人岗位之后，有了更多机会讲学和调研，在与众多的专家、官员、企业家交流互动的过程中，深感"如何与媒体打交道"不仅成了当今热门话题，而且也成为了紧迫需要，不少政府部门还将其提升到社会治理能力现代化的高度来认识。适逢中共中央办公厅、国务院办公厅《关于全面推进政务公开工作的意见》发布，习近平同志视察人民日报社、新华社、中央电视台并在党的新闻舆论工作座谈会上发表重要讲话，通过悉心学习，觉得有必要将实践中的感悟与学习的理解体会变成文字，这个心愿今日终成现实，继《打开天窗说亮话——新闻发言人眼中的突发事件》之后，《公开，才有力量——舆论危机化解十法》又带着墨香由人民出版社再为出版。

确切地讲，这是一本侧重于应用研究的专书，内容源于我的职业生涯：一半是火焰，一半是海水——前半部是基层实战的磨砺摔打，后半部是传播擂台上与媒体论道；可谓前边拿枪，后边拿笔。这种亦武亦文的经历使我在亦官亦学之间游走，如今转身归学，很想就当今的"说话"问题寻觅一条知行结合的"中间路径"——既避免形而上的屠龙之技，又不能陷入"应对技巧"的实用主义，而是力图融理念、方法和机制为一炉，以案例示范的方式，提供一套话语方式的"动作论"。至于能否达成此愿，谨凭读者勘评斧正。

饮水思源，在拙作付梓之时，我要感谢人民出版社总编辑辛广伟，其为作者的服务，不仅体现在直接关心、过问这两本书的出版上，而且亲自批阅作品，提出立意，并定夺相关工作，出席新书推介。常务副社长任超为此书的编印、发行工作倾注了大量心血。副总编辑陈鹏鸣也同样关注本书的出版进度，并提出了诸多有益的建议。责任编辑张立为本书的问世可谓殚精竭虑，不仅对作者给予创作上的鼓励和大量的修改建议，而且帮助找寻参阅资料，给予条分缕析的编校，直到排版体例和装帧风格都做到了一丝不苟。

我还要感谢全国领导干部媒介素养培训基地为我提供了转身治学的窗口，三年来的教学相长的经历使我受益良多。不仅拓展了视野和知识，感受到了各个领域领导干部和有识之士对话语能力提升的渴求，更从他们可贵的探索实践中汲取了翔实的素材，丰富了本书的写作。

本书峻稿之时，还要感谢中央民族大学藏学博士韩敬山对本书的特别贡献。感谢北京中科科仪公司余才林先生为本书制作的全部图表。感谢中国传媒大学诸学友为此付出的辛勤劳作与汗水。

值此两本姊妹篇的图书相继出版之际，再次向广大读者、出版社的领导及各位编辑致以诚挚谢意！

武和平

丙申年惊蛰日于北京广渠门